FICTION CONNECTION

COLECȚIE COORDONATĂ DE
Magdalena Mărculescu

Paula Hawkins

În ape adânci

Traducere din engleză de
Camelia Ghioc

TREI

Editori:
Silviu Dragomir
Vasile Dem. Zamfirescu

Director editorial:
Magdalena Mărculescu

Redactor:
Virginia Costeschi

Coperta: Faber Studio

Director producție:
Cristian Claudiu Coban

Dtp:
Gabriel Ionescu

Corectură:
Dușa Udrea-Boborel
Elena Bițu

Descrierea CIP a Bibliotecii Naționale a României
HAWKINS, PAULA
În ape adânci / Paula Hawkins ; trad.: Camelia Ghioc. –
București: Editura Trei, 2017
ISBN 978-606-40-0114-6

I. Ghioc, Camelia (trad.)

821.111

Titlul original: Into the Water
Autor: Paula Hawkins

O.P. 16, Ghișeul 1, C.P. 0490, București
Tel.: +4 021 300 60 90; Fax: +4 0372 25 20 20
e-mail: comenzi@edituratrei.ro
www.edituratrei.ro

ISBN: 978-606-40-0114-6

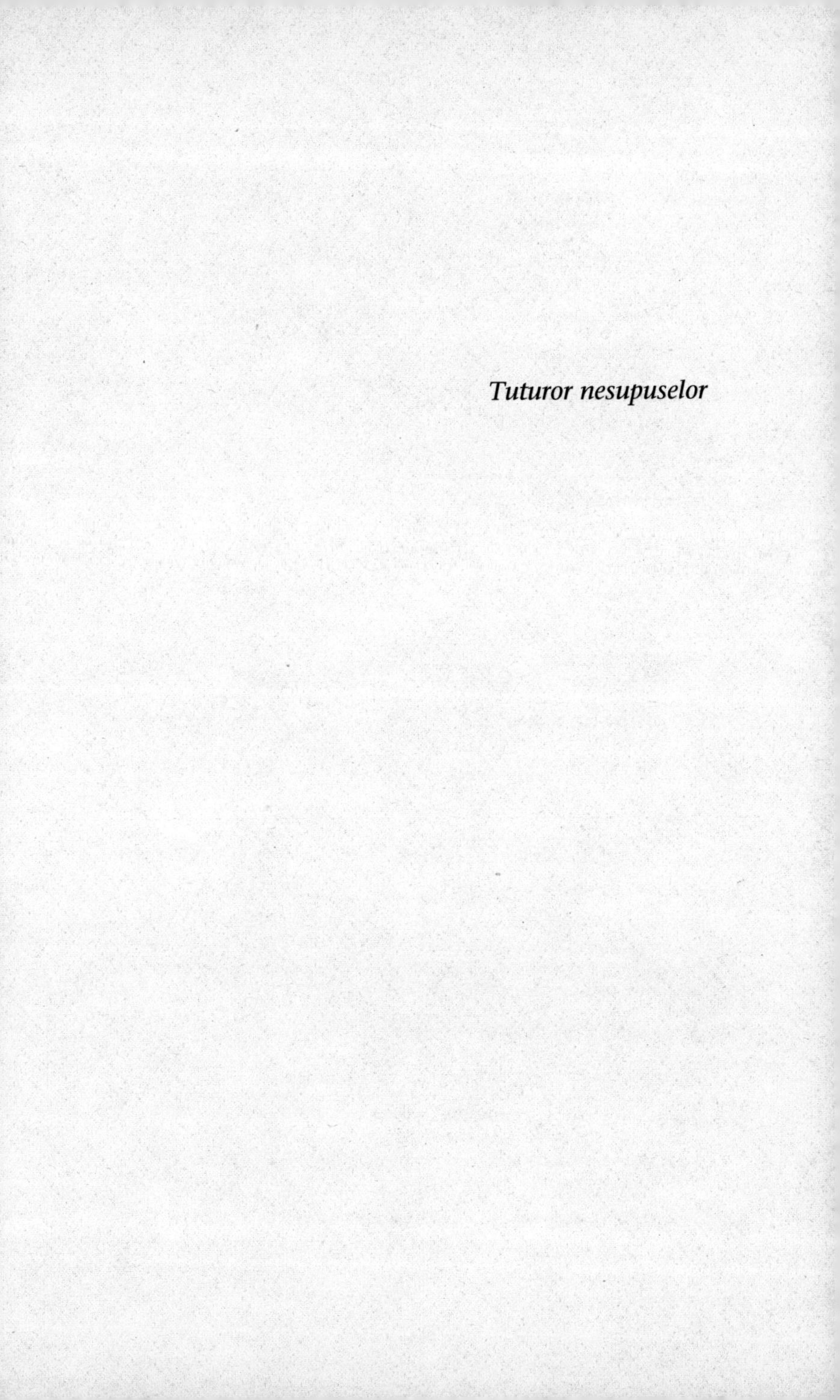

Tuturor nesupuselor

„Eram foarte tânără când am fost despicată.

Unele lucruri ar trebui date uitării
Altele nu
E o chestiune de opinie care-s unele şi care-s altele“

„The Numbers Game“, de Emily Berry

„Ştim acum că amintirile nu sunt fixe sau înghețate, ca borcanele de dulceață ale lui Proust în cămară, ci sunt transformate, dezasamblate, reasamblate şi recategorisite de fiecare dată când le evocăm.“

Halucinații, de Oliver Sacks*

* Citat din *Halucinații*, de Oliver Sacks, Editura Humanitas, 2016.

Bulboana Înecaților

Libby

— Înc-o dată! Înc-o dată!

Bărbații o leagă iar. De data asta altfel: degetul mare de la mâna stângă de degetul mare de la piciorul drept și degetul mare de la mâna dreaptă de degetul mare de la piciorul stâng. Funia petrecută în jurul taliei. De data asta, o cară ei în apă.

— Vă rog! începe să-i implore, fiindcă nu crede că mai poate să îndure încă o dată bezna și frigul.

Vrea să se întoarcă într-un cămin care nu mai există, într-o vreme când stătea cu mătușa ei în fața focului și-și spuneau povești. Vrea să fie în patul ei din căsuța lor, vrea să fie iarăși mică, să tragă pe nări mirosul de fum de lemne și de trandafir și căldura dulce a pielii mătușii.

— Vă rog!

Se duce la fund. Când o trag afară a doua oară, are buzele vinețiii și respirația i s-a oprit pentru totdeauna.

PARTEA ÎNTÂI

2015

Jules

Ai vrut să-mi spui ceva, aşa-i? Ce încercai să-mi spui? Parcă am alunecat uşor, pe nesimţite, din conversaţia asta cu mult timp în urmă. Nu m-am mai concentrat, mă gândeam la altceva, m-am luat cu treburi, nu mai ascultam ce spuneai şi am pierdut firul. Ei bine, acum îţi acord toată atenţia mea. Doar că nu pot să nu mă gândesc că mi-au scăpat câteva detalii esenţiale.

Când au venit să-mi spună, m-am înfuriat. Mai întâi m-am simţit uşurată, fiindcă atunci când îţi bat la uşă doi poliţişti, în timp ce îţi cauţi biletul de tren, gata să ieşi pe uşă ca să te duci la serviciu, te gândeşti la ce e mai rău. M-am temut pentru oamenii la care ţin: prietenii, fostul meu bărbat, cei cu care lucrez. Dar nu era vorba despre ei, au zis, ci despre tine. Aşa că, doar pentru o clipă, m-am simţit uşurată. Apoi mi-au spus ce se întâmplase, ce făcuseşi, mi-au spus că intraseşi în apă şi atunci m-am înfuriat. Eram furioasă şi înspăimântată.

Mă gândeam ce-o să-ți spun când aveam să ajung acolo, că eram sigură că făcuseşi asta doar ca să-mi faci în ciudă, să mă superi, să mă sperii, să-mi tulburi viața. Să-mi atragi atenția, să mă târăşti înapoi unde voiai tu să fiu. Şi poftim, Nel, ai reuşit: iată-mă înapoi în locul unde nu voiam să mai calc vreodată, ca să am grijă de fiică-ta, să fac ordine în dezastrul pe care l-ai lăsat în urmă.

LUNI, 10 AUGUST

Josh

M-a trezit ceva. M-am dat jos din pat ca să mă duc la toaletă şi am observat că uşa de la dormitorul părinţilor era deschisă, iar când m-am uitat înăuntru, am văzut că mama nu era în pat. Tata sforăia, ca de obicei. Radioul cu ceas arăta ora 04:08. Am crezut că a coborât la parter. Nu prea poate să doarmă. Niciunul nu prea mai poate să doarmă acum, dar el ia nişte pastile atât de puternice, că nu s-ar trezi nici dacă ai sta lângă pat urlându-i în ureche.

Am coborât tiptil la parter, fiindcă de obicei ea deschide televizorul şi se uită la reclamele alea superplictisitoare, despre maşinării care te ajută să slăbeşti sau să cureţi podelele ori să tai legume în o mie de feluri, apoi adoarme. Dar televizorul nu era pornit şi ea nu era pe canapea, aşa că mi-am dat seama că trebuie să fi ieşit.

A mai făcut-o de vreo câteva ori... cel puţin din câte ştiu eu. Nu pot să stau tot timpul cu ochii pe toţi. Prima dată mi-a zis că ieşise doar la plimbare, ca să-şi limpezească gândurile, dar a mai fost o dimineaţă când m-am trezit şi nu era, iar când m-am uitat pe geam am văzut că maşina ei nu era parcată în faţă, ca de obicei.

Cred că se duce să se plimbe pe malul râului sau să viziteze mormântul lui Katie. Şi eu fac asta uneori, dar nu în toiul nopţii. Mi-ar fi prea frică să mă duc pe-ntuneric, plus că m-aş simţi aiurea, fiindcă exact aşa a făcut Katie: s-a sculat în miez de noapte şi s-a dus la râu, de unde nu s-a mai întors. Dar înţeleg de ce o face mama: aşa se simte cel mai aproape de Katie, în afară de dăţile în care se duce să stea în camera ei, ştiu că mai face şi asta uneori. Camera lui Katie e lângă a mea şi pot s-o aud pe mama plângând.

M-am aşezat pe canapea ca s-o aştept, dar cred c-am adormit, fiindcă era lumină afară când am auzit uşa, iar când m-am uitat la ceasul de pe şemineu era şapte şi un sfert. Am auzit-o pe mama cum închide uşa după ea şi fuge direct sus, pe scări.

Am urmat-o. Am rămas în faţa dormitorului şi m-am uitat prin uşa crăpată. Îngenunchease lângă pat, pe partea tatei, şi era roşie la faţă. Respira greu şi spunea:

— Alec, trezeşte-te! Trezeşte-te! şi-l scutura. Nel Abbott e moartă, a mai spus. Au găsit-o în apă. A sărit.

Nu ţin minte să fi spus ceva, dar trebuie să fi făcut vreun zgomot, fiindcă a ridicat privirea şi a sărit în picioare.

— Ah, Josh! a spus venind spre mine. Ah, Josh!

Pe faţă-i şiroiau lacrimi şi m-a strâns tare în braţe. Când m-am desprins din îmbrăţişare tot mai plângea, dar şi zâmbea.

— Of, dragule, a spus.

Tata s-a ridicat în capul oaselor şi se freca la ochi. Îi ia o mie de ani să se trezească de-a binelea.

— Nu înţeleg. Când... aseară, vrei să zici? De unde ştii?

— M-am dus după lapte, a zis ea. Şi toată lumea numai despre asta vorbea... în magazin. Au găsit-o azi-dimineaţă.

S-a aşezat pe pat şi-a început iar să plângă. Tata a luat-o în braţe, dar ochii îi erau aţintiţi asupra mea şi avea o expresie ciudată pe chip.

— Unde-ai fost? am întrebat-o. Unde te-ai dus?

— La cumpărături, Josh, tocmai ţi-am zis.

Minţi, îmi venea să-i zic. *Ai fost plecată ore în şir, n-ai dat doar o fugă după lapte.* Asta-mi venea să-i spun, dar n-am putut, fiindcă părinţii mei stăteau pe pat, se uitau unul la altul şi păreau fericiţi.

MARȚI, 11 AUGUST

Jules

Îmi amintesc. Pe bancheta din spate a rulotei, cu un zid de perne în mijloc, graniță între teritoriul tău și al meu, mergeam să ne petrecem vara în Beckford: tu agitată și nerăbdătoare, abia așteptai să ajungem, iar eu verde la față de la răul de mașină, încercând să nu vomit.

Nu doar că mi-am amintit, ci am simțit-o. Am simțit aceeași greață în după-amiaza asta, în timp ce conduceam repede și prost, cocoșată peste volan ca o babă, luând curbele prea larg, până-n mijlocul drumului, frânând prea brusc, trăgând de volan aiurea la vederea mașinilor din sens opus. Mi se întâmpla chestia aia, senzația pe care-o am când văd o dubă albă gonind spre mine pe una dintre benzile alea înguste și mă gândesc... *o să trag de volan, zău că da, o să virez direct în calea lui,* nu fiindcă așa vreau, ci pentru că așa trebuie. De parcă în ultima clipă o să-mi pierd liberul-arbitru. E ca atunci când stai pe marginea unei faleze sau a unui peron și te simți împins de o mână invizibilă. Ce-ar fi? Ce-ar fi dacă aș face, pur și simplu, un pas în faţă? Ce-ar fi dacă aş trage, pur şi simplu, de volan?

(Până la urmă, nu suntem atât de diferite.)

M-a uimit cât de bine-mi aminteam. Prea bine. Oare de ce pot rememora perfect lucrurile care mi s-au întâmplat la opt ani, dar, oricât aş încerca, mi-e imposibil să-mi amintesc dacă am vorbit cu colegii să reprogrameze pentru săptămâna viitoare evaluarea unui client? Lucrurile pe care vreau să mi le amintesc îmi scapă; cele pe care încerc din răsputeri să le uit se întorc necontenit. Cu cât mă apropiam mai mult de Beckford, cu atât mai stăruitor devenea, iar trecutul ţâşnea spre mine ca un stol de vrăbii dintr-un gard viu: surprinzător şi implacabil.

Toată vegetaţia ala luxuriantă — verdele incredibil, galbenul viu, neon, al grozamei de pe deal — mi se întipărea pe creier ca un fier roşu şi aducea filmul amintirilor: tata ducându-mă-n braţe în apă, eu chirăind şi zvârcolindu-mă fericită, pe la patru sau cinci ani; tu sărind în râu de pe stânci, căţărându-te de fiecare dată mai sus. Picnicuri pe malul nisipos al bulboanei, gustul loţiunii de protecţie solară pe limbă; cum prindeam din spatele morii peşti graşi, bruni, în apa mâloasă, lentă. Tu venind acasă cu sânge şiroindu-ţi pe picior după ce calculaseşi greşit una dintre acele sărituri, apoi înfigându-ţi dinţii într-un prosop, ca să nu plângi în timp ce tata-ţi curăţa rana. Nu în faţa mea. Mama într-o rochie bleu vaporoasă, desculţă în bucătărie, cu tălpile de un maro-închis, ruginiu, făcând terci de ovăz pentru micul dejun. Tata, desenând pe malul râului. Mai târziu, când ne-am făcut mai mari, tu în blugi scurţi şi cu sutienul de la costumul de baie sub tricou, furişându-te afară seara, ca să te întâlneşti cu un băiat. Nu orice băiat, ci băiatul *acela*. Mama, mai slabă şi mai fragilă, dormind în fotoliul din living; tata dispărând în lungi plimbări cu nevasta vicarului, dolofană, palidă şi mereu cu o pălărie de soare. Îmi aduc aminte de-un meci de fotbal. Soarele fierbinte reflectat în apă, toţi ochii aţintiţi spre mine; clipeam des ca să-mi reţin lacrimile, sânge pe coapsă, râsete răsunându-mi în urechi. Le aud şi acum. Şi tot timpul, în fundal, zgomotul torentului.

Eram atât de adânc cufundată în apa aia, încât nu mi-am dat seama că ajunsesem. Eram acolo, în inima orăşelului; m-a înconjurat dintr-odată, de parcă închisesem ochii şi fusesem transportată acolo ca printr-o vrajă. Până să mă dezmeticesc, conduceam încet pe străduţe înguste, cu laturile pline de maşini de teren parcate, observând fugar, cu coada ochiului, piatra roz fanat dinspre biserică, către vechiul pod, de-acum precaută. Mi-am fixat privirea pe asfaltul din faţa mea şi am încercat să nu mă uit la copaci, la râu. Am încercat să nu văd, dar n-am avut de ales.

Am tras pe marginea drumului şi am oprit motorul. Am ridicat ochii. Vedeam copacii şi treptele din piatră acoperite cu muşchi verde, periculoase după ploaie. Mi s-a făcut pielea de găină pe tot corpul. Mi-am amintit: o ploaie îngheţată răpăind pe asfalt, lumini albastre intermitente care se întreceau cu fulgerele ca să ilumineze râul şi cerul, nori de abur ieşind din gurile unor feţe panicate şi un băieţel, alb ca varul şi tremurând, condus de o poliţistă în sus pe scări, către stradă. Îl ţinea strâns de mână şi avea ochii holbaţi şi-o privire înnebunită; îşi întorcea capul într-o parte şi-n alta strigând pe cineva. Simt şi acum ce-am simţit în noaptea aia, groaza şi fascinaţia. Aud şi acum în mintea mea vorbele tale: *Cum o fi? Îţi închipui? Cum o fi să-ţi vezi mama murind?*

Mi-am ferit privirea. Am pornit maşina şi-am continuat drumul, am trecut peste podul unde străduța se răsuceşte într-un cerc. Am căutat ieşirea... prima la stânga? Nu, nu-i aia, a doua. Şi iat-o: Casa Morii, un corp masiv de piatră maro. Cu furnicături pe pielea rece şi umedă, am intrat cu maşina prin poarta deschisă, pe alee.

Un bărbat aştepta, cu ochii la telefon. Un polițist în uniformă. S-a apropiat de maşină cu paşi repezi şi am coborât geamul.

— Sunt Jules, am spus. Jules Abbott? Sunt... sora ei.

— Ah! a spus stingherit. Da, corect. Sigur. Uitați — a aruncat o privire spre casa din spatele lui — acum nu-i nimeni aici. Fata... nepoata dumneavoastră... e plecată. Nu prea ştiu unde...

Şi-a scos stația de la centură.

Am deschis portiera şi am coborât.

— Pot să intru în casă? am întrebat.

Mă uitam în sus, la fereastra deschisă a fostei noastre camere. Încă te vedeam acolo, aşezată pe pervaz, cu picioarele atârnate afară. Amețitor.

Polițistul părea nesigur. S-a întors cu spatele şi-a spus încet ceva în stație, apoi spre mine:

— Da, e-n regulă. Puteți intra.

Am urcat scările orbeşte, dar am auzit apa şi am simțit mirosul pământului, al celui din umbra casei, de sub copaci, din locurile neatinse de soare, duhoarea puternică a frunzelor putrede, iar mirosul m-a aruncat înapoi în timp.

Am deschis uşa din față, aproape sigură că aveam s-aud vocea mamei strigându-mă din bucătărie. Am împins din reflex uşa cu şoldul când a ajuns în locul unde se-nțepenea în podea. Am păşit în hol şi am închis-o după mine. Ochii mi se străduiau să se adapteze la întuneric, şi m-am înfiorat din cauza frigului care m-a învăluit brusc.

În bucătărie, o masă de stejar era împinsă până sub geam. Aceeaşi? Arăta la fel, dar n-avea cum să fie, casa schimbase mulţi proprietari de atunci până acum. Puteam şti sigur dacă mă băgam sub masă după semnele lăsate de noi două acolo, dar numai gândul la asta mi-a accelerat pulsul.

Îmi amintesc cum soarele bătea dimineaţa pe masă şi cum, dacă stăteai pe partea stângă, cu faţa la cuptorul mare, de fontă, vedeai podul vechi, perfect încadrat de fereastră. Ce frumos, asta spuneau toţi despre privelişte, dar nu vedeau cu adevărat. Nu deschideau niciodată fereastra să se-aplece şi să se uite-n jos, la roata morii care putrezea în loc, nu priveau niciodată dincolo de soarele care se juca pe suprafaţa apei, nu vedeau ce era, de fapt, apa aia neagră-verzuie plină de lucruri vii şi lucruri pe moarte.

Din bucătărie în hol, pe lângă scări, în adâncul casei. Am dat peste ele atât de brusc, încât m-am clătinat pe picioare: ferestrele enorme din faţă, dinspre râu… aproape *în* râu, de parcă, dacă le deschideai, apa avea să se reverse înăuntru, peste bancheta lată de lemn de sub ele.

Îmi amintesc. Verile acelea în care stăteam cu mama pe banchetă, sprijinite în perne, faţă în faţă, cu picioarele ridicate şi degetele aproape atingându-se, şi cu cărţi pe genunchi. O farfurie cu gustări prin preajmă, deşi nu se atingea niciodată de ele.

Nu mă puteam uita. Mi se rupea inima şi, revăzând camera aia, mă cuprindea disperarea.

Tencuiala fusese jupuită, dezvelind cărămizile de dedesubt, iar decorul te reprezenta cu totul: covoare orientale pe podea, mobilă grea de abanos, canapele masive şi fotolii din piele, exagerat de multe lumânări. Şi peste tot, dovezile obsesiilor tale; copii imense, înrămate: *Ophelia* lui Millais, frumoasă şi senină, cu ochii şi gura deschise şi flori în mână. *Hecate* a lui Blake, *Sabatul vrăjitoarelor* de Goya şi tot al lui *Câine înecându-se*. Pe asta o urăsc cel mai mult, cu bietul animal care se zbate să-şi ţină capul la suprafaţa unui val înălţat deasupra lui.

Am auzit ţârâitul unui telefon şi părea să vină de sub casă. Am luat-o pe urma sunetului prin living şi în jos, pe scări. Cred că aici era o magazie cu vechituri. Într-un an s-a inundat şi, după ce s-au retras apele, totul era îmbrăcat într-o crustă de mâl, ca şi cum casa era înghiţită de albia râului.

Am intrat în ceea ce devenise studioul tău. Era plin cu echipamente de fotografiat, ecrane, reflectoare pe stative, lămpi şi difuzoare, o imprimantă, teancuri de hârtii, cărţi şi dosare pe podea, fişete înşirate lângă perete. Şi poze, bineînţeles. Fotografiile tale, acoperind fiecare centimetru de tencuială. Unui neavenit i-ar părea că erai pasionată de poduri: Golden Gate, podul Nanjing de pe fluviul Yangtze, viaductul Prince Edward. Dar la o privire mai atentă, pasiunea ta n-are legătură cu podurile, nu e vreo iubire faţă de aceste capodopere de inginerie. Uită-te mai atent şi-ai să vezi că nu sunt doar poduri, ci Beachy Head, pădurea Aokigahara, Preikestolen. Locurile unde cei deznădăjduiţi se duc să-şi încheie socotelile cu viaţa, catedrale ale disperării.

În faţa intrării, imagini cu Bulboana Înecaţilor. Iar şi iar şi iar, din toate unghiurile posibile, din toate punctele care oferă o perspectivă: palidă şi îngheţată iarna, cu faleza verticală neagră şi golaşă, strălucitoare vara, o oază luxuriantă şi verde, de-un cenuşiu mohorât, ca de cremene, cu nori de furtună deasupra, iar şi iar şi iar. Imaginile s-au contopit într-una; un atac ameţitor asupra privirii. Parcă eram *acolo*, pe marginea falezei stâncoase şi mă uitam în jos, la apă, străbătută de fiorul ăla cumplit, de tentaţia neantului.

Nickie

Unele au intrat în apă de bunăvoie, altele nu, iar dac-o întrebai pe Nickie — nu că ar fi-ntrebat-o cineva, nimeni n-o făcea vreodată — Nel Abbott s-a împotrivit din răsputeri. Dar nimeni n-avea s-o-ntrebe şi nimeni n-avea s-o asculte, chiar n-avea niciun rost să spună ceva. Mai ales polițailor. Chiar dacă n-ar fi avut probleme cu ei în trecut, tot nu le putea spune nimic despre chestia asta. Prea riscant.

Nickie avea un apartament deasupra băcăniei, de fapt doar o cameră, cu o chicinetă îngustă şi o baie atât de mică, încât nu-şi prea merita numele. Nu mare lucru, nu cine ştie ce realizare într-o viață de om, dar avea un fotoliu confortabil la fereastra dinspre oraş şi acolo stătea şi mânca, uneori chiar dormea; zilele astea aproape că nu mai dormea deloc şi n-avea sens să se mai ducă-n pat.

Stătea şi urmărea tot ce mişcă şi, dacă nu vedea, *simțea*. Chiar înainte ca girofarurile să înceapă să lumineze albastru intermitent peste pod, simțise ceva. N-a ştiut că era vorba despre Nel Abbott... nu din prima. Oamenii cred că viziunile sunt limpezi ca lacrima, dar nu-i deloc atât de simplu. Tot ce ştia era că iar se dusese cineva să-noate. Cu lumina stinsă, a stat şi-a urmărit: un bărbat şi câinii lui au urcat în fugă scările, apoi a venit o maşină; nu una de poliţie, ci una obişnuită, bleumarin. Inspectorul Sean Townsend, şi-a zis, şi a avut dreptate. El şi bărbatul cu câinii au coborât înapoi pe scări şi pe urmă şi-a făcut apariţia toată cavaleria, cu girofarurile pornite, dar fără sirene. Ce rost avea? Nu mai era nicio grabă.

Coborâse ieri devreme după lapte şi ziar şi toată lumea comenta, alta, a doua anul ăsta, dar când au zis cine era, că era Nel Abbott, Nickie a ştiut sigur că a doua n-a fost la fel ca prima.

Mai-mai să se ducă la Sean Townsend să-i spună chiar atunci, pe loc. Dar oricât era de drăguţ şi politicos, tânărul tot poliţai şi fiul tatălui lui era şi nu puteai să ai încredere în el. Lui Nickie nici nu i-ar fi trecut prin cap s-o facă dacă n-ar fi avut o mică slăbiciune pentru Sean. Suferise şi el o tragedie, Dumnezeu ştie prin ce-o mai fi trecut după aia şi se purtase bine cu ea... fusese singurul care o tratase frumos când o arestaseră.

Arestată a doua oară, dacă era să fie sinceră. Demult, cu vreo şase, şapte ani în urmă. După prima condamnare pentru înşelăciune, renunţase aproape de tot la afacere. S-a rezumat doar la câţiva clienţi fideli şi la ăia cu vrăjitoria, care veneau să-şi aducă omagiile lui Libby şi May şi tuturor femeilor apei. Citea un pic în tarot, făcea vreo două şedinţe de spiritism peste vară, din când în când era rugată să contacteze vreo rudă sau una dintre înotătoare. Dar nu îşi mai oferise serviciile de o bună bucată de timp.

Apoi i-au tăiat pensia a doua oară, aşa că Nickie şi-a reluat activitatea cu normă întreagă. Cu ajutorul unuia dintre băieții care făceau voluntariat la bibliotecă, și-a făcut un website pe care oferea ședințe de citire a viitorului cu 15 lire jumătatea de oră. Un raport calitate–preț foarte bun — Susie Morgan, aia de la TV, care era cam la fel de clarvăzătoare ca dosu' lui Nickie, lua 29,99 lire pentru douăzeci de minute și pe banii ăia nici măcar nu ajungeai să vorbești cu ea, doar cu unu' din „echipa ei de clarvăzători".

Site-ul nu funcționa decât de câteva săptămâni când s-a trezit reclamată la poliție de unul de la Camera de Comerț, fiindcă „nu afișase declarația de declinare a responsabilității pentru faptele clienților ei, conform Legii Protecției Consumatorului". Legea Protecției Consumatorului! Nickie le-a spus că nu știuse că trebuia să afișeze o asemenea declarație; polițaii i-au zis că se schimbase legea. Și ea, întrebase, de unde era să știe? Ceea ce a provocat mare haz, desigur. Păi nu te-au avertizat viziunile? Deci poți vedea doar viitorul? Nu și trecutul?

Numai inspectorul Townsend — pe atunci un biet polițist de proximitate — nu râsese. El se purtase frumos cu ea și-i explicase că era din cauza noilor reguli ale Uniunii Europene. Regulile Uniunii Europene! Protecția Consumatorului! Era o vreme când cele ca Nickie erau pedepsite (*persecutate*) în baza Legii vrăjitoriei și a Legii împotriva spiritiștilor. Acum îi deranjau pe birocrații europeni. Doamne, ce-am ajuns!

Așa că Nickie și-a închis site-ul, s-a lecuit pe veci de tehnologie și s-a întors la vechile metode, dar zilele astea aproape că nu-i mai călca nimeni pragul.

Trebuia să recunoască, vestea că Nel era cea din apă o cam întorsese pe dos. Se simțea prost. Nu tocmai *vinovată*, fiindcă nu era vina lui Nickie. Totuși, se întreba dacă nu spusese prea mult, dacă nu dezvăluise prea multe. Dar nu putea fi învinuită că iscase toate astea. Nel Abbott deja se juca cu focul: era obsedată de râu şi de secretele lui, iar genul ăsta de obsesie nu duce niciodată la ceva bun. Nu, Nickie nu i-a spus niciodată lui Nel s-o caute cu lumânarea, doar i-a arătat în ce direcţie s-o ia. Şi nu era ca şi cum n-o avertizase, nu? Problema era că nimeni nu asculta. Nickie i-a spus că în oraşul ăla erau bărbaţi care n-ar ezita nicio clipă să trateze o femeie ca pe-un nimic, întotdeauna fuseseră. Oamenii se făceau că nu văd, aşa-i? Nimănui nu-i plăcea să se gândească la faptul că apa din râul ăla era infestată cu sânge şi fiere de femei persecutate, de femei nefericite; o beau în fiecare zi.

Jules

Nu te-ai schimbat niciodată. Ar fi trebuit să ştiu. Am *ştiut*. Iubeai Casa Morii şi apa şi erai obsedată de femeile alea, de ce-au făcut şi pe cine-au lăsat în urmă. Şi-acum asta. Zău, Nel, chiar atât de departe ai mers cu obsesia?

La etaj, am ezitat un pic în faţa uşii dormitorului principal. Cu degetele pe clanţă, am tras adânc aer în piept. Ştiam ce-mi spuseseră, dar te cunoşteam şi pe tine, aşa că nu puteam să-i cred. Eram sigură că, dacă deschideam uşa, aveam să dau cu ochii de tine — înaltă, subţire şi deloc încântată să mă vezi.

Camera era goală. Dădea impresia de loc părăsit recent, de parcă tocmai dăduseşi o fugă jos, să-ţi faci o cafea. De parcă aveai să te-ntorci dintr-o clipă-n alta. Încă-ţi mai simţeam parfumul în aer, ceva greu, dulce şi de modă veche, ca unul dintre cele cu care se dădea mama, Opium sau Yvresse.

— Nel? ţi-am pronunţat numele încet, de parcă te invocam ca pe-un demon.

Mi-a răspuns tăcerea.

Mai încolo pe coridor era „camera mea" — în care obişnuiam să dorm: cea mai mică din casă, cum se cuvine pentru mezin. Arăta şi mai mică decât mi-o aminteam, mai întunecoasă, mai tristă. Cu excepția unui pat îngust, nefăcut, era goală şi mirosea a umezeală, ca pământul. N-am dormit niciodată bine aici, nu m-am simțit niciodată în largul meu. Deloc surprinzător, având în vedere cât de mult îți plăcea să mă sperii. Stând de cealaltă parte a peretelui, zgâriai tencuiala cu unghiile, pictai simboluri pe dosul uşii cu ojă sângerie, scriai nume de femei moarte în condensul de pe geam. Mai erau şi poveştile pe care mi le spuneai, cu vrăjitoare târâte în apă sau cu femei disperate care se aruncau de pe stânci pe pietrele de jos, cu un băiețel înspăimântat care, ascuns în pădure, şi-a văzut mama aruncându-se în gol.

Nu-mi *amintesc* asta. Normal că nu. Când analizez amintirea în care-l priveam pe băiețel, nu are nicio logică: e la fel de incoerentă ca un vis. Tu şoptindu-mi în ureche... asta nu s-a întâmplat lângă apă, într-o noapte geroasă. Noi oricum nu eram aici iarna, n-a existat nicio noapte geroasă lângă apă. N-am văzut niciun copil înspăimântat pe pod în toiul nopții — ce-aş fi căutat acolo eu, copil la rândul meu? Nu, a fost o poveste spusă de tine, despre cum băiatul s-a ghemuit printre copaci şi când s-a uitat în sus, a văzut-o, cu chipul la fel de palid precum cămaşa ei de noapte în lumina lunii, azvârlindu-se cu brațele întinse ca nişte aripi în aerul tăcut, cum țipătul de pe buzele ei a murit la contactul cu apa întunecată.

Nici nu ştiu dacă într-adevăr a *existat* un băiat care şi-a văzut mama murind sau dacă tu ai inventat povestea.

Am ieşit din vechea mea cameră şi m-am întors spre a ta, spre locul care era pe vremuri al tău şi care, după cum arată, aparține acum fiicei tale. O harababură de haine şi cărți, un prosop umed pe podea, căni murdare pe noptieră, aerul îmbâcsit de fumul stătut şi izul grețos al crinilor putreziți, care se ofileau într-o vază la geam.

Fără să mă gândesc, m-am apucat să fac ordine. Am netezit aşternuturile şi am atârnat prosopul în baie. Eram în genunchi şi scoteam o farfurie murdară de sub pat, când ți-am auzit vocea, ca un pumnal în piept:

— Ce dracului faci?

Jules

M-am ridicat grăbită cu un surâs triumfător pe buze, fiindcă eram sigură — eram sigură că se înşelau, eram sigură că, de fapt, n-ai murit. Şi iată-te-n uşă, spunându-mi să ies afară-n PIZDA MĂ-SII din camera ta. Şaisprezece sau şaptesprezece ani, cu mâna încleştată pe încheietura mea, cu unghiile ei vopsite înfipte în carne. *Julia, am zis să ieşi AFARĂ. Vacă grasă ce eşti.*

Surâsul s-a stins, fiindcă sigur nu erai tu. Era fiica ta, care arată aproape identic cu tine în adolescenţă. Stătea în uşă, cu mâna-n şold.

— Ce faci? a întrebat iar.

— Iartă-mă, am zis. Sunt Jules. Nu ne-am cunoscut, dar sunt mătuşa ta.

— Nu te-am întrebat cine eşti, a spus uitându-se la mine ca la o proastă. Te-am întrebat ce faci. Ce cauţi?

Şi-a luat ochii de la mine ca să arunce o privire spre uşa de la baie. Înainte să apuc să răspund, a zis:

— Poliţia e jos.

Apoi s-a îndepărtat cu paşi mari pe coridor — picioare lungi, mers leneş şi şlapi care plescăiau pe gresia podelei.

M-am grăbit după ea.

— Lena, am zis şi i-am pus mâna pe braţ.

Şi l-a smucit ca opărită şi s-a răsucit furioasă către mine.

— Iartă-mă.

A plecat ochii şi degetele ei masau locul unde o atinsesem. Pe unghii avea urme de ojă albastră veche, iar vârfurile degetelor arătau ca ale unui cadavru. A înclinat din cap fără să se uite la mine.

— Poliţia vrea să vorbească cu tine, a spus.

Nu e cum mă aşteptam. Cred că-mi imaginasem o copilă distrusă, căutând cu disperare să fie consolată. Dar nu e, sigur că nu e o copilă, are cincisprezece ani şi e aproape adultă. Cât despre consolare... nu părea să aibă deloc nevoie, cel puţin nu din partea mea. La urma urmelor, e fiica ta.

Detectivii aşteptau în bucătărie, în picioare, lângă masă, uitându-se pe geam la pod. Un bărbat înalt, cu faţa spicată de-o barbă nerasă, şi o femeie alături, cu vreo treizeci de centimetri mai scundă.

Bărbatul a înaintat cu mâna întinsă, ochii lui cenuşiu-deschis studiindu-mi faţa:

— Inspector Sean Townsend.

Când a întins mâna, am observat că avea un uşor tremurat. Pielea lui era rece şi pergamentoasă, de parcă ar fi fost mult mai vârstnic.

— Îmi pare rău pentru pierderea suferită.

Ce ciudat să aud vorbele alea! Le-au spus ieri, când au venit să mă anunţe. Aproape că i le spusesem şi eu Lenei, dar acum sunau altfel. *Pierderea* suferită. Îmi venea să le spun: dar nu s-a pierdut. E imposibil. N-o cunoaşteţi pe Nel, nu ştiţi cum e.

Inspectorul Townsend îmi urmărea chipul, aşteptând să spun ceva. Se înălţa deasupra mea, slab şi ascuţit, de puteai să te tai dacă te apropiai prea mult. Încă mă mai uitam la el când mi-am dat seama că femeia mă privea, o adevărată întruchipare a compasiunii.

— Sergent Erin Morgan, a spus. Îmi pare foarte rău.

Avea pielea măslinie, ochi întunecaţi, păr negru-albăstrui ca pana corbului. Îl purta prins la spate, dar câţiva zulufi se răzvrătiseră pe la tâmple şi după urechi, făcând-o să arate ciufulită.

— Sergentul Morgan va fi omul dumneavoastră de legătură cu poliţia, a spus inspectorul Townsend. O să vă ţină la curent cu stadiul anchetei.

— Faceţi o anchetă? am întrebat ca proasta.

Femeia a aprobat zâmbind şi mi-a făcut semn să mă aşez la masa din bucătărie. Detectivii s-au aşezat în faţa mea. Inspectorul Townsend şi-a coborât privirea, trecându-şi palma dreaptă de-a latul încheieturii stângi cu mişcări iuţi, smucite: una, două, trei.

Sergentul Morgan mi se adresa pe un ton calm şi liniştitor, care-i contrazicea discursul.

— Trupul surorii dumneavoastră a fost văzut în râu ieri-dimineaţă devreme, de un bărbat care ieşise să-şi plimbe câinii, a spus cu accent londonez şi voce moale ca fumul. Primele dovezi sugerează că era în apă de doar câteva ore.

A aruncat o privire spre inspector, apoi iar spre mine.

— Era complet îmbrăcată şi rănile ei arată că a căzut de pe faleza stâncoasă de deasupra bulboanei.

— Credeți că a *căzut*? am întrebat.

Mi-am mutat privirea de la polițiști la Lena, care mă urmase jos şi era în cealaltă parte a bucătăriei, sprijinită de blat. Desculță, în colanți negri şi un maiou gri întins pe claviculele ascuțite şi mugurii sânilor, ne ignora de parcă scena asta era normală, banală. De parcă se petrecea zilnic. Îşi ținea telefonul în palma dreaptă şi-şi trecea în jos degetul mare peste ecran, cu brațul stâng în jurul trupului îngust, brațul ei cam la fel de gros ca încheietura mea. Gură largă, posacă, sprâncene brune, păr de-un blond murdar căzut pe față.

Probabil a simțit că o fixam, fiindcă şi-a ridicat ochii spre mine şi i-a făcut mari o clipă, forțându-mă să abandonez. A vorbit:

— Tu nu crezi că a căzut, aşa-i? a spus şi colțul gurii i s-a ridicat într-un surâs strâmb. Tu ştii mai bine.

Lena

Se holbau la mine şi-mi venea să urlu la ei să iasă din casa noastră. Casa *mea*. E casa mea, a noastră şi n-o să fie niciodată a ei. *Mătuşa Julia*. Am găsit-o-n camera mea, cotrobăindu-mi prin lucruri, înainte ca măcar să facem cunoştinţă. Apoi a încercat să fie drăguţă şi mi-a zis că-i pare rău, de parcă eu ar trebui să cred acum că-i pasă de noi.

N-am dormit de două zile şi nu vreau să vorbesc cu ea ori cu altcineva. Şi n-am nevoie de ajutorul ei sau de condoleanţele ei idioate şi nici nu vreau să ascult teorii penibile despre ce s-a întâmplat cu mama, din partea unora care *nici măcar n-au cunoscut-o*.

Încercam să-mi ţin gura, dar când au zis că probabil a căzut, n-am mai putut şi m-am înfuriat, fiindcă evident că n-a căzut. Nici vorbă. Ei nu înţeleg nimic. N-a fost un accident stupid, *ea a făcut asta*. Adică nu e ca şi cum mai contează, cred, dar aş vrea ca toată lumea să recunoască măcar adevărul.

Le-am zis:

— N-a căzut. A sărit.

Polițista a început să pună întrebări tâmpite că de ce spun asta, era deprimată, a mai încercat şi altă dată şi în tot timpul ăsta, mătuşa Julia se holba la mine cu ochii ei căprui şi trişti, de parcă eram o ciudată.

Le-am spus:

— Ştiți că era obsedată de bulboană, de tot ce s-a întâmplat, de toate morțile de acolo. Ştiți asta. Până şi *ea* ştie asta, am spus, uitându-mă la Julia.

A deschis gura şi-a închis-o la loc, ca un peşte. Ceva din mine voia să le spună tot, să le deschidă ochii, dar ce rost ar avea? Nu cred că ei pot să priceapă.

Sean — *inspectorul* Townsend, aşa cum trebuie să-i zic în situații oficiale — a început să-i pună întrebări Juliei: Când a vorbit ultima dată cu mama? Care era starea ei de spirit? O supăra ceva? Şi mătuşa Julia a mințit fără jenă.

— N-am mai vorbit cu ea de ani întregi, a spus, iar între timp fața i se aprindea ca focul. Ne înstrăinaserăm.

Vedea că o privesc, ştia că ştiu că mănâncă rahat, aşa că se înroşea tot mai tare, apoi a încercat să abată atenția de la ea spunându-mi:

— De ce, Lena, de ce spui că a sărit?

M-am uitat la ea mult, mult timp înainte să răspund. Voiam să ştie că o citesc ca pe-o carte deschisă.

— Mă mir că mă întrebi, am spus. Nu tu i-ai spus că e atrasă de moarte?

A început să scuture din cap şi să zică:

— Nu, nu i-am spus, adică... nu în sensul ăsta...

Mincinoaso.

Polițista a început să spună că „în acest moment nu aveau nicio dovadă care să indice că a fost un act deliberat" şi că nu găsiseră niciun bilet.

Atunci chiar că m-a apucat râsul.

— Credeți că ar lăsa un bilet? Mama n-ar lăsa în veci un nenorocit de bilet. Ar fi, cum să spun, prea prozaic.

Julia a aprobat.

— Asta… asta-i adevărat. O văd pe Nel în stare să lase pe toată lumea să-și dea cu presupusul. Adora poveștile cu detectivi. Și i-ar fi plăcut la nebunie să fie în centrul uneia.

Atunci mi-a venit să-i trag o palmă. *Javră cretină,* îmi venea să-i spun, *e și vina ta.*

Polițista a început să se agite, să toarne apă în pahare pentru toată lumea și a încercat să-mi îndese unul în mână, iar eu n-am mai suportat. Știam că o să mă apuce plânsul și n-aveam de gând s-o fac în fața lor.

M-am dus în camera mea, am închis ușa și am plâns acolo. M-am înfășurat într-un șal și am plâns cât de încet am putut. Încercasem până atunci să nu cedez nevoii de-a o jeli, de a-mi da voie să mă prăbușesc, fiindcă simt că, odată pornită, n-o să mă mai pot opri niciodată.

Am încercat să nu las cuvintele să iasă, dar mi se rotesc la nesfârșit în cap: *iartă-mă iartă-mă iartă-mă, a fost vina mea.* Mă tot uitam la ușa camerei mele și analizam iar și iar momentul acela de duminică-seară, când mama a venit să-mi spună noapte bună:

— Lena, orice s-ar întâmpla, tu știi cât de mult te iubesc, da?

M-am întors pe cealaltă parte, cu spatele la ea și mi-am pus căștile, dar știam că rămăsese acolo, în picioare, simțeam cum stă și mă privește, parcă-i simțeam tristețea și-mi părea bine, credeam că merită să fie tristă. Aș face orice, orice, să mă pot ridica din pat, s-o strâng în brațe și să-i spun că și eu o iubesc și că n-a fost deloc vina ei, n-ar fi trebuit să spun că numai ea era vinovată. Dacă ea era vinovată de ceva, atunci și eu eram la fel.

Mark

Era cea mai fierbinte zi a anului până acum şi, fiindcă Bulboana Înecaţilor era inaccesibilă din motive evidente, Mark s-a dus să înoate în susul râului. Era o porţiune în faţa căsuţei familiei Ward, unde râul se lăţea şi apa curgea iute şi rece peste pietricelele ruginii de la mal, dar în mijloc era adâncă şi suficient de rece încât să-ţi taie respiraţia şi să te usture pielea, răceala aia care te face să exclami zgomotos la contactul cu apa.

Şi aşa a fost, a râs în gura mare. Era pentru prima dată după luni întregi când avea chef să râdă şi să intre în apă. Pentru el, râul se transformase dintr-o sursă de plăcere, într-un loc al groazei, dar azi redevenise plăcere. Azi era perfect. Ştiuse din clipa în care se trezise, cu inima mai uşoară, cu capul mai limpede, cu trupul mai relaxat, că azi era o zi numai bună de-notat. Ieri au găsit-o pe Nel Abbott moartă în apă. Azi era o zi minunată. Se simţea nu ca şi cum i se luase o piatră de pe inimă, ci mai degrabă ca şi cum o menghină — una care-i apăsase tâmplele, punându-i în pericol sănătatea mintală, ameninţându-i viaţa — îşi slăbise în sfârşit strânsoarea.

Venise la el o poliţistă foarte drăguţă, cu un aer dulce, de fetiţă, care l-a făcut să-şi dorească să-i spună lucruri nepotrivite. O chema Callie... Nu-mai-ştiu-cum. A invitat-o în casă şi i-a spus adevărul. O văzuse pe Nel Abbott duminică-seara plecând de la bar. A omis să-i spună că el se dusese acolo cu intenţia de a se întâlni cu ea — nu era important. I-a spus că vorbiseră, dar puţin, fiindcă Nel se grăbea.

— Despre ce-aţi vorbit? l-a întrebat poliţista.

— Fata ei, Lena, mi-e elevă. Am avut oarece probleme cu ea trimestrul trecut... probleme disciplinare, chestii de genul ăsta. În septembrie o să fie iar în clasa la care predau eu engleza — e un an important, ştiţi, încep examenele pe materii, care contează pentru notele de absolvire a liceului —, am vrut să mă asigur că n-o să avem iarăşi probleme.

Destul de adevărat.

— A zis că n-avea timp, că avea altceva de făcut.

Şi ăsta era un adevăr, dar nu *tot adevărul*. Nu *numai adevărul* ăla pe care-l spui cu mâna pe Biblie.

— N-avea timp să discute despre problemele fiicei sale de la şcoală? a întrebat poliţista.

Mark a ridicat din umeri şi i-a servit un zâmbet trist:

— Unii părinţi se implică mai mult, unii mai puţin, i-a spus.

— Când a plecat de la bar, unde s-a dus? Era cu maşina?

Mark a clătinat din cap:

— Nu, cred că se ducea acasă. În direcţia aia mergea.

Poliţista a aprobat din cap.

— Şi n-aţi mai văzut-o după aceea? a întrebat, iar Mark a clătinat din cap.

Deci o parte adevăr, o parte minciună, dar, în orice caz, poliţista a părut mulţumită; i-a lăsat o carte de vizită cu un număr de telefon, unde putea suna în caz că mai avea ceva de adăugat.

— Aşa o să fac, a spus şi i-a arătat zâmbetul lui cuceritor, iar ea a tresărit.

S-a întrebat dacă nu cumva exagerase.

Acum se cufundă în apă plonjând înspre albia râului, şi-şi înfipse degetele în malul moale, nămolos. Îşi ghemui trupul strâns, ca o minge, apoi, cu o singură mişcare explozivă, se împinse cu toată forţa înapoi la suprafaţă, unde îşi umplu lacom plămânii cu aer.

Avea să-i fie dor de râu, dar acum era pregătit să plece. Trebuia să-şi caute o nouă slujbă, poate spre Nord, în Scoţia, ori mai departe: în Franţa sau Italia, undeva unde nimeni nu ştia de unde vine sau ce trăise până atunci. Visa să şteargă totul cu buretele, s-o ia de la capăt, cu un trecut nepătat.

Când porni înotând spre mal, simţi din nou menghina strângându-se puţin. Încă nu scăpase basma curată. Nu încă. Mai era fata, care încă mai putea să facă probleme, deşi, din moment ce-şi ţinuse gura atâta vreme, era puţin probabil că o să vorbească acum. Orice-ai zice de Lena Abbott, era loială; se ţinea de cuvânt. Şi poate că acum, eliberată de sub influenţa toxică a mamei ei, avea şansa să devină un om ca lumea.

Şezu o vreme pe mal cu capul plecat, ascultând cântecul râului, simţind căldura soarelui pe umeri. Euforia i se evaporă odată cu apa de pe spate, dar lăsă în loc altceva, nu chiar speranţă, ci mai degrabă o premoniţie tăcută că speranţa ar putea măcar fi posibilă.

Auzi un zgomot şi ridică privirea. Venea cineva. Îi recunoscu silueta, încetineala agonizantă a mersului, iar inima începu să-i bubuie în piept. Louise.

Louise

Pe malul râului şedea un bărbat. La început i s-a părut că era gol, dar când s-a ridicat a văzut că purta şort de înot, scurt şi strâmt pe corp. Simţi că-l observă, că-i observă carnea şi se-nroşi. Era domnul Henderson.

Până să ajungă la el, îşi înfăşurase un prosop în jurul taliei şi-şi trăsese pe cap un tricou. Veni spre ea cu mâna întinsă:

— Doamnă Whittaker, ce mai faceţi?

— Louise, vă rog, spuse ea.

Îşi înclină capul şi spuse zâmbind cu jumătate de gură:

— Bine, Louise. Ce mai faceţi?

Încercă să-i zâmbească şi ea:

— Ei, ştiţi...

Nu ştia. Nimeni nu ştia.

— Se zice... i-auzi: *se zice*! Terapeuţii îţi spun că o să ai zile bune şi zile proaste şi trebuie, pur şi simplu, să accepţi asta.

Mark aprobă, dar ochii îi alunecară într-o parte şi ea văzu că sângele îi năvăleşte-n obraji. Era jenat.

Toată lumea era jenată. Până să-i fie distrusă viața, nu-și dăduse seama ce jenantă era durerea, ce *incomodă* pentru toți cei cu care intra în contact persoana îndoliată după pierderea cuiva. La început era recunoscută și respectată și se ținea cont de ea. Dar după o vreme, era un impediment — în calea conversației, a râsului, a vieții normale. Toată lumea voia să o dea uitării, să-și vadă de viață și uite cum le stăteai în cale, târând după tine cadavrul copilului tău mort.

— Cum e apa? întrebă, iar roșeața lui se accentuă.

Apa, apa, apa... n-aveai cum să scapi de ea în orașul ăsta.

— Îmi închipui că rece, spuse ea.

El își scutură capul ca un câine ud.

— *Brrrr!* zise râzând stingherit.

Între ei se afla ditamai elefantul și ea simți că ar trebui să atragă atenția asupra lui.

— Ați auzit de mama Lenei?

De parcă n-ar fi auzit. De parcă putea trăi cineva în orașul ăsta fără să știe.

— Da. Groaznic. Doamne, ce groaznic. Ce șoc!

Tăcu, iar când ea nu răspunse, continuă:

— Ăăă... adică, știu că dumneavoastră și ea...

Lăsă vorbele în suspensie și se uită peste umăr la mașină.

Săracul, își dorea cu disperare să scape.

— Nu prea ne înțelegeam? îl ajută Louise.

Ea se juca cu lănțișorul de la gât trăgând într-o parte și-n alta de pandantiv — o pasăre albastră.

— Așa e. Dar chiar și-așa...

Dar chiar și-așa fu tot ce reuși să rostească. *Nu ne înțelegeam* era un eufemism ridicol de edulcorat, dar nu era nevoie să intre în detalii. Domnul Henderson ştia de duşmănia lor şi a naibii să fie dacă avea de gând să stea lângă râu şi să se prefacă afectată că Nel Abbott îşi găsise sfârşitul în el. Nu putea şi nu voia să facă asta.

Când îi asculta pe terapeuţi ştia că bat câmpii şi că niciodată, niciodată în tot restul vieţii ei n-avea să mai aibă o zi bună, şi cu toate astea, în ultimele vreo douăzeci şi patru de ore au existat momente în care cu greu a reuşit să-şi ascundă expresia triumfătoare de pe chip.

— Cred că, într-un fel oribil, e cât se poate de potrivit, nu credeţi? spunea domnul Henderson. Felul în care s-a dus...

Louise aprobă sumbru:

— Poate că aşa şi-ar fi dorit să se ducă. Poate că aşa şi-a *dorit*.

Mark se încruntă:

— Credeţi că... a fost intenţionat?

Louise clătină din cap:

— Zău că habar n-am.

— A, nu, nu, nu, sigur că nu.

Făcu o pauză.

— Măcar... măcar acum, ce scria n-o să mai fie publicat, nu? Cartea la care lucra, despre bulboană, nu era terminată, nu? Deci nu poate fi publicată...

Louise îl săgetă cu privirea:

— Credeţi? Eu aş fi zis că modul în care-a murit o face cu atât mai publicabilă. O femeie care scrie despre oamenii care-au murit în Bulboana Înecaţilor devine ea însăşi unul dintre înecaţi? Aş zice că s-ar găsi cineva care să vrea s-o publice.

Mark arăta înspăimântat de moarte.

— Dar Lena... cu siguranţă Lena... nu şi-ar dori asta...

Louise ridică din umeri:

— Cine ştie? spuse. Presupun că ea o să primească banii pentru drepturile de autor.

Oftă:

— Trebuie să mă întorc, domnule Henderson.

Îl bătu pe braţ, iar el îi acoperi mâna cu a lui.

— Îmi pare aşa de rău, doamnă Whittaker, spuse, iar ea văzu mişcată că bietul om avea lacrimi în ochi.

— Louise. Spuneţi-mi Louise. Şi da, ştiu că vă pare rău.

Louise porni spre casă. Plimbarea asta în sus şi-n jos pe poteca râului îi lua ore — chiar mai mult pe căldura asta —, dar nu reuşea să-şi găsească alt mod de a-şi umple zilele. Nu că n-ar avea ce să facă. Erau agenţi imobiliari de contactat, şcoli de analizat. Un pat care trebuia desfăţat şi un dulap plin cu haine de băgat în cutii şi expediat. Un copil care avea nevoie de grijă părintească. Poate mâine. Mâine avea să le facă pe toate, azi se plimba pe malul râului şi se gândea la fiica ei.

La fel ca-n celelalte zile, îşi cotrobăi prin nenorocita de memorie după semne care trebuie să-i fi scăpat, alerte pe lângă care trebuie să fi trecut senină, fără să-şi fi dat seama. Căuta rămăşiţe, indicii cât de insignifiante ale disperării în viaţa fericită a copilului ei. Adevărul e că nu-şi făcuseră niciodată griji pentru Katie. Ea era deşteaptă, capabilă, echilibrată, cu o voinţă de oţel. A intrat în adolescenţă cu o lejeritate graţioasă, de parcă era o nimica toată. Louise era uneori tristă fiindcă fata nu părea să mai aibă nevoie de părinţii ei. Nimic n-o tulbura — nici şcoala, nici atenţia siropoasă până la greaţă a celei mai bune prietene, care se ţinea după ea peste tot, ca scaiul, nici măcar felul brusc, aproape şocant, în care a înflorit deodată într-o frumusețe de femeie. Louise își amintea acut rușinea tăioasă, ofensată, pe care-o simțise în adolescență, când a observat că bărbații se uitau la corpul *ei*, dar la Katie nici urmă de așa ceva. Alte vremuri — și-a spus Louise —, fetele de azi sunt altfel.

Louise și soțul ei, Alec, nu-și făceau griji pentru Katie, ci pentru Josh. Un copil dintotdeauna sensibil, mereu anxios, care anul acesta se schimbase. Îl măcina ceva, devenise pe zi ce trecea mai retras, mai introvertit. Se temeau să nu fie hărțuit la școală, îi îngrijorau notele tot mai mici, cearcănele întunecate de sub ochii lui, dimineața.

Adevărul e — *trebuie să fie* — că în timp ce ei erau cu ochii pe fiul lor, pregătiți să-l prindă când avea să cadă, fiica lor s-a poticnit și ei n-au observat, n-au fost acolo, s-o susțină. Vinovăția era ca un bolovan atârnat de gâtlejul Louisei, se tot aștepta să o sufoce, dar n-o făcea, refuza s-o facă, așa că era nevoită să continue să respire; să respire și să-și amintească.

În seara dinainte, Katie fusese tăcută. Erau doar ei trei la cină, Josh rămăsese peste noapte la prietenul lui, Hugo. De obicei nu avea voie în timpul săptămânii, dar făcuseră o excepție, îngrijorați fiind din cauza lui. Au profitat de ocazie ca să vorbească despre asta cu Katie. Observase cumva cât de agitat părea Josh în ultimul timp?

— Probabil că e îngrijorat că merge la anul la școala de copii mari, a spus, fără să se uite la părinții ei când a vorbit, ci a stat cu ochii fixați în farfurie și vocea i-a tremurat aproape imperceptibil.

— Dar o să se descurce, spunea Alec. Jumătate din clasa lui o să fie acolo. Și o să fii și tu.

Louise își amintea că mâna fiicei ei se încleștase un pic mai strâns pe paharul cu apă la auzul vorbelor lui

Alec. Își amintea că înghițise în sec, închizând ochii pentru o clipă.

Au spălat vasele împreună: Louise le spăla și Katie le ștergea, fiindcă mașina de spălat vase era stricată. Louise își amintea că-i spusese că nu era nevoie s-o ajute, că se descurca singură dacă avea teme de făcut și Katie spusese: „Le-am terminat". Louise își amintea că, de fiecare dată când Katie lua din mâna ei un vas ca să-l șteargă, își lăsa degetele să le-atingă pe-ale mamei ei o clipă mai mult decât ar fi fost nevoie.

Doar că acum Louise nu putea fi absolut deloc sigură că-și amintea lucrurile astea. Oare chiar a coborât Katie ochii în farfurie? Oare chiar și-a încleștat mai tare mâna pe pahar, chiar a atins-o mai prelung? Era imposibil să-și dea seama acum, toate amintirile ei păreau incerte, răstălmăcite. Nu știa prea bine dacă din cauza șocului simțit când și-a dat seama că toate lucrurile de care fusese absolut sigură nu erau deloc atât de sigure sau dacă nu cumva din cauză că mintea îi fusese permanent încețoșată de medicamentele înghițite în zilele și săptămânile de după moartea lui Katie. Louise dăduse pe gât pastile după pastile și fiecare pumn de medicamente îi dăruise ore de uitare oarbă, doar ca să fie azvârlită iar în plin coșmar la trezire. După o vreme și-a dat seama că orele de cufundare în neant nu meritau oroarea prin care trecea de fiecare dată când redescoperea absența fiicei ei.

Putea fi sigură de un lucru: când Katie i-a spus noapte bună, a zâmbit și și-a sărutat mama, ca de fiecare dată. A strâns-o în brațe, nu mai tare sau mai prelung ca de obicei, și a spus: „Somn ușor".

Și cum a fost în stare de asta, știind ce avea de gând să facă?

În fața Louisei, poteca se încețoșă din cauza lacrimilor care-i tulburau vederea, așa că nu observă banda galbenă până ce nu ajunse lângă ea. *Poliția. Trecerea interzisă.* Era deja la jumătatea potecii care ducea-n sus pe deal și se apropia de creastă; fu nevoită să facă brusc la stânga ca să nu răscolească ultimul petic de pământ pe care a stătuse Nel Abbott.

Trecu peste culme cu mers greoi și coborî pe-o parte a dealului, cu picioarele săgetate de junghiuri și părul transpirat lipit de scalp, până la umbra bine-venită din locul în care poteca traversa un pâlc de copaci, la marginea bulboanei. Mai merse pe potecă încă vreo milă și ajunse la pod și urcă treptele către stradă. Din stânga ei se apropia un grup de fete și, așa cum făcea întotdeauna, își căută cu privirea fiica printre ele, cu ochii după pletele ei castaniu-deschis, cu urechea ciulită după râsul ei puternic. Inima Louisei se frânse din nou.

Urmări cu privirea fetele, înlănțuite, cu brațele una pe umerii celeilalte, o masă împletită de carne acoperită cu puf, iar în centrul lor — își dădu seama Louise — era Lena Abbott. Lena, atât de singuratică în ultimele câteva luni, trăia acum momentul ei de celebritate. Și la ea avea să se holbeze lumea, și ea avea să fie compătimită și, nu după multă vreme, izolată.

Louise întoarse spatele fetelor și porni la deal spre casă. Își strânse umerii și coborî bărbia, sperând să treacă neobservată, fiindcă vederea Lenei Abbott era ceva oribil pentru ea, readucea imagini cumplite în mintea ei. Dar fata o văzuse și strigă:

— Louise! Doamnă Whittaker! Stați puțin, vă rog.

Louise încercă să grăbească pasul, dar picioarele îi erau grele şi inima dezumflată ca un balon vechi, iar Lena era tânără şi puternică.

— Doamnă Whittaker, vreau să vorbim.

— Nu acum, Lena. Iartă-mă.

Lena îşi puse mâna pe braţul Louisei, dar ea se trase în lături. N-o putea privi.

— Îmi pare tare rău, dar nu pot să vorbesc cu tine.

Louise devenise un monstru, o creatură găunoasă care refuza să consoleze un copil rămas fără mamă, care — mai rău, mult mai rău — nu se putea uita la el fără să se gândească *De ce nu tu? De ce n-ai fost tu în apă, Lena? De ce n-a fost să fii tu? De ce Katie a mea? Bună şi generoasă, şi blândă, şi muncitoare, şi ambiţioasă — mai bună decât tine în toate modurile posibile. N-ar fi trebuit niciodată să intre ea în apă. Tu trebuia să intri.*

Bulboana Înecaților, Danielle Abbott

(nepublicată)

Prolog

Când aveam şaptesprezece ani, mi-am salvat sora de la înec.

Greu de crezut, dar nu *acela e momentul în care a început totul.*

Există oameni care sunt atraşi de apă, care păstrează un fel de simț primitiv rezidual care-i îndrumă spre locul în care curge. Cred că sunt unul dintre ei. Nicicând nu mă simt mai vie ca atunci când sunt lângă apă, când sunt lângă apa asta. Ăsta e locul unde am învățat să înot, locul unde am învățat să mă contopesc cu natura şi cu trupul meu în cel mai încântător şi plăcut mod.

De când m-am mutat la Beckford în 2008, am înotat aproape zilnic în râu, fie iarnă, fie vară, uneori cu fiica mea, alteori singură, şi am devenit fascinată de ideea că locul ăsta, lăcaşul extazului pentru mine, poate fi lăcaşul fricii şi al terorii pentru alții.

Când aveam şaptesprezece ani, mi-am salvat sora de la înec, dar devenisem obsedată de bulboana din Beckford cu mult timp înainte. Părinţii mei erau buni povestitori, mai ales mama; din gura ei am auzit prima dată tragica poveste a lui Libby, de masacrul şocant din căsuţa familiei Ward, povestea cumplită a băiatului care şi-a văzut mama sărind în râu. O puneam să mi le spună la nesfârşit. Îmi amintesc consternarea tatei („Poveştile astea nu sunt deloc pentru copii") şi împotrivirea mamei („Sigur că sunt! Fac parte din istorie").

A sădit în mine o sămânţă şi, cu mult înainte ca soră-mea să intre în apă, cu mult înainte să pun mâna pe-un aparat de fotografiat sau pe-un pix şi-un carnet, mi-am petrecut ore în şir visând cu ochii deschişi şi imaginându-mi cum trebuie să fi fost, ce senzaţie trebuie să fi avut, cât de rece trebuie să i se fi părut lui Libby apa în ziua aia.

Devenită adult, misterul care m-a mistuit e, desigur, cel al propriei familii. N-ar trebui să fie un mister, dar este, fiindcă, în ciuda eforturilor mele de a deschide căi de comunicare, sora mea n-a mai vorbit cu mine de mulţi ani. Cufundată în tăcerea ei, am încercat să-mi imaginez ce-a atras-o spre râu în toiul nopţii şi până şi eu, cu imaginaţia mea bizară, am eşuat. Fiindcă dintre noi două soră-mea n-a fost niciodată teatrală, niciodată predispusă la gesturi îndrăzneţe. Putea fi şireată, machiavelică, răzbunătoare ca însăşi apa, dar tot sunt complet nedumerită. Mă întreb dacă n-o să fiu mereu aşa.

Încercând să mă înţeleg pe mine, familia mea şi poveştile pe care ni le spunem, am decis să pun cap la cap toate poveştile din Beckford, să scriu toate acele ultime momente — aşa cum mi le imaginam — din vieţile femeilor care s-au dus la Bulboana Înecaţilor din Beckford.

Numele are o încărcătură gravă; dar, cu toate astea, ce e? Un cot de râu, atât. O meandră. O găseşti urmând cursul râului cu toate răsucirile şi buclele lui, cu toate revărsările şi umflările lui, dând viaţă şi luând-o. Râul e când rece şi curat, când stătut şi poluat; şerpuieşte prin pădure şi taie ca o lamă de oţel blândele coline Cheviot, apoi, chiar la nord de Beckford, încetineşte. Se odihneşte, vremelnic, la Bulboana Înecaţilor.

E un locşor idilic: cărarea e umbrită de stejari, coastele colinelor sunt presărate cu fagi şi platani, iar spre sud, malul e înclinat şi nisipos. Un loc de plimbat cu barca, de dus copiii, perfect pentru un picnic într-o zi însorită.

Dar aparenţele sunt înşelătoare, fiindcă e un loc al morţii. Apa, întunecată şi sticloasă, ascunde ce zace în adâncuri: alge în care te încâlceşti, care te trag în jos, pietre zimţate care să despice carnea. Deasupra se înalţă ameninţătoare faleza de gresie cenuşie: o sfidare, o provocare.

Acesta e locul care, de-a lungul secolelor, a răpit vieţile lui Libby Seeton, Mary Marsh, Anne Ward, Ginny Thomas, Lauren Slater, Katie Whittaker şi ale altora... nenumărate, anonime şi fără chip. Am vrut să întreb de ce şi cum şi ce ne spun vieţile şi morţile lor despre noi înşine. Sunt unii care şi-ar dori ca aceste întrebări să nu fie puse, care şi-ar dori să astupe gurile curioase, să le suprime, să le reducă la tăcere.

Am vrut să încep această lucrare, biografia mea şi a bulboanei din Beckford, nu cu un înec, ci cu un înot. Fiindcă aşa începe: cu înotul vrăjitoarelor — proba de apă. Acolo, la bulboana mea, în acel colţ liniştit de paradis, la mai puţin de o milă de unde mă aflu în clipa asta, le aduceau, le legau şi le aruncau în râu, ca să se scufunde sau să înoate.

Unii spun că femeile au lăsat ceva din ele în apă, alţii spun că apa păstrează ceva din puterile lor, fiindcă de atunci le-a atras spre ţărmurile sale pe cele fără noroc, pe cele disperate, pe nefericite, pe rătăcite. Vin aici ca să înoate cu surorile lor.

Erin

E ciudat rău Beckford ăsta. E frumos, chiar splendid pe alocuri, dar ciudat. Îți dă senzația că e separat și diferit de tot ce-l înconjoară. Sigur, e la multe mile distanță de orice — trebuie să conduci ore în șir ca să ajungi într-un loc civilizat. Asta dacă Newcastle îți pare civilizat, lucru de care nu sunt prea sigură. Beckford e un loc ciudat, plin de oameni bizari, cu un trecut de-a dreptul straniu. Chiar prin mijloc e străbătut de un râu, iar asta-i cea mai ciudată chestie din toate: parcă oriîncotro te-ai întoarce, oriîncotro te-ai îndrepta, nu știu cum se face, dar ajungi întotdeauna la râu.

Și inspectorul e cam ciudățel. E localnic, deci presupun că e de așteptat. Gândul ăsta mi-a venit de cum am dat prima dată cu ochii de el, ieri-dimineață, când au scos din apă cadavrul lui Nel Abbott. Stătea pe malul râului, cu mâinile-n șolduri și capul plecat. Vorbea cu cineva — cu medicul legist, am aflat mai târziu —, dar de la distanță parcă se ruga. La asta m-am gândit: un preot. Un bărbat înalt și subțire în haine cernite, profilat pe fundalul apei negre, cu stânca de gresie în spate şi la picioarele lui o femeie, palidă şi senină.

Sigur, nu senină, moartă. Dar chipul ei nu era schimonosit, nu era distrus. Dacă nu te uitai la restul trupului ei, la membrele fracturate sau la coloana sucită, ai fi crezut că se înecase.

M-am prezentat şi mi-a venit imediat în minte gândul că ceva nu era în regulă cu el: ochii lăcrimoşi, un uşor tremurat al mâinilor, pe care încerca să-l oprească frecându-le una de alta, cu palma pe încheietură... m-au făcut să mă gândesc la tata în dimineţile alea de-după-noaptea-trecută, când trebuia să-ţi pleci capul şi să cobori vocea.

În ambele cazuri, capul plecat părea o idee bună. Eram în Nord de mai puţin de trei săptămâni, după un transfer forţat din Londra, din cauza unei relaţii necugetate. Sinceră să fiu, nu voiam decât să-mi lucrez cazurile şi să uit de toată porcăria aia. Eram sigură că la început aveau să-mi încredinţeze chestiile plicticoase, aşa că am fost surprinsă când mi-au dat un caz de moarte suspectă. O femeie, trupul îi fusese văzut în râu de un bărbat care-şi plimba câinii. Era complet îmbrăcată, aşa că nu se dusese să înoate. Inspectorul-şef m-a luminat:

— Aproape sigur e o sinucigaşă, mi-a spus. E în Bulboana Înecaţilor din Beckford.

A fost una dintre primele întrebări pe care i le-am pus inspectorului Townsend.

— Credeţi că a sărit?

M-a privit o clipă, m-a *cântărit*. Apoi a arătat spre culmea falezei stâncoase:

— Haideţi să urcăm acolo — mi-a spus —, dăm de criminalist şi vedem dacă au descoperit ceva — urme de luptă, sânge, o armă. Ar fi frumos dacă i-am găsi telefonul, fiindcă nu-l are la ea.

— Corect.

Îndepărtându-mă, am aruncat o privire femeii şi m-am gândit ce privelişte tristă oferea, atât de banală şi naturală cum arăta.

— O cheamă Danielle Abbott, a spus Townsend ridicând puţin vocea. E localnică, scriitoare şi fotografă de succes. Are o fiică de cincisprezece ani. Aşa că nu, ca să vă răspund la întrebare: nu cred că a sărit.

Am urcat împreună spre faleză. Porneşti de la mica plajă şi o iei pe cărare pe lângă bulboană până coteşti la dreapta, printr-un pâlc de copaci, apoi urmează un urcuş abrupt pe deal până pe culme. Pe ici, pe colo poteca era noroioasă — se vedea unde bocancii alunecaseră şi patinaseră, ştergând urmele de paşi dinaintea lor. În vârf, poteca face brusc la stânga şi, când iese dintre copaci, duce direct la marginea unei faleze stâncoase. Mi s-a strâns stomacul.

— Dumnezeule!

Townsend a aruncat o privire peste umăr. Aproape că părea amuzat.

— Vă e frică de înălţime?

— Am o frică perfect raţională de a nu călca greşit şi a muri aici, am spus. N-ar fi fost normal să fie o barieră sau ceva? Nu e tocmai sigur, nu credeţi?

Inspectorul n-a răspuns, s-a mulţumit să înainteze cu paşi hotărâţi către marginea falezei. L-am urmat, lipită de tufele de grozamă, evitând să mă uit dincolo de peretele vertical la apa de dedesubt.

Criminalistul palid şi păros, aşa cum toţi par să fie, nu prea avea veşti bune:

— Nici sânge, nici armă, nici urme evidente că ar fi avut loc o luptă, spuse ridicând din umeri. Nici măcar cine ştie ce gunoaie proaspete. Însă camera ei de luat vederi e stricată. Şi îi lipseşte cardul de memorie.

— Camera?

Părosul se-ntoarse spre mine:

— Vă vine să credeţi? A instalat o cameră cu senzori de mişcare pentru un proiect la care lucra.

— De ce?

Ridică din umeri:

— Ca să-i filmeze pe cei care urcă aici... să vadă cu ce se ocupă? Uneori îşi fac veacul pe-aici nişte ciudaţi... ştiţi, din cauza istoriei locului. Sau poate a vrut să surprindă un sinucigaş asupra faptului...

Se strâmbă.

— *Dumnezeule!* Şi cineva i-a stricat camera? Păi asta-i chiar... problematic.

Mă aprobă.

Townsend oftă şi-şi încrucişă braţele pe piept.

— Exact. Deşi nu are neapărat o semnificaţie sinistră. Echipamentul i-a mai fost vandalizat şi altă dată. Proiectul are detractorii lui pe-aici. Ba chiar — făcu vreo doi paşi către marginea falezei şi am simţit că mă ia cu ameţeală — nici nu sunt prea sigur că după ultima vandalizare a mai înlocuit camera.

Întinse gâtul ca să vadă peste marginea stâncoasă.

— Mai e una, nu? Fixată undeva dedesubt. E ceva pe ea?

— Mda, pare să fie intactă. O s-o luăm, dar...

— N-o să ne arate nimic.

Părosul ridică iar din umeri:

— Poate o s-o arate pe ea căzând în apă, dar n-o să ne spună ce s-a întâmplat aici, sus.

Trecuseră de atunci mai bine de douăzeci şi patru de ore şi păream să fim la fel de departe ca la început de ceea ce se întâmplase cu adevărat în vârful falezei. Telefonul lui Nel Abbott nu fusese găsit, ciudat, deşi poate nu chiar atât de ciudat. Dacă sărise, era posibil să fi scăpat de el înainte. În ipoteza căderii, poate că era şi-acum pe undeva prin apă, scufundat în nămol sau luat şi dus de ape. Dacă fusese împinsă, sigur că era posibil ca agresorul să i-l fi luat mai întâi, dar, având în vedere că pe faleză nu era nicio dovadă că avusese loc o luptă, nu părea o ipoteză prea plauzibilă.

M-am rătăcit când mă întorceam după ce-o dusesem pe Jules (cică *NU Julia)* să facă identificarea la spital. Am lăsat-o înapoi la Casa Morii şi am crezut că mă duceam la secţie, când am descoperit că mă înşelam: după ce-am trecut podul, m-am învârtit cumva de m-am trezit iar înapoi la râu. Cum ziceam: oriîncotro te-ntorci. În fine... luasem telefonul, încercând să-mi dau seama pe unde-ar trebui s-o iau, când am zărit un grup de fete traversând podul. Lena, cu un cap mai înaltă decât celelalte, se desprinsese de ele.

Am lăsat maşina şi m-am dus după ea. Voiam s-o întreb ceva, ceva de care pomenise mătuşă-sa, dar, înainte s-o ajung, începuse să se certe cu cineva — o femeie la vreo patruzeci şi ceva de ani. Am văzut cum Lena a apucat-o de braţ, cum femeia s-a smucit şi şi-a ridicat mâinile la faţă de parcă îi era frică să nu fie lovită. Apoi s-au despărţit brusc când Lena a luat-o la stânga, iar femeia şi-a văzut de drum la deal. Am urmărit-o pe Lena. A refuzat să-mi spună despre ce-a fost vorba. Susţinea că nu se întâmplase nimic, că nu fusese niciun fel de ceartă şi că oricum nu era treaba mea. Brava cu multă convingere, dar faţa îi era brăzdată de lacrimi. M-am oferit s-o conduc acasă, dar m-a trimis la dracu'.

Ceea ce am şi făcut. M-am întors la secţie şi l-am pus la curent pe Townsend cu ce şi cum a fost cu identificarea oficială a cadavrului, făcută de Jules Abbott.

Fidel temei generale, inspectorul a reacţionat ca un ciudat.

— N-a plâns, i-am spus şefului, iar el a înclinat un pic capul, ca şi cum *Păi, e şi normal.*

— N-a fost normal, am insistat. Ăsta n-a fost şocul obişnuit. A fost foarte bizar.

S-a foit în scaun. Stătea la un birou într-o încăpere minusculă din fundul secţiei şi arăta de-a dreptul uriaş pentru camera aia, de parcă, dacă s-ar fi ridicat, s-ar fi lovit cu capul de tavan.

— Adică?

— E greu de explicat, dar parcă vorbea fără să scoată niciun sunet. Şi nu mă refer la suspine de-alea mute. A fost ciudat. Mişca buzele de parcă spunea ceva... şi nu doar că spunea ceva, dar vorbea cu cineva. Purta o conversaţie.

— Dar n-aţi auzit, de fapt, nimic?

— Nimic.

A aruncat o privire spre laptopul din faţa lui şi apoi spre mine.

— Şi-atât? V-a spus ceva? Altceva? Ceva cât de cât util?

— A întrebat de o brăţară. Cică Nel avea o brăţară care-a fost a maică-sii şi o purta tot timpul. Sau cel puţin o purta tot timpul ultima dată când a văzut-o Jules, adică acum nişte ani.

Townsend a aprobat, scărpinându-şi încheietura.

— Nici urmă de ea printre obiectele ei personale, am verificat. Purta un inel, nicio altă bijuterie.

A rămas tăcut atât de mult timp, încât am crezut că poate conversația s-a încheiat. Mă pregăteam să ies din încăpere când deodată a zis:

— Ar trebui s-o întrebați despre asta pe Lena.

— Aşa aveam de gând — i-am zis —, doar că nu prea a avut chef să vorbească cu mine.

I-am relatat întâlnirea de pe pod.

— Femeia aceea, descrieți-mi-o, a spus.

M-am conformat: puțin peste patruzeci de ani, un pic supraponderală, păr închis la culoare, îmbrăcată cu o jachetă roşie lungă, deşi era cald.

Townsend m-a studiat îndelung.

— Să-nțeleg că nu vă pare cunoscută? am întrebat.

— O, ba da, a spus privindu-mă ca pe-un copil tălâmb. E Louise Whittaker.

— Şi e...?

S-a încruntat:

— Nu v-ați documentat deloc despre cazul ăsta?

— Să fiu sinceră, nu, am zis.

Am vrut să-i atrag atenția că era treaba lui să mă pună la curent cu orice informații relevante, având în vedere că e investigatorul local.

A oftat şi-a început să bată în tastele calculatorului.

— Ar trebui să vă puneți la punct cu toate chestiile astea. Ar fi trebuit să vi se dea dosarele.

A pocnit cu sete tasta Enter, de parcă dădea în tastele unei maşini de scris, nu ale unui iBook superscump.

— Şi ar mai trebui să citiți şi manuscrisul lui Nel Abbott.

A ridicat ochii spre mine şi s-a încruntat.

— Proiectul la care lucra? Avea să fie un fel de album monografic, cred. Fotografii şi povestiri despre Beckford.

— O istorie a oraşului?

A oftat zgomotos.

— Oarecum. Evenimentele în viziunea lui Nel Abbott. Anumite evenimente... *Interpretarea* ei despre ele. Cum am mai spus, nu erau mulți localnici bucuroşi de chestia asta. În orice caz, avem copii la ce a scris până acum. Unul dintre colegii care se ocupă de caz o să vă dea un set. Cereți-i lui Callie Buchan, o găsiți în față. Unul dintre cazurile despre care a scris e cel al lui Katie Whittaker, care s-a sinucis în iunie. Katie era prietenă bună cu Lena Abbott, iar Louise, mama ei, a fost cândva în relații apropiate cu Nel. S-au certat, se pare că din cauza subiectului lucrării lui Nel, iar după aceea, când a murit Katie...

— Louise a dat vina pe ea, am spus. O învinovățeşte pe ea.

— Exact.

— Deci ar trebui să mă duc să vorbesc cu Louise despre asta?

— Nu, a răspuns, cu ochii fixați pe ecran. O să mă duc eu. O cunosc. Am anchetat moartea fiicei ei.

S-a cufundat iar într-o lungă tăcere. Nu-mi dăduse liber, aşa că până la urmă am deschis gura:

— A existat vreo bănuială cât de mică despre implicarea altei persoane în moartea lui Katie?

A clătinat din cap:

— Niciuna. Nu părea să existe un motiv evident, dar cum ştiți foarte bine, rareori există. În orice caz, nu un motiv care să aibă vreun sens pentru cei rămaşi în urmă. Dar a lăsat un bilet de adio.

Şi-a trecut mâna peste frunte.

— A fost o tragedie, pur şi simplu.

— Aşadar, două femei au murit anul ăsta în râu? Două femei care se cunoşteau, între care exista o legătură...

Inspectorul n-a spus nimic, nu m-a privit, nici nu eram sigură că mă auzea.

— Câte au murit acolo? În total, vreau să spun.

— De când? a întrebat clătinând iar din cap. Cât de mult vreți să mă întorc în trecut ca să încep numărătoarea?

Cum spuneam, ciudat rău.

Jules

Dintotdeauna mi-a fost un pic frică de tine. Ştiai asta şi-ţi plăcea frica mea, îţi plăcea puterea pe care-o aveai asupra mea. De aceea cred că, în ciuda circumstanţelor, ţi-ar fi plăcut după-amiaza asta.

Mi-au cerut să fac identificarea... Lena s-a oferit, dar au refuzat-o, aşa că a trebuit să accept eu. N-avea cine altcineva. Cu toate că nu voiam să te văd, ştiam că trebuia, fiindcă a te vedea urma să fie mai bine decât a mi te imagina; ororile create de minte sunt întotdeauna mult mai cumplite decât *realitatea*. Trebuia să te văd, fiindcă, ştim amândouă, n-aveam să cred, n-aveam să pot crede că te-ai dus până nu te vedeam.

Zăceai pe o targă în mijlocul unei încăperi reci, un cearşaf verde-pal îţi acoperea trupul. De faţă era un tânăr îmbrăcat în uniformă de spital, care a înclinat din cap spre mine şi spre poliţistă, iar ea a răspuns la fel. Când a întins mâna ca să tragă cearşaful, mi-am ţinut respiraţia. Nu-mi amintesc să-mi mai fi fost atât de frică din copilărie.

Mă aşteptam să te repezi la mine.

N-ai făcut-o. Erai frumoasă, statuară. Chipul tău, de obicei atât de însufleţit, de expresiv — fie că arăta bucurie sau răutate —, încă mai păstra însufleţirea aceea, urmele ei; erai tot tu, perfectă, şi-atunci m-a izbit: ai sărit în apă.

Tu, ai sărit?

Ai *sărit*?

Cuvântul acela care nu mi se potrivea deloc pe limbă. Tu n-ai sări. Niciodată, nu aşa se face. *Tu* mi-ai spus asta. Faleza nu e destul de înaltă, ai zis. Sunt doar cincizeci şi cinci de metri de la marginea falezei până la suprafaţa apei — poţi supravieţui unei astfel de căderi. Aşa că — ai spus — dacă eşti hotărât, cu adevărat hotărât, trebuie să te asiguri că o faci cum trebuie. Te arunci cu capul înainte. Dacă eşti hotărât, nu sari, plonjezi în cap.

Şi dacă nu eşti hotărât — ai spus — de ce-o mai faci? Nu fi turist. Nimănui nu-i plac turiştii.

Oamenii pot supravieţui căderii, dar asta nu-nseamnă că şi reuşesc. La urma urmelor, iată-te aici şi n-ai plonjat. Ai făcut un pas, ai sărit şi iată-te: picioarele rupte, coloana fracturată, tu eşti distrusă. Ce înseamnă asta, Nel? Oare în ultima clipă ţi-a pierit curajul? (Nu-ţi stă deloc în fire.) Să nu fi putut îndura ideea de a plonja, de a-ţi distruge frumoasa faţă? (Mereu ai fost foarte vanitoasă.) Pentru mine n-are nicio logică. Nu-ţi stă în fire să faci ce-ai spus că n-o să faci, să te contrazici.

(Lena a zis că nu-i niciun mister la mijloc, dar ce ştie ea?)

Ţi-am luat mâna şi părea străină într-a mea, nu doar pentru că era foarte rece, ci fiindcă nu-i recunoşteam forma, atingerea. Când ne-am ţinut ultima dată de mână? Să fi încercat să-mi iei mâna la înmormântarea mamei?

Ți-am arătat spatele, m-am întors cu fața spre tata. Îmi amintesc expresia de pe chipul tău. (La ce te-aşteptai?) Inima mi-a înlemnit în piept şi bătaia i-a încetinit până la un ritm letal.

Cineva a vorbit:

— Îmi pare rău, dar nu aveți voie s-o atingeți.

Luminile de deasupra capului bâzâiau, iluminându-ți pielea palidă şi cenuşie, pe fundalul oțelului de sub tine. Mi-am pus degetul mare pe fruntea ta şi l-am trecut în jos pe-o parte a feței.

— Vă rog, n-o atingeți.

Sergentul Morgan era chiar în spatele meu. Respirația ei lentă şi egală acoperea bâzâitul neoanelor.

— Unde-i sunt lucrurile? am întrebat. Hainele pe care le purta, bijuteriile?

— O să le primiți înapoi după ce le analizează criminaliştii, a spus sergentul Morgan.

— Avea, cumva, o brățară? am întrebat-o.

A clătinat din cap:

— Nu ştiu, dar o să primiți tot ce avea asupra ei.

— Ar trebui să fie o brățară, am spus încet uitându-mă-n jos la Nel. O brățară de argint cu o clemă de onix. A fost a mamei, era gravată cu inițialele ei. SJA. Sarah Jane. O purta tot timpul. De mama zic. Şi apoi tu la fel.

Polițista se uita stăruitor la mine.

— Adică şi ea, şi Nel la fel.

Mi-am întors privirea spre tine, spre încheietura ta subțire, spre locul unde clema de onix ar fi stat pe venele albastre. Voiam să te ating din nou, să-ți simt pielea. Eram sigură că te puteam trezi. Ți-am şoptit numele şi-am aşteptat să văd că te-nfiori, că ochii ți se deschid şi mă urmăresc prin cameră. M-am gândit că poate-ar trebui să te sărut dacă asta ar rezolva totul, ca în Frumoasa din Pădurea Adormită, iar gândul m-a făcut să zâmbesc, fiindcă ai detesta din suflet ideea asta. N-ai fost niciodată prințesa, frumusețea pasivă în așteptarea unui prinț, ai fost altceva. Tu erai de partea întunericului, a mașterei, a ursitoarei rele, a vrăjitoarei.

Am simțit privirea polițistei asupra mea și mi-am strâns buzele ca să înăbuș zâmbetul. Aveam ochii uscați și gâtul găunos, iar când ți-am șoptit, n-a ieșit niciun sunet.

— Ce voiai să-mi spui?

Lena

Eu trebuia să mă duc. Eu sunt ruda de gradul unu, membra familiei ei. Cea care-a iubit-o. Eu trebuia să mă duc, dar nu mi-au dat voie. Am fost lăsată singură, fără nimic de făcut decât să stau într-o casă goală şi să fumez până termin ţigările. M-am dus la magazin să-mi iau altele — grasa de acolo îmi cere uneori buletinul, dar ştiam că azi n-avea s-o facă. Tocmai plecam când le-am văzut pe javrele alea de la şcoală — Tanya şi Ellie, şi toată gaşca lor — venind spre mine pe stradă.

Mi-a venit să vomit, aşa că am lăsat capul în jos, m-am întors cu spatele şi-am grăbit pasul, dar m-au văzut, m-au strigat şi au început să alerge ca să mă ajungă din urmă. Nu ştiam ce-aveau de gând. Când m-au ajuns, au început să mă îmbrăţişeze şi să spună ce rău le pare, Ellie a avut chiar tupeul să verse şi vreo două lacrimi de crocodil, jegoasa naibii. Le-am lăsat să se înghesuie în jurul meu, să mă ia în braţe şi să mă mângâie pe păr. Adevărul e că mi-a făcut bine.

Am luat-o peste pod. Ele spuneau că ar vrea să se ducă la căsuța familiei Ward ca să ia pastile şi să înoate.

— Ar fi ca un priveghi, ca un fel de celebrare, a spus Tanya.

Idioata naibii. Chiar credea că aveam chef să mă fac muci şi să înot în apa aia? Încercam să mă gândesc ce să spun când am văzut-o pe Louise şi a fost o coincidență fericită, că am putut să plec pur şi simplu de lângă ele, fără să zic nimic, şi ele n-au avut ce face.

La început am crezut că nu mă auzise, dar când am ajuns-o din urmă, am văzut că plângea şi nu mă voia lângă ea. Am apucat-o de braț. Nu ştiu de ce, dar nu-mi doream decât să nu plece, să nu mă lase acolo cu hienele care mă studiau şi se prefăceau triste, când de fapt savurau tragedia care se desfăşura sub ochii lor. Încerca să se tragă din mâna mea, desfăcându-mi degetele unul câte unul, şi spunea:

— Iartă-mă, Lena, dar nu pot să vorbesc acum cu tine. Nu pot să vorbesc cu tine.

Am vrut să-i spun ceva de genul *Tu ți-ai pierdut fiica, iar eu mama. Nici acum nu crezi că suntem chit? Nici acum nu poți să mă ierți?*

Dar n-am zis nimic şi atunci a venit polițista aia idioată şi-a-ncercat să îşi dea seama dacă ne certăm, aşa că i-am zis unde să se ducă şi am plecat singură acasă.

Am crezut că Julia ajunge acasă înaintea mea. Pe bune, cât îți ia să te duci la morgă, să te uiți cum trag cearşaful şi să zici că ea e? Nu-i ca şi cum Julia ar fi vrut să stea cu ea, s-o țină de mână, s-o aline, cum aş fi făcut eu.

Eu trebuia să mă duc, dar nu m-au lăsat.

Am stat lungită pe pat, în tăcere. Nici măcar nu pot să ascult muzică, fiindcă am senzația că totul are un cu totul alt înțeles pe care înainte nu-l vedeam și care acum, când trebuie să-l înfrunt, mă rănește prea tare. Nu vreau să plâng tot timpul, că mă doare-n piept, mă doare-n gât și cel mai nașpa e că nimeni nu vine să m-ajute. Nu mai e nimeni care să m-ajute. Așa că am stat în pat și-am sudat țigările pân-am auzit ușa de la intrare.

Nu m-a strigat, nu nimic, dar am auzit-o în bucătărie, deschizând și închizând dulapuri, dând iama prin oale. Am așteptat să vină la mine, dar până la urmă m-am plictisit și mi-era greață de la atâta fumat și-mi era foarte, foarte foame, așa că am coborât.

Era lângă plită și amesteca într-o oală, iar când s-a întors și m-a văzut, a tresărit. Dar nu ca atunci când cineva te ia prin surprindere, când te sperii și-apoi râzi; frica i-a rămas în continuare pe chip.

— Lena, ești bine?

— Ai văzut-o? am întrebat.

A încuviințat cu ochii în pământ.

— Arăta... ca ea.

— Asta-i bine, am zis. Mă bucur. Nu-mi place s-o știu...

— Nu, nu. Și nici nu era. Sfărâmată.

Se întoarse înapoi la plită.

— Îți plac spaghetele Bolognese? a întrebat. Fac... asta gătesc.

Adevărul e că-mi plac, dar n-am vrut să-i zic, n-am răspuns. Însă am întrebat-o:

— De ce i-ai mințit pe polițiști?

S-a întors brusc, împrăștiind sos roșu de pe lingura de lemn.

— Cum adică, Lena? N-am mințit.

— Ba da. Le-a zis că nu vorbeai deloc cu mama, că n-ați mai avut nicio legătură, de nicio culoare, de ani întregi.

— Păi, aşa şi e.

Faţa şi gâtul îi erau roşii ca focul, colţurile gurii trase-n jos ca la clovni, şi-atunci am văzut urâţenia de care vorbea mama.

— N-am mai avut nicio legătură *semnificativă* cu Nel de...

— Te suna tot timpul.

— Ei, *tot timpul*. Din când în când. Şi oricum, nu vorbeam.

— Da. Mi-a zis că refuzai să vorbeşti cu ea, oricât de tare se străduia.

— E un pic mai complicat de-atât, Lena.

— Ce-i atât de complicat? i-am tăiat-o. Ce?

Şi-a ferit privirea.

— Ştii că-i vina ta, da?

A pus lingura pe masă şi a făcut vreo doi paşi spre mine cu mâinile-n şold şi-o mutră toată numa-ngrijorare, ca o profesoară care se pregăteşte să-ţi spună ce *dezamăgită* e de comportamentul tău din timpul orei.

— Cum adică? a întrebat. Ce-i vina mea?

— A încercat să te contacteze, voia să vorbească cu tine, avea nevoie de...

— N-avea nevoie de mine. Nel n-a avut niciodată nevoie de mine.

— Era nefericită! am spus. Nu ţi-a păsat deloc de ea?

S-a dat un pas înapoi. Şi-a şters faţa de parcă o scuipasem.

— De ce era nefericită? N-am... N-a zis niciodată că era nefericită. Niciodată.

— Şi ce-ai fi făcut dacă ţi-ar fi zis? Nimic! N-ai fi făcut nimic, ca întotdeauna! Ca la moartea mamei tale, când te-ai purtat oribil cu ea sau când te-a invitat aici după ce ne-am mutat, ori când te-a rugat să vii la ziua mea şi nici măcar n-ai răspuns! Ai ignorat-o de parcă nu exista. Cu toate că ştiai că nu mai avea pe nimeni, cu toate că...

— Te avea pe tine, a spus Julia. Şi habar n-aveam că era nefericită, am...

— Ei bine, era! Nici măcar nu mai înota.

Julia a încremenit, apoi a întors capul spre fereastră de parcă asculta ceva.

— Poftim? a întrebat, fără să se uite la mine.

Parcă se uita la altcineva sau la propria ei reflexie.

— Ce-ai spus?

— Nu mai înota. De când mă ştiu mergea la piscină sau la râu, în fiecare zi, ăsta era fixul ei: înota. În fiecare zi, chiar şi iarna, când e ger şi trebuie să spargi gheaţa. Şi-apoi s-a oprit. Uite-aşa, brusc. Atât de nefericită era.

Câteva clipe n-a zis nimic, a stat neclintită privind pe fereastră de parcă se uita după cineva.

— Ştii cumva... Lena, tu crezi că enervase pe cineva? Sau că cineva o supăra, ori...

Am clătinat capul:

— Nu. Mi-ar fi zis.

M-ar fi prevenit.

— Eşti sigură? a întrebat Julia. Chestia e că... mama ta... avea talentul ei special, nu? Adică ştia să găsească punctul vulnerabil al oamenilor, ştia să-i scoată din minţi ca nimeni alta.

— Nu-i adevărat! am repezit-o, deşi era adevărat că uneori făcea asta, dar numai proştilor, numai celor care n-o înţelegeau. *Tu* n-ai cunoscut-o deloc, n-ai înţeles *nimic* despre ea. Eşti doar o jigodie invidioasă — aşa erai când erai mică şi aşa eşti şi acum. Doamne fereşte! Nici nu ştiu de ce-mi bat capul să vorbesc cu tine.

Am plecat, cu toate că eram lihnită de foame. Mai bine mor de foame decât să stau să mănânc cu ea. M-aş simţi ca o trădătoare. Mă tot gândeam la mama, cum vorbea în telefon şi la celălalt capăt al firului era doar tăcere. Javră nesimţită! Odată m-am enervat pe ea din cauza asta şi i-am zis: „De ce n-o laşi baltă? De ce n-o dai naibii? E clar că nu vrea să aibă de-a face cu noi". Mama a zis: „E sora mea, singura mea rudă". Am zis: „Şi eu? Eu nu-s ruda ta?" A râs, apoi a spus: „Tu nu-mi eşti rudă. Tu-mi eşti *mai mult* decât rudă. Tu eşti parte din mine".

O parte din mine s-a dus şi nici nu mi-au dat voie s-o văd. Nu mi-au dat voie să-i ating mâna, s-o sărut de adio sau să-i spun cât de rău îmi pare.

Jules

Nu m-am dus după ea. Adevărul e că nu *voiam* s-o ajung din urmă pe Lena. Nu ştiam ce vreau. Aşa că am rămas acolo, pe treptele de la intrare, frecându-mi braţele şi lăsându-mi ochii să se acomodeze cu clarobscurul amurgului.

Ştiam ce nu-mi doresc: să am o înfruntare cu ea, s-o mai aud. *Vina mea?* Cum să fie vina mea? Dacă ai fost nefericită, mie nu mi-ai spus niciodată. Dacă mi-ai fi spus, te-aş fi ascultat. În mintea mea, ai izbucnit în râs. Bine, ai dreptate, dar Nel, dacă mi-ai fi spus că nu mai înotai, aş fi ştiut că e ceva în neregulă. Înotul era crucial pentru echilibrul tău psihic, aşa mi-ai spus; fără el, te prăbuşeai. Nimic nu te putea opri să intri în apă, aşa cum nimic nu mă putea face pe mine să intru în ea.

Doar că pe tine ceva te-a oprit. Ceva trebuie să te fi oprit.

Brusc mi s-a făcut o foame de lup, m-a copleşit o nevoie violentă de a fi sătulă, satisfăcută, cumva. M-am întors în casă şi mi-am pus un castron de Bolognese, apoi încă unul şi apoi al treilea. Am mâncat şi-am mâncat şi după aia, scârbită de mine, m-am dus sus.

În genunchi în baie, am lăsat lumina stinsă. Un obicei de mult abandonat, dar atât de vechi că era aproape ca o alinare — m-am încovoiat în întuneric şi, cu venele de la tâmple cât pe ce să plesnească, cu şiroaie de lacrimi pe faţă, m-am purificat. Când am simţit că nu mai rămăsese nimic, m-am ridicat şi am tras apa, apoi m-am stropit cu apă pe faţă, evitându-mi propria privire în oglindă, lăsând-o, însă, să cadă pe reflexia căzii din spatele meu.

N-am mai stat cufundată în apă de mai bine de douăzeci de ani. Săptămâni în şir după ce fusese cât pe-aci să mă-nec, mi-a fost greu şi să mă spăl ca lumea. Când am început să miros urât, mama a fost nevoită să mă bage cu forţa sub duş şi să mă ţină acolo.

Am închis ochii şi mi-am dat iar cu apă pe faţă. Zgomotul unei maşini care încetinea pe aleea din faţă mi-a accelerat pulsul, dar ritmul a revenit la normal când maşina s-a îndepărtat. „Nu vine nimeni", am spus cu voce tare. „N-ai de ce să te temi."

Lena nu se întorsese, dar habar n-aveam unde s-o caut în oraşul ăsta care-mi era totodată străin şi familiar. M-am dus la culcare, dar n-am dormit. De câte ori închideam ochii, îţi vedeam chipul rece şi vânăt, cu buzele ca lavanda, iar în mintea mea se trăgeau înapoi de pe gingii şi, cu toate că aveai gura plină de sânge, zâmbeai.

„Nel, încetează!" Iar vorbeam singură cu voce tare, ca o nebună. *„Termină odată!"*

Am aşteptat răspunsul, dar tot ce-am primit a fost doar tăcere; o tăcere spartă de zgomotul apei, de sunetele casei care se mişca, se foia şi scârţâia la voia râului. Am bâjbâit după telefon pe noptieră şi am intrat în mesageria vocală. *Aveţi zero mesaje noi*, mi-a spus vocea electronică, *şi şapte mesaje salvate*.

Cel mai recent a venit marţea trecută, la mai puţin de o săptămână înainte de moartea ta, la unu şi jumătate noaptea.

Julia, sunt eu. Sună-mă. Te rog, Julia. E important. Sună-mă neapărat cât de repede poţi, da? Am... ăăă... e important. Bine. Pa.

Am apăsat tasta 1 ca să aud mesajul iar şi iar. Ţi-am ascultat vocea, nu doar răguşeala, nu doar uşoara, dar enervanta pronunţie afectată, fals-elitistă, te-am ascultat pe *tine*. Ce încercai să-mi spui?

Ai lăsat mesajul în toiul nopţii şi l-am ascultat la primele ore ale dimineţii, când m-am rostogolit în pat şi-am văzut semnalul luminos al telefonului. Am ascultat primele trei cuvinte, *Julia, sunt eu*, şi-am închis. Eram obosită şi fără chef şi nu voiam să-ţi aud vocea. Am ascultat restul mai târziu. Nu mi s-a părut nici bizar, nici incitant. Era o chestie tipică ţie: să laşi mesaje criptice ca să-mi stârneşti curiozitatea. Făceai asta de ani întregi şi apoi, când sunai din nou după o lună sau două, îmi dădeam seama că n-a fost nicio criză, niciun mister, niciun eveniment major. Încercai doar să-mi atragi atenţia. Era un joc.

Sau nu?

Am ascultat la nesfârşit mesajul şi acum, că eram mai atentă, nu-mi venea să cred că nu remarcasem răsuflarea uşor întretăiată, moliciunea necaracteristică a pronunţiei, ezitantă, tremurătoare.

Erai speriată.

Ce te speriase? *Cine* te speriase? Oamenii din satul ăsta, care se opresc să se holbeze, dar nu-şi exprimă condoleanțele, care nici nu aduc mâncare, nici nu trimit flori? Nel, nu pare că ți se duce dorul. Ori poate ți-era frică de ciudata, distanta, furioasa ta copilă, care nu te jelește, care susține că te-ai sinucis, fără nicio dovadă, fără nicio logică?

M-am dat jos din pat și m-am furișat alături, în dormitorul tău. M-am simțit brusc ca un copil. Făceam asta odinioară când aici dormeau părinții și mi-era frică noaptea, când aveam coșmaruri după ce-mi spuneai una dintre poveștile tale. Am împins ușa și m-am strecurat înăuntru.

În încăpere era un aer închis, cald, iar la vederea patului tău nefăcut m-au podidit brusc lacrimile.

M-am așezat pe marginea lui, ți-am luat perna, înfășurată în pânză apretată gri-cremene cu bordură sângerie —, și am strâns-o în brațe. Mi-am amintit cu claritate cum am intrat amândouă aici de ziua mamei. Îi pregătiserăm micul dejun — era bolnavă — și ne străduiam să nu ne mai certăm. Armistițiile alea nu țineau niciodată prea mult: tu te săturai să mă ai prin preajmă, iar eu nu reușeam niciodată să-ți rețin atenția. Mă întorceam lângă mama, iar tu mă priveai cu ochii îngustați, disprețuitoare și în același timp rănită.

Nu te înțelegeam, dar dacă atunci îmi erai străină, acum îmi pari ca de pe altă planetă. Stau în casa ta, printre lucrurile tale și familiară mi-e casa, nu tu. Nu te mai cunosc din adolescență, de când aveai șaptesprezece ani și eu treisprezece. Din noaptea aia când, ca un topor năpustit peste o bucată de lemn, o întâmplare ne-a spintecat, lăsând între noi o fisură largă și adâncă.

Dar abia șase ani mai târziu ai coborât iar toporul și ne-ai despicat de tot. La priveghi. Tocmai o îngropaserăm pe mama, iar noi două fumam în grădină într-o noapte geroasă de noiembrie. Eu eram amuțită de durere, dar tu te „tratai" de dimineață și aveai chef de vorbă. Îmi spuneai de-o călătorie pe care voiai s-o faci în Norvegia, la Stânca Amvon[1] — o faleză care se înalță la șase sute de metri deasupra unui fiord. Încercam să nu te-ascult, fiindcă știam ce era și nu voiam să aud așa ceva. Cineva — un prieten de-al tatei — a strigat cu limba un pic împleticită:

— Fetelor, sunteți bine? Vă înecați amarul?

— Înecați, înecați, înecați... ai repetat.

Și tu erai beată. M-ai privit pe sub pleoapele căzute cu o sclipire ciudată în ochi:

— Ju-ulia, ai zis tărăgănându-mi încet numele. Te gândești vreodată?

Mi-ai pus mâna pe braț și eu mi l-am retras.

— La ce să mă gândesc?

Mă ridicam deja în picioare, nu mai voiam să fiu cu tine, voiam să fiu singură.

— La noaptea aia. Ai... Ai vorbit vreodată cu cineva despre noaptea aia?

M-am îndepărtat cu un pas, dar m-ai apucat de mână și m-ai strâns tare.

— Hai, Julia... fii sinceră. Undeva, în adâncul tău, așa-i că ți-a plăcut?

După aceea, n-am mai vorbit niciodată cu tine. Iar asta, după fiică-ta, a însemnat că *eu* m-am purtat oribil cu *tine*. Tare diferite ne mai sunt poveștile, așa-i, Nel?

N-am mai vorbit niciodată cu tine, dar asta nu te-a împiedicat să mă suni. Lăsai mesaje scurte și bizare, în

---

1 Preikestolen — „amvon" în norvegiană — este o platformă de stâncă din Norvegia, înaltă de 604 metri deasupra nivelului mării, care oferă o panoramă extraordinară asupra fiordului Lysefjord. *(N. t.)*

care-mi povesteai de muncă sau de fiica ta, de vreun premiu câştigat, de vreo laudă primită. Nu spuneai niciodată unde erai sau cu cine, deşi uneori auzeam în fundal zgomote, muzică sau maşini, uneori voci. Uneori ştergeam mesajele, alteori le păstram. Uneori le ascultam la nesfârşit, de puteam să le reproduc cuvânt cu cuvânt şi după câţiva ani.

Uneori erai misterioasă, alteori furioasă; repetai insulte vechi, reactivai dispute de mult îngropate, făceai spume la gură din cauza unor vorbe aruncate cu ani în urmă. Atracţia pentru moarte! Odată, scoasă din sărite, sătulă de obsesiile tale morbide, te acuzasem că eşti atrasă de moarte şi ce mi-ai mai scos ochii pentru asta!

Uneori erai sentimentală şi vorbeai de mama, de copilărie, de fericirea trăită şi pierdută. Alteori erai vioaie, fericită, exagerat de energică. *Vino la Casa Morii!* mă implorai. *Te rog mult să vii! O să-ţi placă mult. Te rog, Julia, e timpul să ştergem cu buretele toate chestiile alea. Nu te încăpăţâna. A venit timpul.* Şi-atunci mă înfuriam — *A venit timpul!* De ce să fii *tu* aia care hotărăşte când se termină problemele noastre?

Nu voiam decât să fiu lăsată în pace, să uit de Beckford, să uit de tine. Mi-am construit o viaţă — mai mică decât a ta, desigur, cum altfel? Dar e a mea. Prieteni buni, relaţii, un apartament micuţ într-o suburbie frumoasă din nordul Londrei. O slujbă în asistenţă socială care dădea sens vieţii mele, mă consuma şi mă împlinea, în ciuda salariului mic şi a programului lung.

Voiam să fiu lăsată în pace, dar tu refuzai categoric. Uneori de două ori pe an, alteori de două ori pe lună, sunai... şi mă dădeai peste cap, mă tulburai, mă dezechilibrai. Exact cum făceai dintotdeauna — era o versiune adultă a tuturor jocurilor pe care obişnuiai să le joci. Şi tot timpul ăsta aşteptam, aşteptam singurul telefon la care poate chiar aş fi răspuns, cel în care-mi explicai de ce te-ai purtat cum te-ai purtat când eram copile, cum ai putut să-mi faci rău, să stai cu mâinile-n sân când cineva îmi făcea rău. Cumva, îmi doream să stau de vorbă cu tine, dar nu înainte să-mi spui că regreţi, nu înainte să mă implori să te iert. Dar scuzele tale n-au venit niciodată şi încă le mai aştept.

Am deschis primul sertar al noptierei. Erau acolo vederi, nescrise — probabil poze cu locurile în care fuseseşi —, prezervative, lubrifiant, o brichetă argintie model vechi cu iniţialele *L.S.* gravate pe-o parte. *L.S.* Un iubit? M-am uitat iar prin cameră şi m-a izbit faptul că în casa asta nu exista nicio fotografie a vreunui bărbat. Nici aici, nici la parter. Până şi tablourile reprezentau aproape toate femei. Şi când îmi lăsai mesaje, vorbeai de munca ta, de casă şi de Lena, dar n-ai pomenit niciodată de vreun bărbat. Bărbaţii parcă n-au fost niciodată importanţi pentru tine.

Dar a fost unul, nu? Demult de tot, a existat un băiat care a fost important pentru tine. În adolescenţă te strecurai noaptea afară, ieşeai pe fereastra spălătoriei, aterizai pe malul râului şi te furişai pe lângă casă, în noroi până la glezne. Te căţărai cu greu pe mal până pe străduţă, unde te aştepta el. Robbie.

Când mă gândeam la Robbie, la tine cu Robbie, mă simţeam de parcă traversam podul arcuit cu viteză maximă: ameţită. Robbie era înalt, lat şi blond, cu gura arcuită într-un permanent rânjet batjocoritor. Avea un fel de a se uita la o fată de ţi se tăiau picioarele. Robbie Cannon. Masculul Alpha, liderul haitei, care mirosea mereu a Lynx[1] şi a sex, brutal şi rău. Îl iubeai, aşa spuneai, deşi mie nu mi s-a părut niciodată cine ştie ce mare iubire între voi. Tu şi cu el fie eraţi călare unul pe altul, fie vă aruncaţi insulte, niciodată ceva pe la mijloc. Nu era niciodată pace. Nu ţin minte să vă fi auzit râzând. Dar îmi aminteam cât se poate de limpede cum stăteaţi întinşi pe malul bulboanei, înlănţuiţi şi cu picioarele în apă şi cum el s-a rostogolit peste tine şi ţi-a împins umerii în nisip.

Cumva, imaginea aia a stârnit în mine ceva neplăcut, m-a făcut să simt ceva ce nu mai simţisem de multă vreme. Ruşine. Ruşinea obscenă, secretă a voyeurului, cu încă o tentă, ceva ce nu reuşeam să identific şi nici nu voiam. Am încercat să o ignor, dar mi-am adus aminte: aia n-a fost singura dată când v-am văzut.

M-am simţit dintr-odată stânjenită, aşa că m-am ridicat de pe patul tău şi m-am plimbat prin cameră, uitându-mă la poze. Poze peste tot. Normal. Poze înrămate cu tine pe comodă, bronzată şi zâmbitoare, la Tokyo şi Buenos Aires, pe plaje sau la schi, cu fiica ta în braţe. Pe pereţi, copii înrămate ale copertelor de reviste realizate de tine, un articol de pe prima pagină a ziarului *New York Times,* premiile care ţi-au fost decernate. Toate dovezile succesului tău, mărturia faptului că m-ai întrecut în toate. Slujbă, frumuseţe, copii, viaţă. Şi acum m-ai întrecut iar. Chiar şi la asta, tot tu câştigi.

O poză m-a oprit brusc în loc. Era cu tine şi Lena — care nu mai era bebeluş, ci o fetiţă de vreo cinci sau şase ani, poate mai mult, nu-mi dau seama niciodată ce vârstă au copiii. Zâmbeşte, arătându-şi dinţii mici şi albi şi

---

[1] Lynx e denumirea sub care sunt comercializate produsele de îngrijire Axe în Marea Britanie, Irlanda, Noua Zeelandă, Australia şi China. *(N.t.)*

imaginea are ceva straniu, care mi-a făcut părul măciucă; e ceva în ochii ei, în expresia feței, care-i dă un aer de animal de pradă.

Simțeam cum îmi zvâcnește pulsul în gât, cum se trezește în mine o veche frică. M-am întins înapoi pe pat și am încercat să nu aud apa, dar chiar și cu ferestrele închise, sunetul era omniprezent la ultimul etaj al casei. Îl simțeam cum se împinge în ziduri, cum se scurge prin crăpăturile cărămizilor, cum crește. Îi simțeam pe limbă gustul, mâlos și murdar și parcă mi se umezise pielea.

Undeva în casă am auzit pe cineva râzând și aș fi jurat că erai tu.

AUGUST 1993

Jules

Mama mi-a cumpărat un costum de baie nou, model retro, cu pătrățele albastre și albe și cu „susținere". Ar fi trebuit să arate gen Marilyn Monroe în anii '50. Grasă și albă, nu eram nici pe departe Norma Jean, dar l-am îmbrăcat totuși, fiindcă se dăduse peste cap să-l găsească. Nu era simplu să găsești un costum de baie pentru cineva ca mine.

Mi-am pus peste el o pereche de pantaloni scurți albaștri și un tricou alb XXL. Când Nel a coborât la prânz în blugii ei tăiați și sutienul de la bikini legat pe după gât, mi-a aruncat o singură privire, apoi a zis:

— Vii și tu la râu după-amiază? pe un ton care spunea cât se poate de clar că nu voia să vin, după care a prins privirea mamei și-a spus: Eu nu stau să-i port de grijă, da? Mă duc acolo să mă-ntâlnesc cu prietenii.

Mama a zis:

— Nel, fii drăguță.

Atunci mama era în remisie, fragilă de o putea doborî și o pală de vânt, cu pielea măslinie îngălbenită ca hârtia veche, iar eu şi Nel primiserăm instrucţiuni clare de la tata Să Ne Purtăm Frumos Una cu Alta.

Asta însemna, printre altele, să Mă Alătur, aşa că da, mă duceam la râu. Toată lumea se ducea la râu. Adevărul e că nici nu aveai ce altceva să faci. Beckford nu era ca oraşele de pe plajă, nu avea parc de distracţii, nici sală de jocuri mecanice, nici măcar minigolf. Avea doar apă. Atât.

După primele câteva săptămâni de vară, odată ce toată lumea se lămurise unde îi era locul şi cu cine, odată ce străinii şi localnicii socializaseră şi se stabiliseră prieteniile şi duşmăniile, oamenii începeau să-şi petreacă vremea în grupuri pe malul râului. Piticii se duceau să înoate la sud de Casa Morii, unde apa curgea leneş şi se putea prinde peşte. Puştii răi pierdeau vremea pe la căsuţa familiei Ward, unde se drogau şi făceau sex, se jucau cu planşe de spiritism şi încercau să invoce spirite mânioase. (Nel mi-a spus că, dacă te uitai atent, încă se mai vedeau pe pereţi urme de sânge de la Robert Ward.) Dar cei mai mulţi se adunau la Bulboana Înecaţilor. Băieţii săreau de pe stânci, fetele făceau plajă, se punea muzică şi se făceau grătare. Întotdeauna aducea cineva bere.

Aş fi preferat să stau acasă, între patru pereţi, ferită de soare. Aş fi preferat să stau în pat şi să citesc sau să joc cărţi cu mama, dar nu voiam să-şi facă griji din pricina mea, avea lucruri mai importante pe cap. Voiam să-i arăt că pot să fiu sociabilă, că pot să-mi fac prieteni, că pot să Mă Alătur.

Ştiam că Nel nu voia să vin. Din partea ei, cu cât stăteam mai mult în casă, cu atât mai bine şi cu atât scădeau şansele ca prietenii ei să mă vadă — rubiconda, ruşinea familiei: *Julia*, grasă, urâtă şi penibilă. Se simţea jenată când era cu mine şi mergea întotdeauna câţiva paşi mai în faţă sau rămânea zece paşi în urmă; stinghereala ei în prezenţa mea era suficient de evidentă încât să atragă atenţia. Odată, când am ieşit împreună din magazin, l-am auzit pe unul din băieţi spunând „*Sigur* e adoptată. Scârba aia grasă n-are cum să fie sora adevărată a lui Nel Abbott". Au râs, iar eu m-am uitat la ea căutând compasiune, dar n-am văzut decât ruşine.

În ziua aia am mers singură la râu. Duceam o geantă în care aveam un prosop şi o carte, o doză de Cola fără zahăr şi două batoane Snickers, în caz că mi se făcea foame între prânz şi cină. Burta şi spatele mă dureau şi am vrut să mă întorc în intimitatea cămăruţei mele răcoroase şi întunecoase, unde puteam să fiu singură. Nevăzută.

Prietenii lui Nel erau deja acolo şi colonizaseră plaja, mica semilună de ţărm nisipos de pe latura apropiată a bulboanei. Era cel mai bun loc de stat, puţin în pantă, puteai să te întinzi, cu degetele de la picioare în apă. Erau trei fete: două localnice şi o fată pe nume Jenny, care venea din Edinburgh şi avea o piele superbă, de culoarea fildeşului şi părul negru, tuns într-un bob perfect. Deşi era scoţiană, vorbea engleza curată, fără accent, şi băieţii încercau cu disperare s-o agaţe, se zvonea că încă era virgină.

Toţi cu excepţia lui Robbie, bineînţeles, care n-avea ochi decât pentru Nel. Se cunoscuseră cu doi ani înainte, când el avea şaptesprezece ani şi ea cincisprezece şi de-acum erau un cuplu de vară stabil, cu toate că aveau voie să se vadă cu alţii în restul anului, fiindcă nu era realist să-i ceri lui să fie fidel când ea nu era acolo. Robbie avea un metru optzeci şi cinci, era frumos şi popular, juca mult rugby, iar familia lui avea bani.

Când Nel era cu Robbie, se întorcea uneori acasă cu vânătăi pe încheieturi sau pe brațe. Când am întrebat-o de unde le are, a râs și-a zis: „Tu ce crezi?" Robbie îmi stârnea o senzație ciudată în stomac și nu mă puteam abține să nu mă holbez la el de câte ori era prin preajmă. Încercam să n-o fac, dar nu-mi puteam dezlipi ochii de pe el. Observase și el și începuse să se uite și el la mine. El și Nel făceau poante pe chestia asta, iar uneori se uita la mine și-și lingea buzele, apoi râdea.

Băieții erau și ei acolo, înotau pe partea cealaltă, se cățărau pe mal, se-mpingeau de pe pietre, râdeau, înjurau și se făceau unul pe altul poponari. Așa păreau să meargă lucrurile întotdeauna: fetele stăteau și așteptau, iar băieții se hârjoneau până se plictiseau și-atunci veneau în partea asta și le făceau fetelor diverse lucruri, iar fetele uneori îi lăsau, alteori le opuneau rezistență. Toate cu excepția lui Nel, care nu se temea să plonjeze în apă și să-și ude părul, care savura jocurile lor brutale, care reușea să facă echilibristică între a fi socotită un băiețoi și a fi obiectul suprem al dorinței lor.

Bineînțeles, nu m-am dus să stau cu prietenii lui Nel. Mi-am întins prosopul sub copaci și m-am așezat. Mai era un grup de fete mai mici, cam de vârsta mea, un pic mai încolo și pe una dintre ele am recunoscut-o din verile trecute. Mi-a zâmbit și i-am zâmbit și eu. I-am făcut scurt cu mâna, dar s-a uitat în altă parte.

Era foarte cald. Și-atunci am tânjit să intru în apă. Îmi imaginam foarte clar cum aș simți-o pe piele, curată și lină, îmi imaginam moliciunea fleșcăită a nămolului cald printre degetele de la picioare, parcă vedeam și lumina caldă, portocalie de pe pleoapele mele închise când mă întindeam pe spate să fac pluta. Mi-am scos tricoul, dar nu m-a răcorit deloc. Am observat că Jenny mă studia strâmbând din nas, apoi a lăsat ochii-n jos când şi-a dat seama că i-am văzut dezgustul de pe chip.

M-am întors cu spatele la toți, m-am întins pe partea dreaptă şi-am deschis cartea. Citeam *Istoria secretă*[1]. Ce-mi mai doream şi eu un grup de prieteni ca ăia — strâns uniți, exclusivişti şi sclipitori. Îmi doream să am pe cineva de urmat, care să mă protejeze, pe cineva remarcabil datorită creierului, nu picioarelor ei lungi. Deşi ştiam că, dacă erau astfel de oameni pe-aici sau la şcoala mea din Londra, n-ar fi vrut să fie prieteni cu mine. Nu eram proastă, dar nici nu străluceam.

Nel strălucea.

A coborât la râu la un moment dat, pe la mijlocul după-amiezii. Am auzit-o că-şi striga prietenii, iar băieții i-au răspuns din vârful falezei, unde stăteau şi fumau cu picioarele atârnate peste margine. M-am uitat peste umăr şi-am privit-o cum s-a dezbrăcat şi-a intrat alene în apă, stropindu-se pe trup şi savurând atenția pe care-o atrăgea.

Băieții coborau acum de pe culmea falezei stâncoase, prin pădure. M-am rostogolit pe burtă având grijă să-mi țin capul în jos şi ochii fixați ferm pe pagină, unde cuvintele erau încețoşate. Îmi doream să nu fi venit, îmi doream să mă fi putut fofila de-acolo pe neobservate, dar nu puteam face nimic pe neobservate, efectiv nimic. Masa mea diformă şi albă n-a dispărut nicăieri.

Băieții aveau o minge de fotbal şi au pus de-o miuță. Îi auzeam cerând pase, auzeam mingea plesnind suprafața apei şi râsetele stridente ale fetelor când erau stropite.

---

[1] Romanul de debut, de mare succes, al scriitoarei americane Donna Tartt, care analizează circumstanțele care duc la o crimă într-un grup de studenți la Studii Clasice; roman apărut în 2005 la Editura Polirom. *(N. t.)*

Apoi am simțit o plesnitură usturătoare pe coapsă când m-a lovit mingea. Râdeau toți. Robbie a ridicat o mână și a alergat spre mine să ia mingea.

— Scuze, scuze, a spus cu un rânjet larg pe față. Scuze, Julia, n-am vrut să te lovesc.

A luat mingea și l-am văzut că se uita la mine, la semnul roșu, murdar de noroi de pe carnea mea, palidă și marmorată. Cineva a zis ceva de o țintă mare, îhî, ușa grajdului o mai poți rata, da' curu' ăla, mai greu.

M-am întors la cartea mea. Mingea a lovit un copac doar la vreun metru de mine și cineva a strigat „Scuze". I-am ignorat. S-a întâmplat iar, și apoi încă o dată. M-am întors; aruncau spre mine. Tragere la țintă. Fetele erau încovoiate de râs, se sufocau de-a dreptul, iar hohotele lui Nel se auzeau cel mai tare.

M-am ridicat în fund și-am încercat să fac pe tupeista: „Ha, ha. *Bine*, bravo. Foarte amuzant. Cred că e cazul să încetați. Terminați odată!" am strigat, dar altul mă luase în vizor. Mingea a venit spre mine. Mi-am ridicat brațul să-mi protejez fața și mingea mi-a lovit carnea tare, usturător, cu o plesnitură sonoră. Cu lacrimile înțepându-mi ochii, m-am ridicat cât am putut de repede în picioare. Fetele mai mici se uitau și ele. Una dintre ele își acoperise gura cu mâna. „Opriți-vă!" a strigat ea. „Ați lovit-o. Îi curge sânge".

M-am uitat în jos. Aveam sânge pe picior și se prelingea pe interiorul coapsei spre genunchi. Nu era de la asta — mi-am dat seama imediat —, nu mă răniseră. Crampele abdominale, durerea de spate... și toată săptămâna mă simțisem mai nefericită ca de obicei. Sângeram de-a binelea, din greu, nu doar un avertisment — pantalonii scurți erau îmbibați de sângele care trecuse prin ei. Se uitau la mine, toți, mă priveau țintă. Fetele nu mai râdeau, se uitau una la alta cu gurile căscate, pe jumătate oripilate, pe jumătate amuzate. I-am prins privirea lui Nel şi ea şi-a ferit-o. Mai că o simțeam cum se crispează. Îi venea să intre în pământ. Îi era ruşine cu mine. Mi-am tras tricoul cât de repede am putut, mi-am înfăşurat prosopul pe talie şi m-am îndepărtat poticnit şi stângaci pe potecă. Când plecam, i-am auzit pe băieți râzând din nou.

În noaptea aia am intrat în apă. Mai târziu... mult, mult mai târziu şi băusem — prima mea experiență cu alcoolul. Se întâmplaseră şi alte lucruri. Robbie a venit după mine, m-a căutat, şi-a cerut iertare pentru cum se purtaseră el şi prietenii lui. Mi-a spus ce rău îi părea, m-a luat de umeri, mi-a spus că n-aveam de ce să-mi fie ruşine.

Dar tot m-am dus la Bulboana Înecaților şi Nel m-a scos afară. M-a tras pe mal şi m-a săltat în picioare. Mi-a tras o palmă zdravănă peste față. „Ce-ai făcut, grasă idioată ce eşti? Ce încerci să faci?“

2015
MIERCURI, 12 AUGUST

Patrick

Căsuţa familiei Ward nu mai era a familiei Ward de mai bine de-un secol şi nu-i aparţinea nici lui Patrick. De fapt, nu părea să mai aparţină cuiva. Presupunea că era a consiliului local, deşi nimeni nu se declarase proprietar. Dar, în orice caz, Patrick avea o cheie, iar asta-l făcea să se simtă răspunzător. Plătea micile facturi de curent şi apă şi instalase cu mâna lui yala în urmă cu câţiva ani, după ce uşa veche fusese distrusă de golani. Acum doar el şi fiul lui, Sean, mai aveau chei, iar Patrick avea grijă să păstreze locul curat şi aranjat.

Doar că uneori uşa era lăsată descuiată şi, ca să fie sincer, Patrick nu mai putea fi sigur că o încuiase. În ultimul an începuse să aibă din ce în ce mai des momente de confuzie care-l umpleau de o groază aşa de îngheţată, că refuza să o înfrunte. Uneori uita cuvinte sau nume şi îi lua mult timp să le regăsească. Vechi amintiri ieşeau la suprafaţă ca să spargă seninătatea gândurilor lui, amintiri colorate sălbatic, tulburător de zgomotoase. La periferia câmpului lui vizual începeau să se mişte umbre.

Patrick se ducea zilnic în susul râului, făcea parte din rutina lui: trezit devreme, mers pe jos de-a lungul râului cele trei mile până la căsuță, uneori o oră-două de pescuit. Acum făcea mai rar asta. Nu era doar oboseala sau durerea de picioare, ce-i lipsea era voința. Nu mai găsea plăcere în lucrurile care îl bucurau odinioară. Dar tot îi plăcea să verifice, iar când îşi simțea picioarele zdravene, încă mai reuşea să facă drumul pân-acolo şi-napoi în vreo două ore. Însă în dimineața asta se trezise cu pulpa stângă umflată şi dureroasă, pulsația surdă din venă la fel de nemiloasă ca ticăitul unui ceasornic. Aşa că s-a hotărât să ia maşina.

S-a ridicat cu greu din pat, a făcut duş, s-a îmbrăcat şi apoi, cu o bruscă iritare, şi-a amintit că maşina era încă la service — uitase cu desăvârşire s-o ia ieri după-amiază. Bombănind în barbă, traversă, şchiopătând, curtea ca s-o întrebe pe noră-sa dac-o putea împrumuta pe-a ei.

Nevasta lui Sean, Helen, era în bucătărie, spăla podeaua. În timpul trimestrului, la ora asta ar fi fost deja plecată — era directoarea şcolii şi avea grijă să fie în birou la şapte şi jumătate, în fiecare dimineață. Chiar şi în vacanțe, nu era genul care să lenevească-n pat. Nu-i stătea în fire să fie leneşă.

— Văd că eşti matinală, a spus Patrick când a intrat în bucătărie, iar ea zâmbi. Cu ridurile care-i încrețeau pielea din jurul ochilor şi şuvițele albe din părul scurt castaniu, Helen arăta mai bătrână decât cei treizeci şi şase de ani pe care-i avea. Mai bătrână — şi-a spus Patrick — şi mai obosită decât ar trebui.

— N-am putut dormi, spuse ea.

— Oh, îmi pare rău, drăguță.

Ridică din umeri:

— Asta e.

Puse mopul în găleată şi-l sprijini de perete.

— Îți fac o cafea, tată?

Aşa-i spunea acum. La început i-a sunat ciudat, dar acum îi plăcea; îl încălzea afecțiunea din vocea ei când rostea cuvântul. Îi spuse că ar lua nişte cafea într-un termos, explicând că voia să o ia în amonte pe râu.

— N-o să te apropii deloc de bulboană, da? Mă gândesc că...

Patrick scutură din cap:

— Nu, sigur că nu.

Făcu o pauză.

— Cum se descurcă Sean cu toată chestia asta?

Ea ridică iar din umeri:

— Ştii tu. Nu prea vorbeşte.

Sean şi Helen locuiau în casa pe care Patrick o împărțise pe vremuri cu soția lui. După moartea ei, Sean şi Patrick trăiseră acolo. Mult mai târziu, după căsătoria lui Sean, transformaseră vechiul grajd din cealaltă parte a curții, şi Patrick se mutase acolo. Sean a protestat, spunând că el şi Helen ar trebui să se mute, dar Patrick nici n-a vrut să audă. Îi voia acolo, îi plăcea senzația de continuitate, senzația că ei trei erau o micuță comunitate, parte din oraş, dar cumva separată.

Când a ajuns la cabană, Patrick văzu imediat că fusese cineva acolo. Perdelele erau trase şi uşa de la intrare era un pic întredeschisă. Înăuntru, găsi patul nefăcut. Pe podea erau pahare goale cu urme de vin şi un prezervativ plutea în vasul de toaletă. În scrumieră erau mucuri de la țigări rulate cu mâna. A luat unul și l-a adulmecat să vadă dacă nu mirosea a marijuana, dar a simțit doar miros de scrum rece. Mai erau și alte chestii: haine și diverse resturi — o șosetă albastră desperecheată, un șirag de mărgele. Le-a adunat pe toate, îndesându-le într-o pungă de plastic. A desfățat patul, a spălat paharele în chiuvetă, a aruncat mucurile în coșul de gunoi și a încuiat cu grijă ușa. A dus totul la mașină și a azvârlit cearșafurile pe bancheta din spate, gunoiul în portbagaj și diversele mărunțișuri în torpedou.

A încuiat mașina și s-a dus pe malul râului, aprinzându-și pe drum o țigară. Îl durea piciorul și pieptul i s-a strâns când a inhalat fumul fierbinte care-l izbea în fundul gâtului. Tușind, și-a imaginat cum pereții plămânilor lui obosiți și înnegriți sunt răzuiți de tusea caustică. Dintr-odată s-a întristat profund. Stările astea îl apucau uneori și-l încleștau cu atâta forță, că se trezea că-și dorea să se termine totul. Toate. S-a uitat la apă și pufni. N-avea să fie niciodată unul dintre ăia care cedau tentației de a se cufunda, de a scăpa de toate poverile, dar era suficient de sincer încât să recunoască faptul că uneori până și el înțelegea atracția uitării depline.

Când a ajuns înapoi acasă se apropia amiaza și soarele era sus pe cer. Patrick a văzut pisica vagaboandă pe care-o hrănea Helen traversând alene curtea către tufa de rozmarin din stratul de sub fereastra bucătăriei. A observat că spinarea îi era ușor curbată și pântecele umflat. Gestantă. Va trebui să ia măsuri.

JOI, 13 AUGUST

Erin

Vecinii mei de doi bani din clădirea în care am închiriat pe termen scurt un apartament ieftin în Newcastle se certau ca chiorii azi-dimineață la ora patru, aşa că m-am hotărât să mă duc să alerg. Eram gata îmbrăcată şi pregătită când m-am gândit, de ce să alerg aici când aş putea să alerg acolo? Aşa că am condus până în Beckford, am parcat lângă biserică şi am luat-o-n sus pe poteca de lângă râu.

La început a fost mai greu. Odată ce treci de bulboană trebuie să urci dealul şi-apoi să cobori panta pe partea cealaltă, dar apoi terenul devine mai drept şi alergarea e de vis. E răcoare înainte să se ridice soarele verii, e linişte, peisajul e frumos, nu sunt ciclişti — o diferență mare față de traseul meu din Londra de-a lungul Canalului Regent, unde făceam slalom printre biciclişti şi turişti de la un capăt la altul.

Câteva mile-n sus pe râu, valea se lărgeşte şi dealul verde din cealaltă parte, unde pasc oi, se îndepărtează într-o pantă lină. Am alergat pe teren drept cu pietriş, sterp, cu excepţia câtorva petice de iarbă aspră şi a grozamei omniprezente. Am alergat tare, cu capul în pământ, până ce, cam după o milă, am dat de o căsuţă retrasă, cu un şir de mesteceni în spate.

Am încetinit să-mi trag sufletul şi m-am îndreptat spre clădire ca s-arunc o privire. Era o căsuţă izolată, aparent neocupată, dar nu abandonată. Avea perdele, parţial trase şi geamurile erau curate. M-am uitat înăuntru şi-am văzut un living micuţ, mobilat cu două fotolii verzi şi o măsuţă între ele. Am încercat uşa, dar era încuiată, aşa că m-am aşezat la umbră pe scările de la intrare şi-am băut din sticla mea de apă. Mi-am întins picioarele, mi-am flexat gleznele şi-am aşteptat să-mi revină la normal respiraţia şi pulsul. Cineva scrijelise pe prag un mesaj — *Pe-aici a trecut Annie Nebuna* — şi desenase un mic craniu.

Ciorile din copacii din spatele meu se ciondăneau, dar în afară de asta şi de behăitul ocazional al oilor, valea era tăcută, perfectă, netulburată. Mă consider orăşeancă get-beget, dar locul ăsta, aşa ciudat cum e, îţi intră-n sânge.

Inspectorul Townsend convocă o şedinţă imediat după ora nouă. Nu eram mulţi — vreo doi poliţişti în uniformă care ne ajutaseră cu mersul din uşă-n uşă în căutare de martori, Callie, poliţista tinerică, Părosul cu ştiinţa şi eu. Townsend fusese cu legistul la autopsie — ne-a adus toate informaţiile, majoritatea nefiind cine ştie ce surpriză. Nel a murit din cauza rănilor provocate în cădere. Nu avea apă în plămâni, deci nu s-a înecat, când a străpuns suprafaţa apei totul se sfârşise deja. Nu erau răni care să nu poată fi explicate de cădere — n-avea zgârieturi sau vânătăi în locuri aiurea sau care ar putea sugera intervenția altcuiva. Mai avea și o cantitate destul de mare de alcool în sânge, cam cât trei–patru pahare.

Callie ne-a pus la curent cu rezultatele investigației din ușă-n ușă — nu că ar fi fost cine știe ce de zis. Nel a fost la cârciumă pentru scurt timp duminică seara și a plecat de acolo pe la șapte. A fost la Casa Morii cel puțin până la zece și jumătate, ora la care Lena s-a dus la culcare. Nimeni n-a mai declarat că ar fi văzut-o după aceea. Și nimeni n-a declarat că ar fi văzut-o implicată recent în vreo dispută, deși marea majoritate a cetățenilor era de acord că nu era prea agreată. Localnicilor nu le plăcea atitudinea ei, aroganța străinei care vine în orășelul lor și se laudă că spune povestea lor. Cine se credea?

Părosul trecuse prin e-mailurile lui Nel — crease un cont dedicat proiectului și-i invitase pe localnici să-i trimită poveștile lor. În mare parte, primise doar înjurături.

— Deși n-aș spune că e mult mai rău decât ce primesc pe internet o mulțime de femei într-o zi obișnuită, a zis el ridicând din umeri a scuză și privindu-mă de parcă era răspunzător de fiecare idiot misogin de pe net.

— O să-i luăm la întrebări pe toți, desigur, dar...

Restul mărturiei Părosului a fost chiar foarte interesant. În primul rând, demonstra că Jules Abbott era o mincinoasă: telefonul lui Nel încă lipsea cu desăvârșire, dar facturile ei detaliate arătau că, deși nu-și prea folosea mobilul, o sunase de *unsprezece* ori pe sora ei în ultimele trei luni. Majoritatea apelurilor sub un minut, uneori două–trei; niciunul nu fusese prea lung, dar nici nu i se închisese telefonul în nas.

Reușise să stabilească și ora exactă a decesului. Camera de pe fața stâncoasă a falezei — cea care nu fusese distrusă — surprinsese ceva. Nimic șocant, nimic grăitor, doar o bruscă mişcare rapidă, blurată, în beznă, urmată de o perdea de stropi de apă. Camera ne spunea că la ora 02:31 a.m. Nel s-a prăbuşit în apă.

Ce-i mai bun a lăsat la final.

— Am găsit o amprentă pe carcasa celeilalte camere, cea stricată, spuse. Nu se potriveşte cu niciuna din baza noastră de date, dar n-am putea cere localnicilor să înceapă să vină la secție ca să-i eliminăm din lista de suspecți?

Townsend aproba.

— Camera aia a mai fost vandalizată, a continuat Părosul ridicând din umeri, aşa că nu ne va oferi ceva neapărat concludent, dar...

— Chiar şi-aşa. Să vedem ce aflăm. Vă las dumneavoastră sarcina asta, a spus Townsend uitându-se la mine. Eu o să stau puțin de vorbă cu Julia Abbott despre apelurile astea.

S-a ridicat şi şi-a încrucişat brațele pe piept cu bărbia lăsată-n jos.

— Ar trebui să ştiți cu toții — a zis cu voce scăzută, aproape a scuză — că azi-dimineață am avut o discuție telefonică cu şefii de la Divizie.

A oftat adânc, iar noi, ceilalți, ne-am aruncat priviri rapide. Ştiam ce urma.

— Date fiind rezultatele autopsiei şi lipsa oricărei dovezi care să indice că ar fi avut loc o altercație pe faleza aia, se pune presiune pe noi să nu ne *risipim resursele* — puse mici ghilimele în aer — pe o sinucidere sau moarte accidentală. Deci. Ştiu că mai sunt multe de făcut, dar trebuie să lucrăm rapid şi eficient. N-o să ni se dea prea mult timp pentru cazul ăsta.

N-aş putea spune că am fost şocată. M-am gândit la conversația pe care-o avusesem cu inspectorul-şef în ziua în care am primit cazul — *aproape sigur s-a aruncat.* Toată lumea se-arunca pe-aici — unii de pe stânci, alții la tras concluzii. Deloc surprinzător, având în vedere istoria locului.

Dar chiar şi-aşa, nu-mi plăcea. Nu-mi plăcea că două femei ajunseseră în apă în ultimele două–trei luni şi că se cunoşteau. Exista o legătură între ele: locul şi oamenii. Le mai lega şi Lena: cea mai bună prietenă a uneia, fiica celeilalte. Ultima persoană care-a văzut-o pe maică-sa în viață şi prima care-a insistat că toate astea — nu doar moartea maică-sii, ci şi misterul care-o înconjura — erau *ce şi-a dorit.* Tare bizar să auzi asta din gura unui copil.

I-am spus şi inspectorului când ieşeam din secție. M-a privit mâhnit.

— Dumnezeu ştie ce-o fi în capul fetei ăleia, spuse. O să încerce să găsească o explicație logică, un răspuns. O să...

S-a oprit. Spre noi venea o femeie: de fapt, mai mult se târa decât mergea, bombănind pentru sine. Purta o haină neagră, în ciuda căldurii, părul grizonant era brăzdat de şuvițe mov şi pe unghii avea ojă neagră. Arăta ca o adeptă a stilului goth, bătrână.

— 'Neața, Nickie, i-a spus Townsend.

Femeia a ridicat privirea spre el, apoi către mine, mijind ochii pe sub sprâncenele stufoase.

— Împf, a mormăit în loc de salut. Ei? Ați ajuns la vreo concluzie?

— O concluzie despre ce, Nickie?

— Despre cine-a împins-o? s-a repezit ea împroşcând stropi de salivă. Despre cine-a împins-o.

— Cine-a *împins-o*? am repetat. Vă referiți la Danielle Abbott? Aveți informații care ne-ar putea fi utile, doamnă... ăăăă...?

S-a uitat urât la mine, apoi s-a întors spre Townsend.

— Pe-asta cum o strigă acasă? l-a întrebat, ridicând degetul mare în direcţia mea.

— E sergentul Morgan, i-a zis el calm. Vrei să ne spui ceva, Nickie? Ceva despre noaptea aia?

Ea pufnea din nou.

— N-am văzut nimic. Şi chiar dac-aş fi văzut, doar ăştia de-alde voi nu stau să se uite-n gura mea, nu?

Şi-a continuat drumul ei târşâit pe strada scăldată-n soare, mormăind în continuare.

— Ce credeţi c-a vrut să spună? l-am întrebat pe inspector. N-ar trebui să vorbim cu ea în mod oficial?

— În locul dumneavoastră n-aş lua-o prea în serios pe Nickie Sage, răspunse Townsend scuturând din cap. Nu e tocmai demnă de încredere.

— Nu?

— Spune că e „clarvăzătoare", că vorbeşte cu morţii. Am mai avut ceva probleme cu ea, înşelăciune şi altele asemenea. În plus, susţine şi că e descendenta unei femei care a fost omorâtă aici de vânătorii de vrăjitoare, adăugă el sec. E nebună de legat.

Jules

Când s-a auzit soneria de la uşă, eram în bucătărie. Am aruncat o privire pe geam şi l-am văzut pe detectivul Townsend stând în faţa treptelor şi uitându-se-n sus, la ferestre. Lena a ajuns la uşă înaintea mea, i-a deschis şi a spus:

— Salut, Sean!

Townsend intră în casă, atingându-i în treacăt trupul slăbănog şi remarcându-i (n-avea cum să nu remarce) blugii tăiaţi, tricoul cu celebrul imprimeu Rolling Stones cu limba scoasă. Mi-a întins mâna şi i-am strâns-o. Avea palma uscată, dar pielea avea un fel de patină nesănătoasă şi sub ochi avea cearcăne pământii. Lena se uita la el printre gene. Duse mâna la gură şi începu să-şi roadă o unghie.

L-am condus în bucătărie şi Lena a venit după noi. Ne-am aşezat la masă, iar ea s-a sprijinit de blat. Îşi încrucişă gleznele, apoi se foi un pic şi le încrucişă iar.

Townsend n-o privi deloc, tuşi şi îşi frecă o mână de încheietura celeilalte.

— Am finalizat autopsia, spuse încet.

Acum se uita spre Lena, apoi la mine.

— Nel a murit în cădere. Nu există indicii care să arate intervenția altcuiva. Avea şi ceva alcool în sânge.

Vocea i se făcu mai domoală:

— Suficient cât să-i afecteze judecata. S-o facă să fie nesigură pe picioare.

Lena scoase un sunet, un lung suspin întretăiat. Detectivul îşi privea mâinile, împreunate acum pe masă, în fața lui.

— Dar... Nel se cățăra ca o capră pe stâncile alea, am zis. Şi putea să ducă mai mult de câteva pahare de vin. Nel putea duce fără probleme o sticlă...

Aprobă:

— Posibil... dar în beznă, acolo sus...

— N-a fost un accident, spuse Lena tăios.

— Nu s-a *aruncat*, am repezit-o şi eu.

Lena mă privi cu ochi mijiți şi buza de sus ridicată.

— De unde ştii *tu*? întrebă.

Se întoarse spre detectiv:

— Ştii că te-a mințit? A mințit când a zis că n-a avut niciun fel de contact cu mama. Mama a încercat s-o sune de... nici nu ştiu de câte ori. N-a răspuns niciodată, n-a sunat înapoi niciodată, n-a...

Se opri şi mă privi:

— Pur şi simplu... până la urmă, ce cauți aici? Nu te vreau aici.

Ieşi furtunos, trântind după ea uşa bucătăriei. Câteva clipe mai târziu se trânti şi uşa camerei ei.

Eu şi inspectorul Townsend am rămas tăcuți. Aşteptam să mă întrebe de apelurile telefonice, dar n-a spus nimic: nu i se citea nimic în ochi şi chipul îi era inexpresiv.

— Nu vi se pare bizar cât de convinsă e că Nel a făcut asta în mod deliberat? am spus în cele din urmă.

Se întoarse spre mine cu capul înclinat puţin într-o parte, dar tot nu spuse nimic.

— Aveţi vreun suspect în cazul ăsta? Vreau să zic... mie nu prea mi se pare că-i pasă cuiva de pe-aici că a murit.

— Dumneavoastră aveţi? spuse pe ton plat.

— Ce-ntrebare-i asta?

Simţeam cum mi se-ncingeau obrajii. Ştiam ce urmează.

— Domnişoară Abbott, spuse. Julia.

Jules. Mă cheamă Jules.

Trăgeam de timp, ca să amân inevitabilul.

— Jules.

Îşi drese glasul.

— Aşa cum a menţionat şi Lena, deşi ne-aţi spus că n-aţi avut niciun fel de contact cu sora de ani întregi, desfăşurătorul convorbirilor de pe mobilul lui Nel arată că numai în ultimele trei luni v-a sunat de unsprezece ori.

Mi-am ferit privirea, cu faţa arzând de ruşine.

— *Unsprezece* telefoane. De ce ne-aţi minţit?

(*Tot timpul minte,* ai mormăit pe-ascuns. *Tot timpul. Tot timpul spune poveşti.*)

— N-am *minţit.* N-am vorbit niciodată cu ea. Cum a zis şi Lena: lăsa mesaje, eu nu răspundeam. Deci n-am minţit, am repetat cu o voce care-mi suna până şi mie nevolnică, miorlăită. Uitaţi ce e, nu-mi puteţi cere să vă explic, fiindcă e imposibil de explicat cuiva din afară. Eu şi Nel aveam probleme vechi — dar asta n-are nicio legătură cu ce s-a întâmplat.

— De unde ştiţi? întrebă Townsend. Dacă n-aţi vorbit cu ea, de unde ştiţi cu ce-are legătură?

— Păi... Poftim! am zis şi i-am întins mobilul. Luaţi-l şi auziţi cu urechile dumneavoastră.

Îmi tremurau mâinile, iar când s-a întins după telefon, tremurau şi ale lui. A ascultat ultimul tău mesaj.

— De ce n-aţi sunat-o înapoi? spuse având pe chip o expresie vecină cu dezamăgirea. Părea tulburată, nu credeţi?

— Nu, eu... nu ştiu. Era tipic pentru Nel. Uneori era fericită, alteori era tristă, uneori furioasă, nu o dată era beată... nu *însemna nimic*. N-o cunoaşteţi.

— Celelalte apeluri ale ei — rosti apăsat, cu vocea de data asta mai aspră. Mai aveţi mesajele?

Nu le-aveam, nu pe toate, dar le-a ascultat pe cele pe care le aveam, încleştând telefonul atât de tare în mână, că i se albiseră articulaţiile degetelor. Când termină, îmi dădu înapoi telefonul.

— Să nu le ştergeţi. S-ar putea să fie nevoie să le ascultăm din nou.

Împinse scaunul şi se ridică, iar eu l-am urmat pe hol.

La uşă se întoarse spre mine:

— Îmi pare rău să vă spun, dar mi se pare ciudat că nu i-aţi răspuns. Că n-aţi încercat să aflaţi de ce era atât de disperată să vă vorbească.

— Am crezut că vrea doar să-mi atragă atenţia, am zis încet, iar el se întoarse şi-şi văzu de drum.

Mi-am adus aminte abia după ce închisese uşa după el. Am alergat să-l prind din urmă.

— Domnule detectiv Townsend! am strigat. Avea o brăţară. Brăţara mamei. Nel o purta tot timpul. Aţi găsit-o?

Clătină din cap şi se-ntoarse iar spre mine:

— Nu n-am găsit nimic. Lena i-a spus sergentului Morgan că, deşi Nel o purta des, nu era un obiect pe care-l avea la ea în fiecare zi. Deşi — continuă plecând capul — presupun că n-aveaţi de unde să ştiţi asta.

Mai aruncă o privire spre casă, apoi urcă în maşină şi ieşi în marşarier de pe alee.

Jules

Până la urmă a ajuns să fie vina mea. Eşti dată naibii, Nel. Te-ai dus, probabil ai fost omorâtă, şi toată lumea mă acuză pe mine. Nici nu eram aici! Mă simţeam irascibilă, redusă la varianta mea adolescentină. Îmi venea să zbier la ei *„De ce e vina mea?!"*

După plecarea detectivului, m-am întors în casă ofuscată şi, surprinzându-mi în treacăt imaginea în oglindă, am văzut uimită că cea care mă sfredelea cu privirea de acolo erai tu (mai bătrână, nu atât de frumoasă, dar tot tu). Ceva mi se zbătea în piept. M-am dus în bucătărie şi am plâns. Dacă ţi-am greşit, trebuia să ştiu cum. Poate că nu te-am iubit, dar nu pot permite să fii abandonată aşa, ignorată. Vreau să ştiu dacă cineva ţi-a făcut rău şi de ce; vreau să plătească. Vreau să rezolv definitiv toată chestia asta, că poate-atunci o să încetezi să-mi mai şopteşti în ureche *n-am sărit, n-am sărit, n-am sărit*. Te cred, bine?! Şi (*spune-o în şoaptă*) vreau să ştiu că sunt în siguranţă. Vreau să ştiu că nu vine nimeni să-mi facă rău. Vreau să ştiu că acest copil pe care urmează să-l iau sub aripa mea exact asta e: un copil nevinovat, nu periculos.

Nu-mi ieşea din cap cum l-a privit Lena pe Townsend, tonul vocii când i-a spus pe numele mic (pe numele mic?), cum s-a uitat el la ea. M-am întrebat dacă era adevărat ce le spusese despre brăţară. Mie mi-a sunat fals, fiindcă te grăbiseşi atât de tare să pui stăpânire pe ea, s-o declari a ta. Posibil să fi insistat s-o iei numai fiindcă ştiai cât de mult mi-o doream. Când ai găsit-o printre lucrurile mamei şi ţi-ai pus-o pe mână, m-am plâns tatei (da, iar spun poveşti). Am întrebat „De ce s-o ia *ea?*" *De ce nu,* ai răspuns. *Sunt cea mai mare.* Iar când a plecat, ţi-ai admirat-o zâmbind. *Îmi stă bine,* ai spus. *Nu crezi că-mi stă bine?* Ai ciupit un strat de grăsime de pe antebraţul meu. *Mă îndoiesc că ar fi încăput pe mânuţa ta dolofană.*

Mi-am şters ochii. Mă înţepai aşa deseori; cruzimea a fost întotdeauna atuul tău. Unele săgeţi — despre cât de mare eram, cât de înceată, cât de plicticoasă — le ignoram. Altele — *Hai, Julia, fii sinceră. Undeva, în adâncul sufletului, aşa-i că ţi-a plăcut?* — erau ghimpi înfipţi adânc în carnea mea, imposibil de scos dacă nu voiam să deschid răni proaspete. Ultima, bolborosită în urechea mea în ziua în care-am îngropat-o pe mama — ah, pentru vorbele alea te-aş fi sugrumat cu mâinile goale! Şi dacă pe *mine* m-ai scos din minţi, dacă pe mine mă făceai să mă simt în halul acela, cui i-ai mai stârnit gânduri ucigaşe?

În măruntaiele casei, la tine în birou, am început să-ţi fac ordine în hârtii. Primele, chestiile banale. Din fişetele de lemn de lângă perete am scos dosare cu istoricul medical al tău şi al Lenei, certificatul de naştere al Lenei, fără numele tatălui. Sigur, ştiusem că aşa avea să fie; era unul dintre misterele tale, unul dintre secretele pe care le protejai cu înverşunare. Dar nici Lena să nu ştie? (N-am putut să nu mă întreb, răutăcios, dacă nici măcar tu nu ştiai.)

Mai erau evaluări de la Grădinița Montessori din Park Slope, Brooklyn şi de la şcoala locală din Beckford. Actele casei, o poliță de asigurare de viață (cu Lena beneficiar), extrase bancare, conturi de investiții... obişnuitele rămăşițe ale unei vieți relativ bine organizate, fără secrete de dezvăluit, fără adevăruri ascunse de mărturisit.

În sertarele de jos erau dosarele tale legate de „proiect": cutii pline cu grămezi de poze printate, pagini de notițe, unele scrise la computer, altele cu scrisul tău mărunt, cu pix albastru şi verde, cuvinte tăiate, scrise cu majuscule şi subliniate, ca delirul unui obsedat de teorii ale conspirației. O nebună. Spre deosebire de celelalte dosare, cele administrative, în astea nu erau ordonate, totul era de-a valma, amestecat. De parcă cineva cotrobăise după ceva. Pielea a început să mă furnice şi mi s-a uscat gura. *Normal* că poliția căutase prin ele. Aveau computerul tău, dar tot i-ar fi interesat şi dosarele astea. Poate au căutat un bilet de adio.

Am trecut în viteză prin pozele din prima cutie. Cele mai multe erau cu bulboana, stâncile, mica plajă cu nisip. Unele aveau adnotări pe margine, coduri pe care nu le puteam descifra. Erau şi poze cu Beckford: străzile şi casele — cele frumoase, din piatră şi cele noi, mai urâte. Una dintre ele apărea într-o mulțime de poze, un duplex în stil edwardian, cu perdelele murdare pe jumătate trase. Mai erau poze cu centrul, cu podul, cu pubul, biserica şi cimitirul. Cu mormântul lui Libby Seeton.

Biata Libby. În copilărie erai obsedată de ea. Nu suportam povestea aia, atât de tristă şi crudă, dar tu nu te mai săturai s-o auzi. Voiai să auzi cum Libby, încă o copilă, a fost dusă la apă, acuzată de vrăjitorie. *De ce?* întrebam şi mama spunea: „Fiindcă ea şi mătuşa ei cunoşteau ierburile şi plantele. Ştiau să facă leacuri din ele." Mi se părea un motiv stupid, dar poveştile adulţilor erau pline de acte de cruzime stupide: copilaşi alungaţi de la porţile şcolii fiindcă pielea lor nu avea culoarea potrivită; oameni bătuţi sau omorâţi fiindcă se închinau cui nu trebuia. Mai târziu mi-ai spus că nu era vorba despre leacuri, Libby sedusese (mi-ai explicat ce-nsemna cuvântul) un bărbat mai bătrân şi îl convinsese să-şi lase nevasta şi copilul. Asta nu-ţi ştirbea deloc admiraţia; era un semn al puterii ei.

Când erai mică, de vreo şase sau şapte ani, ai insistat să porţi la bulboană una dintre fustele mai vechi ale mamei; cu toate că o trăseseşi până sub bărbie, tot se târa prin ţărână. Te-ai căţărat pe stânci şi te-ai aruncat în apă în timp ce eu mă jucam pe plajă. Erai Libby: *Uite, mama! Uite! Ce crezi? Mă scufund sau plutesc?*

Parcă te văd cum te-ai aruncat, surescitarea de pe faţa ta. Parcă simt şi acum mâna moale a mamei în a mea, nisipul cald între degetele de la picioare, în timp ce ne uitam la tine. N-are nicio logică: dacă tu aveai şase sau şapte ani, atunci eu aveam doi sau trei — în niciun caz n-am cum să-mi amintesc asta, nu?

M-am gândit la bricheta găsită la tine în sertar, la iniţialele gravate pe ea. *L.S.* Să fie de la Libby? Nel, pe bune? Chiar atât de obsedată erai de o fată moartă de trei sute de ani că i-ai gravat iniţialele pe lucrurile tale? Poate că nu. Poate că nu erai obsedată. Poate doar îţi plăcea ideea de a o ţine în palmă.

M-am întors la dosare, căutând mai multe despre Libby. Am pus deoparte pagini tipărite cu text şi poze, articole vechi, decupaje din reviste, ici-colo pe marginile paginilor scrijeliturile tale neglijente, de obicei ilizibile, rareori clare. Am găsit nume de care auzisem şi nume de care nu auzisem: Libby şi Mary, Anne şi Katie şi Ginny şi Lauren şi acolo, pe pagina despre Lauren, în cerneală neagră, groasă, scriseseşi: *Beckford nu e un epicentru al sinuciderilor. Beckford e un loc unde te descotoroseşti de femeile nesupuse.*

Bulboana Înecaților

Libby, 1679

Ieri au zis că mâine, adică azi, cum ar veni. Știe că n-o să dureze mult. O să vină s-o ducă la apă, s-o înoate. Vrea să vină, o cheamă cu puterea gândului, nu mai are răbdare. S-a săturat să se simtă atât de murdară, s-a săturat de mâncărimea pielii. Știe că n-o să-i vindece rănile, în putrefacție și împuțite de-acum. Are nevoie de soc sau poate gălbenele, nu e sigură care leac ar fi mai bun sau dacă nu e prea târziu să mai facă ceva. Mătușa Mary ar ști, dar s-a dus, aninată în spânzurătoare, să tot fie opt luni de-atunci.

Lui Libby îi place apa, iubește râul, deși îi e frică de adâncurile lui. La vremea asta o să fie destul de rece ca s-o înghețe, dar măcar o să-i ia insectele de pe piele. Au ras-o-n cap când au arestat-o, dar părul a crescut deja un pic și peste tot îi mișună vietăți, săpând în carnea ei; le simte în urechi, la colțurile ochilor și între picioare. Se scarpină până-i dă sângele. O să fie bine când or să i se spele toate astea de pe ea, mirosul sângelui, mirosul ei.

Vin dimineață. Doi bărbați tineri, cu mâini aspre, vorbă aspră. Le-a simțit pumnii. Dar gata cu asta, au mare grijă, fiindcă au auzit ce spusese bărbatul ăla, cel care-a văzut-o în pădure, cu picioarele desfăcute şi Diavolul între ele. Râd şi se hârjonesc, dar şi lor le e frică de ea şi, oricum, zilele astea nu prea mai arată cine ştie ce.

Se întreabă: o să fie şi el acolo s-o vadă şi ce-o să creadă? Cândva i-a părut frumoasă, dar acum dinţii îi putrezesc şi pielea e marmorată albastru-vineţiu, de parcă e deja pe jumătate moartă.

O duc la Beckford, unde râul face-un cot ascuţit ca să ocolească faleza şi apoi curge leneş şi adânc. Acolo o să-noate.

E toamnă şi suflă un vânt rece, dar străluceşte soarele, aşa că se ruşinează să stea despuiată în lumina puternică, în faţa tuturor bărbaţilor şi femeilor din sat. I se pare că-i aude icnind, îngroziţi sau şocaţi de ce-a ajuns drăgălaşa Libby Seeton.

E legată cu funii destul de groase şi aspre cât să-i dea sângele proaspăt, aprins, la încheieturi. Doar braţele. Picioarele-s lăsate libere. Apoi îi leagă o frânghie în jurul taliei ca, dacă se scufundă, s-o poată scoate iar la suprafaţă.

Când o duc la marginea râului, se întoarce să se uite după el. Şi-atunci copiii ţipă, crezând că întoarce blestemul împotriva lor, iar bărbaţii o împing în apă. Răceala o lasă fără suflare. Unul dintre bărbaţi are o prăjină şi-o împunge cu ea în spate, mânând-o înainte până ce nu mai poate să stea în picioare. Alunecă în apă.

Se scufundă.

Răceala apei e atât de şocantă, că uită unde e. Deschide gura ca să icnească şi trage în plămâni apă neagră, începe să se sufoce, se zbate, dă din picioare, dar e dezorientată, nu mai simte sub tălpi fundul râului.

Funia o smuceşte tare, muşcând din talia ei şi sfâşiindu-i pielea.

Când o trag pe mal, plânge.

— Încă o dată!

Cineva cere o a doua probă.

— S-a scufundat, strigă o voce de femeie. Nu e vrăjitoare, e doar o copilă.

— Înc-o dată! Înc-o dată!

Bărbații o leagă iar, pentru a doua probă. De data asta altfel: degetul mare de la mâna stângă de degetul mare de la piciorul drept şi degetul mare de la mâna dreaptă de degetul mare de la piciorul stâng. Funia petrecută în jurul taliei. De data asta, o cară ei în apă.

— Vă rog! începe să-i implore, fiindcă nu crede că poate să mai îndure încă o dată bezna şi frigul.

Vrea să se întoarcă într-un cămin care nu mai există, într-o vreme când stătea cu mătuşa ei în fața focului şi-şi spuneau poveşti. Vrea să fie în patul ei din căsuța lor, vrea să fie iarăşi mică, să tragă pe nări mirosul de fum de lemne şi de trandafir şi căldura dulce a pielii mătuşii.

— Vă rog!

Se duce la fund. Când o trag afară a doua oară, are buzele vineții şi respirația i s-a oprit pentru totdeauna.

LUNI, 17 AUGUST

Nickie

Nickie şedea în fotoliul ei de la geam şi se uita cum se înalţă soarele pe cer şi aprinde ceaţa dimineţii de pe dealuri. Abia dacă dormise cu căldura asta şi cu soră-sa care-i trăncănise toată noaptea în ureche. Lui Nickie nu-i plăcea canicula. Era o creatură construită pentru un climat rece: familia tatălui ei se trăgea din Hebride[1]. Neam de vikingi. Strămoşii din partea mamei erau din estul Scoţiei, fugiţi către Sud acum câteva sute de ani, de frica vânătorilor de vrăjitoare. N-au decât să n-o creadă ăştia de prin Beckford, n-au decât să pufnească dispreţuitor şi s-o ironizeze, dar Nickie ştia că se trăgea din neam de vrăjitoare. Putea să traseze o linie descendentă directă până, hăt, în trecut, de la Sage la Seeton.

Spălată, cu micul dejun luat şi îmbrăcată în respectabila ţinută neagră, Nickie se duse mai întâi la bulboană. O târşâială lungă şi înceată până acolo. Era recunoscătoare

[1] Arhipelag alcătuit din peste 500 de insuliţe din largul coastelor Scoţiei. *(N. t.)*

pentru umbra pe care i-o ofereau stejarii şi mestecenii. Dar chiar şi-aşa, transpiraţia îi înţepa ochii şi i se aduna la şale. Când ajunse la mica plajă dinspre sud, îşi scoase sandalele şi intră în apă până la glezne. Se aplecă şi se stropi cu apă pe faţă, pe gât şi pe braţe. Era o vreme când s-ar fi urcat în vârful falezei ca să le onoreze pe cele căzute, pe cele care se aruncaseră şi pe cele împinse, dar pur şi simplu picioarele n-o mai ajutau, aşa că orice avea de spus înotătoarelor, trebuia să spună de aici.

Prima dată când dăduse cu ochii de Nel Abbott, Nickie stătea aproape exact în acelaşi loc ca acum. Era în urmă cu vreo doi ani şi exact asta făcea: se bălăcea puţin, ca să se răcorească, când văzuse o femeie sus, pe stâncă. O urmărise cum se plimba încolo şi-ncoace o dată, de două ori, iar a treia oară Nickie simţea deja furnicături în palme. Ceva e putred, şi-a spus. O văzu pe femeie că se lasă pe vine, după aceea în genunchi şi apoi, ca un şarpe, se deplasă până pe marginea falezei, unde-şi lăsă braţele să atârne în hău. Cu inima-n gât, Nickie strigă „Alo!“ Femeia se uită în jos şi, spre surprinderea lui Nickie, zâmbi şi-i făcu cu mâna.

După aceea, Nickie o văzu destul de des. Petrecea mult timp la bulboană făcând poze, desenând şi scriind. Acolo sus, la orice oră din zi şi din noapte, indiferent de vreme. De la fereastra ei, Nickie o văzuse pe Nel traversând satul spre bulboană în creierii nopţii, pe viscol ori pe o ploaie vitregă care şfichiuia cu aşa o forţă, de putea să-ţi sfâşie pielea.

Uneori, Nickie trecea pe lângă ea pe potecă, iar Nel nici nu se clintea, nici nu observa că nu mai era singură, atât de absorbită era de ce făcea. Lui Nickie îi plăcea asta, admira puterea de concentrare a femeii, felul în care se lăsa mistuită de muncă. Îi mai plăcea şi devotamentul lui Nel față de râu. Pe vremuri, Nickie nu se dădea în lături de la un scăldat în diminețile calde de vară, deşi acum zilele alea erau doar o amintire. Dar Nel? Înota în zori şi în amurg, iarna şi vara. Dacă se gândea bine, Nickie n-o mai văzuse înotând în râu de ceva vreme, de vreo două săptămâni. Poate mai mult? Încercă să-şi amintească ultima dată când o văzuse efectiv în apă, dar din cauza soră-sii, care-i turuia iar în ureche, tulburându-i concentrarea, nu reuşi.

Tare-şi mai dorea să-i tacă melița.

Toată lumea credea că Nickie era oaia neagră a familiei, dar de fapt aia era sora ei, Jean. În copilăria lor, toată lumea spunea că Jeannie e fata cuminte, ascultătoare, iar apoi face şaptesprezece ani şi ce să vezi? Se face polițistă! Polițistă! Tatăl lor era miner, ce Dumnezeu? Îi trădase, aşa a zis atunci mama lor, trădase toată familia, toată comunitatea. Părinții ei nu au mai vorbit cu Jean, iar Nickie trebuia să rupă şi ea toate legăturile. Numai că nu putea, nu? Jeannie era surioara ei.

Avea o gură ca o moară stricată, ăsta era cusurul ei: nu ştia când să-ți țină fleanca. După ce şi-a dat demisia din poliție şi înainte să plece din Beckford, Jean i-a spus lui Nickie o poveste de i-a făcut părul măciucă; de atunci, îşi muşca limba şi scuipa în țărână, murmurând invocații de protecție de câte ori se întâlnea cu Patrick Townsend.

Până acum, funcționase. Era protejată. Dar nu şi Jeannie. După chestia cu Patrick şi soția lui şi toate necazurile care-au urmat, Jeannie s-a mutat la Edinburgh şi s-a măritat cu un nepricopsit şi împreună s-au apucat să-şi petreacă următorii cincisprezece ani bând până s-au băgat în mormânt. Dar Nickie încă o mai vedea uneori, încă mai vorbea cu ea. Mai des, în ultimul timp. Jeannie devenise iar guralivă. Zgomotoasă, deranjantă. Insistentă.

În ultimele câteva nopți, de când Nel Abbott se înecase, trăncănise mai mult ca oricând. Lui Jeannie i-ar fi plăcut Nel, s-ar fi recunoscut un pic în ea. Şi Nickie o plăcea, îi plăceau conversațiile lor, îi plăcea că Nel *asculta* când vorbea Nickie. I-a ascultat povestirile, dar nu i-a auzit avertismentele, vezi? Exact ca Jeannie, Nel era alta care nu ştia când să-şi țină gura.

Chestia e că uneori, după o ploaie zdravănă, să zicem, râul se umflă. Dezlănțuit, suge pământul şi-l răscoleşte şi dezvăluie ceva pierdut: oase de miel, o gheată de copil, un ceas de aur înfipt în mâl, o pereche de ochelari pe un lanț de argint. O brățară cu cheița ruptă. Un cuțit, un cârlig sau un plumb de undiță. Conserve goale şi cărucioare de supermarket. Resturi. Obiecte cu însemnătate şi altele insignifiante. Şi asta-i absolut normal, asta-i natura lucrurilor, natura râului. Râul poate să se-ntoarcă peste trecut, să-l scoată pe tot la lumină şi să-l scuipe pe maluri, la vedere, dar oamenii nu pot face asta. Femeile nu pot să facă asta. Când te-apuci să pui întrebări şi să lipeşti mici anunțuri în magazine şi puburi, când începi să faci poze şi să vorbeşti la ziare şi să întrebi de vrăjitoare şi femei şi suflete rătăcite, nu cauți răspunsuri, ci ți-o cauți cu lumânarea.

Nickie ar trebui să ştie.

Până şi-a uscat picioarele, s-a încălțat cu sandalele şi a făcut cale-ntoarsă cu o încetineală chinuitoare pe potecă şi-n sus pe scări şi peste pod, trecuse de zece, aproape că se făcuse ora. S-a dus la magazin, şi-a luat o doză de coca-cola şi s-a aşezat pe banca de peste drum de biserică. N-avea de gând să intre — n-avea ce căuta în biserică —, dar voia să-i vadă. Voia să-i vadă pe îndoliați, pe cei veniți din curiozitate morbidă şi pe ipocriții fără ruşine.

Se instală pe bancă şi închise ochii — doar o clipă, îşi spuse — dar când îi deschise, începuse. O văzu pe tânăra polițistă, aia nouă, foindu-se țanțoşă prin mulțime, sucindu-şi capul în stânga şi-n dreapta ca o suricată. Şi ea era o observatoare. Nickie îi văzu pe cei de la pub — proprietarul, nevasta lui şi fata care lucra la bar —, vreo doi profesori de la şcoală, grasul îngălat şi ăla frumos, care-şi ascunsese ochii în spatele ochelarilor de soare. I-a văzut pe Whittakeri, pe toți trei, şi suferința se ridica din ei ca aburul dintr-o oală, tatăl cocârjat sub povara durerii, băiatul îngrozit şi de umbra lui, doar mama cu capul sus. Un cârd de fete zgomotoase ca nişte gâşte, urmate de un bărbat, un chip din trecut, un chip urât. Nickie îl ştia, dar nu-şi dădea seama de unde, nu reuşea să-l localizeze în minte. Îi distrase atenția de la el maşina bleumarin care opri în parcare, din cauza furnicăturilor care-i înțepară pielea şi a senzației ca un curent de aer rece pe ceafă. Mai întâi o văzu pe femeie, pe Helen Townsend, banală ca o vrabie, coborând de pe bancheta din spate a maşinii. Soțul ei ieşi din partea şoferului, iar din scaunul pasagerului se dădu jos bătrânul, Patrick, cu spinarea țeapănă ca un sergent-major. Patrick Townsend: familist, stâlp al comunității, fost polițai. Scursură. Nickie scuipă pe jos şi-şi spuse invocarea. Simți cum bătrânul îşi întoarce privirea spre ea şi-o auzi pe Jeannie şoptind *Nic, nu te uita la el.*

Nickie îi numără la intrare şi din nou la ieşire, după jumătate de oră. La uşă se produse o vânzoleală, oamenii se ciocneau, se-mpingeau şi-apoi se-ntâmplă ceva între profesorul frumos şi Lena, un scurt schimb de cuvinte tăioase. Nickie urmări scena şi-şi dădu seama că tânăra poliţistă era şi ea cu ochii pe ei; Sean Townsend examina grupul, cu mai bine de-un cap mai înalt decât ceilalţi. Păstra ordinea. Totuşi, ceva se pierdu în agitaţia aia, nu? Ca la unul dintre jocurile alea pentru fraieri, unde, dacă-ţi iei o clipă ochii de pe bilă, tot jocul se schimbă.

Helen

Helen stătea la masa din bucătărie şi plângea pe tăcute, cu umerii scuturaţi de suspine şi mâinile încleştate în poală. Sean interpretă complet greşit scena.

— Nu trebuie să vii, spuse punându-i delicat mâna pe umăr. N-ai niciun motiv să vii.

— Ba trebuie să vină, spuse Patrick. Şi Helen, şi tu — toţi trebuie să mergem. Facem parte din comunitatea asta.

Helen aprobă, ştergându-şi lacrimile cu podul palmelor.

— Sigur că merg, spuse dregându-şi glasul. Sigur că da.

Nu era supărată din cauza înmormântării. Era supărată fiindcă în dimineaţa aia Patrick înecase pisica în râu. Era gestantă, i-a zis, nu-şi puteau permite să se lase invadaţi de pisoi. Ar fi devenit o pacoste. Avea dreptate, normal, dar asta n-o alina. Pisica, aşa sălbatică cum era, începuse să-i fie dragă lui Helen, ca un animal de companie. Îi plăcea s-o vadă cum traversa silenţios curtea în fiecare dimineaţă, dând târcoale pe la uşă în speranţa unei gustări, urmărind leneş cu lăbuţa albinele care roiau în jurul tufelor de rozmarin. Gândul îi umplu iarăşi ochii de lacrimi.

După ce Sean ieşi din încăpere, spuse:

— Nu trebuia s-o *îneci*. Aş fi putut s-o duc la veterinar, ar fi putut s-o adoarmă cu o injecţie.

Patrick clătină din cap.

— Nu trebuia? spuse ţâfnos. E cea mai bună metodă. S-a terminat foarte rapid.

Dar Helen văzuse zgârieturile adânci de pe antebraţele lui, care arătau că pisica se luptase din răsputeri. *Bun*, îşi spuse. *Sper că te-a rănit, al dracului*. Apoi îi păru rău, bineînţeles că el n-o făcuse din cruzime.

— Trebuie să mă uit la alea, spuse arătând către urmele de pe braţele lui.

Clătină din cap:

— E-n ordine.

— Nu e, fiindcă se pot infecta. Şi o să mânjeşti cămaşa de sânge.

Îl făcu să se aşeze la masa din bucătărie, îi curăţă zgârieturile şi unse rănile cu antiseptic, apoi acoperi cu leucoplast tăieturile cele mai adânci. El îi studie chipul, iar ea îşi imagină că trebuie să fi avut ceva remuşcări, fiindcă, atunci când termină, el îi sărută mâna şi spuse:

— Fată bună. Eşti o fată bună.

Ea se ridică şi se-ndepărtă de el. În picioare la chiuvetă, cu mâinile pe blat, se uită la curtea pietruită scăldată în soare. Îşi muşcă buza.

Patrick oftă şi-şi coborî vocea până la un murmur:

— Uite ce-i, drăguţă, ştiu că ţi-e greu. Ştiu asta. Dar trebuie să mergem cu toţii, nu? Trebuie să-l susţinem pe Sean. Nu mergem s-o jelim pe ea, ci ca să lăsăm povestea asta în urmă.

Helen nu-şi dădea seama dacă era din cauza vorbelor lui sau din cauza respiraţiei lui pe ceafa ei, dar simţi că i se face pielea de găină.

— Patrick, spuse, întorcându-se să se uite la el. *Tată.* Trebuie să vorbim despre maşină, despre...

Sean cobora scările zgomotos, câte două o dată.

— Despre ce?

— Nimic, spuse, iar el se-ncruntă. N-are importanţă, spuse ea clătinând din cap.

Urcă să se spele pe faţă şi se-mbrăcă cu costumul cu pantalon gri-închis, rezervat de obicei pentru şedinţele de consiliu profesoral. Îşi trecu un pieptene prin păr, încercând să nu se privească în oglindă. Nu voia să recunoască nici măcar în sinea ei că îi era frică, nu voia să privească în faţă motivul fricii ei. Găsise nişte lucruri în torpedoul maşinii, lucruri pe care nu şi le putea explica şi nici nu era sigură că voia o explicaţie. Le luase pe toate şi le ascunsese — prosteşte şi infantil — sub patul ei.

— Eşti gata? strigă Sean de jos.

Trase adânc aer în piept, se forţă se se uite la propria reflexie, la faţa ei palidă, curată, la ochii limpezi ca sticla cenuşie.

— Sunt gata, spuse pentru sine.

Helen stătea pe bancheta din spate a maşinii lui Sean, iar Patrick în faţă, lângă fiul lui. Nimeni nu vorbea, dar, după cum soţul ei îşi tot atingea încheietura cu palma, îşi dădu seama că era neliniştit. Suferea, desigur. Toate astea — morţile din râu — dezgropau amintiri dureroase pentru el şi tatăl lui.

Pe primul pod, Helen aruncă o privire în jos, la râul verzui, şi încercă să nu se gândească la cum fusese ţinută cu forţa sub apă, cum se luptase să se salveze. Pisica. Se gândea la pisică.

Josh

M-am certat cu mama înainte să plecăm la înmormântare. Am coborât şi-am găsit-o-n hol, dându-se cu ruj în oglindă. Purta o bluză roşie. Am zis: „Nu poţi mergi aşa la o înmormântare, e lipsă de respect". A râs într-un fel ciudat şi s-a dus în bucătărie, unde şi-a văzut de treabă, de parcă nu spusesem nimic. N-aveam de gând să mă las păgubaş, fiindcă nu trebuia să atragem şi mai mult atenția. Poliția sigur o să fie acolo — poliția vine întotdeauna la înmormântările oamenilor care mor în condiții suspecte. Şi-aşa i-am mințit şi eu, şi mama — ce-or să zică văzând-o îmbrăcată ca pentru petrecere?

M-am dus după ea în bucătărie. M-a întrebat dacă vreau ceai şi-am refuzat. I-am spus că nu credeam c-ar trebui să meargă la înmormântare, pentru că toată lumea ştie că nu o plăcea pe Nel. Mi-a aruncat un zâmbet enervant: „Zău? Aşa ştie lumea?" I-am zis că eu mă duc, fiindcă sunt prietenul Lenei şi m-a contrazis. Tata a coborât şi i-a zis:

— Nu spune asta, Lou. Sigur că sunt prieteni.

I-a zis ceva foarte încet — ca să nu aud eu —, iar ea a aprobat şi s-a dus sus.

Tata mi-a făcut un ceai pe care nu-l voiam, dar l-am băut oricum.

— Crezi că o să vină şi poliţia? l-am întrebat, cu toate că ştiam răspunsul.

— Probabil. Domnul Townsend o cunoştea pe Nel, nu? Şi, mă rog... îmi închipui că mai mulţi oameni din sat or să vrea să-i aducă un ultim omagiu, indiferent că au cunoscut-o sau nu. Ştiu... ştiu că situaţia noastră e complicată, dar cred că ar fi bine să încercăm să fim uniţi, nu-i aşa?

N-am spus nimic.

— Şi-o să vrei s-o vezi pe Lena, nu? Ca să-i spui cât de rău îţi pare. Închipuie-ţi cum trebuie să se simtă biata Lena.

Tot n-am zis nimic. Întinse mâna ca să mă ciufulească, dar m-am ferit.

— Tată, mai ştii când ne-a întrebat poliţia despre duminică noaptea, despre unde-am fost şi restul?

Aprobă, dar l-am văzut cum se uită rapid peste capul meu ca să fie sigur că nu ne-aude mama.

— Ai zis că n-ai auzit nimic neobişnuit, nu? m-a întrebat el.

Am încuviinţat.

— Ai spus adevărul.

Nu eram sigur dacă a zis *Ai spus adevărul?* ca pe-o întrebare sau *Ai spus adevărul*, ca şi cum îmi dădea instrucţiuni.

Voiam să spun ceva şi voiam s-o spun cu voce tare. Voiam să spun *Dar dacă? Dacă a făcut ceva rău?*, numai ca să-l aud pe tata replicându-mi că sunt ridicol, să-l aud ţipând la mine *Cum poate să-ţi treacă prin cap aşa ceva?*

— Mama s-a dus la magazin, am spus.

M-a privit de parcă nu mă ducea capu'.

— Da, ştiu. În dimineaţa aia s-a dus la magazin după lapte. Josh... Ah! Ei, bravo! a spus uitându-se peste umărul meu. Iată c-a apărut. Nu-i mai bine aşa?

Îşi schimbase bluza roşie cu una neagră.

Era mai bine, dar tot mi-era frică de ce urma. Mi-era frică să nu spună ceva sau să nu râdă în toiul slujbei sau mai ştiu eu ce. În clipa aia avea o expresie care mă sâcâia, nu arăta fericită sau ceva, era mai mult ca şi cum... ca atunci când se uită la tata după ce iese învingătoare dintr-o ceartă, de parcă îi spune *Ţi-am zis că am fi ajuns mai repede dacă o luam pe A68*. Parcă avusese dreptate în legătură cu ceva şi nu reuşea să-şi şteargă de pe faţă expresia aia triumfătoare.

Când am ajuns la biserică, deja mişunau pe-acolo o mulţime de oameni, iar asta m-a făcut să mă simt un pic mai bine. L-am văzut pe domnul Townsend şi cred că şi el m-a văzut pe mine, dar n-a venit la noi şi n-a zis nimic. Doar stătea acolo, privind în jur, apoi s-a oprit şi s-a uitat cum Lena şi mătuşa ei treceau podul. Lena arăta ca un adult, altfel decât de obicei. Dar tot drăguţă. Când a trecut pe lângă noi, m-a văzut şi mi-a zâmbit trist. Am vrut să mă duc la ea s-o îmbrăţişez, dar mama mă ţinea strâns tare de mână şi n-am putut să mă eliberez din strânsoare.

N-ar fi trebuit să mă tem că mama avea să râdă. Când am intrat în biserică, a început să suspine atât de tare, că oamenii se întorceau să se uite la ea. Nu eram sigur dacă era mai bine sau mai rău.

Lena

Azi-dimineață m-am simțit fericită. Stăteam în pat dezvelită, simțeam cum se instalează canicula, ştiam că avea să fie o zi frumoasă şi-o auzeam pe mama cântând. Apoi m-am trezit.

Pe uşa dormitorului atârna rochia pe care voiam s-o port. E a mamei, de la Lanvin. Nu m-ar fi lăsat niciodată s-o port, sub nicio formă, dar azi nu cred că s-ar fi supărat. Nu fusese curățată de la ultima purtare, aşa că încă mirosea a ea. Când am pus-o pe mine, parcă pielea ei era lipită de-a mea.

M-am spălat şi mi-am uscat părul, apoi l-am prins la spate. De obicei îl port lăsat pe spate, dar mamei îi plăcea cum îmi stătea cu el prins. *Super sofi*, spunea, aşa cum făcea când voia să mă facă să-mi dau ochii peste cap. Am vrut să mă duc în camera ei să-i caut brățara — ştiam că era pe-acolo, pe undeva —, dar n-am putut.

N-am reuşit să-mi iau inima-n dinți să intru în camera ei de când a murit. Ultima dată am fost acolo duminica trecută, după-amiază. Mă plictiseam şi eram tristă din cauza lui Katie, aşa că m-am dus la ea în cameră să caut nişte iarbă. N-am găsit în noptiera ei, aşa că m-am apucat să caut prin buzunarele hainei ei din şifonier, fiindcă uneori mai păstrează acolo chestii. Nu m-aşteptam să se-ntoarcă acasă. Când m-a prins, nu s-a înfuriat, era doar cumva tristă.

— Nu poţi să mă cerţi, am spus. Caut droguri în *camera ta*. Aşa că nu poţi să te enervezi pe mine, fiindcă ar însemna că eşti o ipocrită.

— Nu, a spus. Ar însemna că sunt o persoană adultă.

— Tot aia, am spus, iar ea a început să râdă.

— Mda, poate, dar realitatea e că eu am voie să fumez iarbă şi să beau alcool, iar tu nu. Şi de ce cauţi să te faci zdrenţe într-o după-amiază de duminică? Singură? Cam trist, nu?

Apoi a continuat:

— De ce nu te duci să-noţi, de exemplu? Ori să suni o prietenă?

Am explodat, fiindcă mi se părea că spune chestii de genul ălora pe care le zic despre mine Tanya, Ellie şi toate celelalte javre: că sunt o jalnică, o ratată, că am rămas fră prieteni, că singura persoană care m-a plăcut şi-a făcut felul. Am început să urlu:

— Care dracului prietenă? Ai uitat că n-am niciuna? Ai uitat ce-a păţit cea mai bună prietenă a mea?

A amuţit total şi şi-a ridicat mâinile, aşa cum face... făcea... când nu vrea să ne certăm. Dar n-am dat înapoi, pur şi simplu am refuzat să mă opresc. Urlam la ea că nu era niciodată acasă, că mă lăsa tot timpul singură, că era atât de distantă că parcă nici nu mă voia în preajma ei. Clătina din cap şi spunea:

— Nu-i adevărat, nu-i adevărat. Iartă-mă dacă am fost absentă, dar se întâmplă nişte lucruri pe care nu pot să mi le explic. Trebuie să fac ceva şi nu pot să-ți explic cât de greu e.

Am tratat-o cu răceală:

— Nu trebuie să *faci* nimic, mamă. Jur că mi-ai promis că-ți ții gura. Aşa că nu trebuie să faci nimic. Doamne fereşte, n-ai făcut destul?

— Lenie, Lenie, te rog. Nu ştii *totul*. Eu sunt părintele, trebuie să ai încredere în mine.

Şi-atunci i-am zis nişte chestii îngrozitoare, că n-a fost niciodată cine ştie ce părinte, fiindcă ce părinte lasă droguri prin casă şi vine noaptea acasă cu bărbați, de-i aud şi eu? I-am spus că, dacă ar fi fost invers, dacă eu aş fi dat de necaz cum a dat Katie, Louise ar fi ştiut ce să facă, s-ar fi purtat ca un părinte şi ar fi făcut ceva, ar fi ajutat-o. Şi erau porcării, bineînțeles, fiindcă eu eram cea care n-o lăsa să spună nimic, iar ea mi-a atras atenția, după care a zis că, în orice caz, încercase să ajute. Şi-atunci am început să țip la ea şi să-i zic că totul era din vina ei, că, dacă se ducea şi spunea cuiva, plecam şi nu mai vorbeam niciodată cu ea. I-am repetat la nesfârşit: *Ai făcut destul rău!* Ultimul lucru pe care i l-am spus a fost că din cauza ei Katie era moartă.

Jules

Ziua înmormântării tale a fost toridă. Canicula tremura deasupra apei, lumina era prea puternică, aerul prea închis, greu de umezeală. Eu şi Lena ne-am dus pe jos la biserică. La început a luat-o doar cu câţiva paşi înainte, dar distanţa dintre noi creştea; nu ştiu să merg pe tocuri, ea are un talent înnăscut. Îmbrăcată într-o rochie neagră de crep, cu o fantă pe piept, arăta foarte elegantă, foarte frumoasă, mult mai matură decât cei cincisprezece ani ai ei. Am mers în tăcere, cu râul şerpuind nămolos pe lângă noi, mohorât şi silenţios. Aerul cald avea miros de putrefacţie.

Când am cotit să ne apropiem de pod, m-au cuprins temerile pentru ce ne-aştepta la biserică. M-am temut că n-avea să vină nimeni şi că eu şi Lena vom fi nevoite să stăm acolo singure, doar cu tine.

Am ţinut capu-n jos, ochii la drum, m-am concentrat să pun un picior înaintea celuilalt şi să încerc să nu mă împiedic de denivelările din asfalt. Bluza (sintetică, neagră, cu o fundă ţeapănă la gât, complet nepotrivită pentru o zi toridă) mi se lipea de şale. Au început să-mi lăcrimeze ochii. *Nu-i nimic dacă-mi curge rimelul,* mi-am spus. *Oamenii or să creadă că am plâns.*

Lena tot n-a plâns. Cel puţin nu în faţa mea. Uneori mi se pare că o aud suspinând noaptea, dar vine la micul dejun nonşalantă şi cu ochii limpezi. Vine şi pleacă din casă pe nesimţite, fără un cuvânt. O aud vorbind încet în camera ei, dar mă ignoră, se fereşte de mine când mă apropii de ea, mă repede când îi pun întrebări şi-mi respinge atenţia. Nu vrea să aibă deloc de-a face cu mine. (Îmi amintesc că ai venit în camera mea după ce-a murit mama şi voiai să vorbeşti, iar eu te-am alungat. E la fel? Face şi ea acelaşi lucru? Nu mi dau seama.)

Când ne-am apropiat de biserică, am observat o femeie stând pe bancă pe marginea drumului; mi-a zâmbit cu dinţi înnegriţi. Mi s-a părut că aud pe cineva râzând, dar erai doar tu, în mintea mea.

Unele dintre femeile despre care ai scris sunt îngropate în cimitirul de lângă biserică, unele dintre *nesupusele* tale. Toate aţi fost nesupuse? Libby a fost sigur. La paisprezece ani a sedus un bărbat de treizeci şi patru, l-a ademenit de lângă soţia iubitoare şi copilul nou-născut. Cu ajutorul mătuşii ei, hoaşca May Seeton, şi al numeroşilor diavoli pe care i-au invocat, Libby l-a ispitit pe bietul, nevinovatul Matthew să săvârşească nenumărate acte nenaturale. Chiar că nesupusă! Despre Mary Marsh se spunea că ajutase femei să avorteze. Anne Ward era ucigaşă. Dar tu, Nel? Tu ce-ai făcut? Cui nu te-ai supus?

Libby e îngropată în cimitirul bisericii. Ştiai unde, mi-ai arătat piatra ei şi ale celorlalte, ai răzuit muşchiul ca să putem citi ce scria pe ele. Ai păstrat puţin — vorbesc de muşchi —, te-ai strecurat la mine-n cameră şi mi-ai pus puţin sub pernă, după care mi-ai zis că Libby îl lăsase acolo. Se plimba noaptea pe malul râului; dacă ascultai cu atenţie, o auzeai strigându-şi mătuşa, pe May, să vină s-o salveze, aşa mi-ai spus. Dar May nu vine: nu poate să vină. Ea nu e în cimitir. După ce i-au smuls mărturisirea, au spânzurat-o în piaţa satului; trupul ei e îngropat în pădurea de dincolo de zidul cimitirului, cu cuie bătute în picioare ca să nu se ridice.

La mijlocul podului arcuit, Lena s-a întors o clipă, ca să se uite la mine. Expresia ei — nerăbdare, poate cu o urmă de milă — era atât de asemănătoare cu a ta, m-am cutremurat. Mi-am încleştat pumnii şi mi-am muşcat buza: nu se poate să-mi fie frică de ea! E doar o copilă.

Mă dureau picioarele. Simţeam cum sudoarea mă înţepa la rădăcina părului şi-mi venea să-mi sfâşii bluza, pielea. Am văzut un mic grup adunat în parcarea din faţa bisericii şi acum toţi se întorceau spre noi, ca să ne urmărească sosirea. M-am gândit cum ar fi dacă m-aş arunca peste parapetul din piatră: da, înfricoşător, dar numai pentru scurt timp. Aş putea aluneca adânc în mâl, lăsând apele să se-nchidă deasupra capului meu; ar fi aşa o uşurare să le simt răcoarea, să nu mai fiu văzută...

Înăuntru, am stat lângă Lena (vreo jumătate de metru între noi) pe rândul din faţă. Biserica era plină. Undeva în spatele nostru, o femeie nu mai contenea cu hohotele de plâns, de zici că i se rupea inima. Vicarul a ţinut un discurs despre viaţa ta, ţi-a înşirat realizările, a vorbit despre cât de devotată îi erai fiicei tale. M-a pomenit şi pe mine, în treacăt. Eu îi dădusem informaţiile, aşa că probabil nu mă puteam plânge că discursul lui avea un ton plat. Aş fi putut să spun şi eu ceva, poate că da, dar nu-mi dădeam seama cum aş putea vorbi despre tine fără să trădez — pe tine sau pe mine, sau adevărul.

Slujba s-a încheiat brusc şi, până să mă dezmeticesc, Lena era în picioare. Am mers după ea pe lângă naos, iar atenția intensă ce ni se acorda era, cumva, amenințătoare, în loc să fie încurajatoare. Am încercat să nu văd fețele din jur, dar nu m-am putut abține: femeia care plângea, cu fața roşie şi boțită, Sean Townsend, care m-a privit în ochi, un tânăr cu capul plecat, un adolescent râzând în pumn. Un bărbat violent. M-am oprit brusc şi femeia din spatele meu m-a călcat pe călcâi.

— Scuze, scuze, murmură, ocolindu-mă.

Nu m-am clintit, n-am respirat, nu puteam înghiți, măruntaiele mi se lichefiau. El era.

Mai bătrân, da, mai urât, ramolit, dar inconfundabil. Un bărbat violent. Am aşteptat să-şi îndrepte privirea spre mine. Am crezut că, dacă o făcea, avea să se întâmple unul dintre aceste scenarii: izbucneam în plâns sau îi săream la beregată. Am aşteptat, dar nu se uita la mine. Se uita la Lena, o urmărea cu atenție. Măruntaiele lichefiate îmi înghețară pe loc.

L-am urmat orbeşte, împingând oamenii din calea mea. Stătea într-o parte, tot cu ochii fixați pe Lena. Se uita cum îşi scotea pantofii. Bărbații se uită la fetele care arată ca Lena în multe feluri: dorință, foame, dezgust. Nu-i vedeam ochii, nu trebuia, ştiam ce era în ei.

Am pornit spre el, un sunet începuse să mi se ridice în gât. Oamenii mă priveau fie cu milă, fie buimaci, nu-mi păsa. Trebuia să ajung la el... Şi-atunci s-a întors brusc şi-a plecat. A străbătut repede aleea spre parcare, iar eu am rămas în urmă, cu aerul năvălindu-mi deodată în plămâni şi ameţită de adrenalină. S-a urcat într-o maşină mare, verde şi a dispărut.

— Jules? Sunteţi bine?

Sergentul Morgan îşi făcu apariţia lângă mine şi-mi puse o mână pe braţ.

— L-aţi văzut pe bărbatul ăla? am întrebat-o. L-aţi văzut?

— Care bărbat? întrebă uitându-se-n jur. Cine?

— E un bărbat violent, am spus.

Păru alarmată.

— Unde, Jules? V-a făcut... v-a spus cineva ceva?

— Nu, am... nu.

— Care bărbat, Jules? Despre cine vorbiţi?

Limba mi-era încurcată în alge şi gura plină de mâl. Voiam să-i spun, voiam să zic *Îl ţin minte. Ştiu de ce e în stare.*

— Pe cine aţi văzut? m-a întrebat.

— Robbie, i-am pronunţat în cele din urmă numele. Robbie Cannon.

AUGUST 1993

Jules

Uitasem. Înainte de meciul de fotbal, se mai întâmplase ceva. Stăteam pe prosop, îmi citeam cartea, încă nu era nimeni în jur şi-apoi ai venit tu. Tu şi Robbie. Nu m-ai văzut sub copaci, ai alergat în apă cu el pe urmele tale, aţi înotat, v-aţi jucat şi v-aţi sărutat. Te-a luat de mână şi te-a tras spre marginea apei, s-a întins peste tine, te-a împins de umeri în jos, şi-a arcuit spinarea şi-a ridicat privirea. M-a văzut privindu-vă şi a zâmbit.

Mai târziu în după-amiaza aia, m-am întors singură acasă. Mi-am scos costumul de baie în pătrăţele şi pantalonii scurţi albaştri şi i-am lăsat la înmuiat în chiuvetă, în apă rece. Mi-am umplut cada, m-am cufundat în apă şi mi-am spus *N-o să scap niciodată de ea, de toată carnea asta oribilă.*

O fată mare. Masivă. Picioare care-ar propulsa şi-un Boeing 747 dintr-un şut. Ar putea fi atacant în echipa Angliei.

Prea mare pentru spaţiile pe care le umpleam, totdeauna revărsată. Ocupam prea mult loc. M-am cufundat în cadă şi apa s-a ridicat spre margini. Evrica!

Întoarsă în camera mea, m-am băgat sub pături şi-am stat aşa, sufocându-mă de deznădejde, mila pentru mine însămi amestecându-se cu vinovăţia, fiindcă mama zăcea chiar în camera de-alături şi murea de cancer la sân, iar eu nu mă gândeam decât cât de tare îmi doream să nu mai continui, nu mai voiam să trăiesc aşa.

Am adormit.

M-a trezit tata. Trebuia s-o ducă pe mama la spital pentru mai multe teste şi urmau să rămână peste noapte în oraş, ca să fie acolo dimineaţă devreme. Mi-a spus că era ceva de mâncare în cuptor şi să-mi iau singură.

Nel era acasă, ştiam sigur, fiindcă-i auzeam muzica din camera de-alături. După o vreme, muzica s-a oprit şi-apoi am auzit voci, încet, apoi mai tare, dar şi alte zgomote, gemete, gâfâieli, icnete. M-am dat jos din pat, m-am îmbrăcat şi-am ieşit pe coridor. Lumina era aprinsă şi uşa de la camera lui Nel un pic întredeschisă. Înăuntru era mai întuneric, dar o auzeam, spunea ceva, numele lui.

Ţinându-mi respiraţia, m-am apropiat cu un pas. Prin crăpătura uşii le desluşeam siluetele care se mişcau în întuneric. Nu-mi venea să-mi dezlipesc ochii de la ei. M-am uitat până l-am auzit scoţând un zgomot puternic, animalic. Apoi a început să râdă şi-am ştiut că au terminat.

Jos, toate luminile erau aprinse. Le-am stins peste tot, apoi am intrat în bucătărie şi am deschis frigiderul. M-am uitat lung la conţinutul lui şi cu coada ochiului am observat pe blat o sticlă de vodcă pe jumătate plină. Am imitat ce-o văzusem pe Nel că face: mi-am turnat jumătate de pahar de suc de portocale şi l-am umplut apoi cu vodcă, după care, întărindu-mă pentru gustul neplăcut, amar, de alcool, pe care-l simţisem când încercasem vin şi bere, am luat o gură şi-am descoperit că era dulce, deloc amar.

Am terminat paharul şi mi-am turnat încă unul. Îmi plăcea efectul pe care-l avea asupra trupului meu: căldura care se răspândea din stomac în piept, fierbinţeala sângelui, relaxarea totală, faptul că toată suferinţa acelei după-amiezi se estompa treptat.

M-am dus în living şi m-am uitat la râu — un şarpe negru, lucios, curgând pe sub casă. Am înţeles dintr-odată, cu surprindere, ceva ce nu înţelesesem până atunci — că problema care eram nu era deloc insurmontabilă. Am avut un moment fulgerător de claritate: nu era nevoie să fiu ajustată, puteam fi fluidă. Ca râul. Poate că, la urma urmelor, n-avea să fie atât de greu. Oare nu puteam să mă înfometez, să mă mişc mai mult (în taină, să nu mă vadă nimeni)? Să mă transform din omidă în fluture, să devin altcineva, de nerecunoscut, aşa încât fata urâtă, sângerândă să fie dată uitării? Aş fi fost cu totul altă fată.

M-am întors în bucătărie să-mi mai iau de băut.

Am auzit paşi la etaj, lipăind pe palier şi apoi coborând scările. M-am strecurat înapoi în living, am stins veioza şi m-am ghemuit în beznă pe bancheta de la geam, cu picioarele strânse sub mine.

L-am văzut ducându-se în bucătărie, a deschis frigiderul... ba nu, congelatorul, l-am auzit cum desfăcea cuburi de gheaţă din tăviţe. Am auzit gâlgâit de lichid şi-apoi l-am văzut când a trecut pe lângă mine. Şi atunci s-a oprit. Şi-a făcut un pas înapoi.

— Julia? Tu eşti?

N-am spus nimic, nici n-am respirat. Nu voiam să văd pe nimeni — sigur nu pe el —, dar bâjbâia după întrerupător şi apoi s-au aprins luminile şi iată-l acolo, în boxeri şi-atât, cu pielea puternic bronzată, umerii largi, trupul îngustându-se treptat spre o talie subţire şi puful de pe abdomen care se pierdea-n jos, în chiloţi. Mi-a zâmbit.

— Eşti bine? a întrebat.

Când s-a apropiat, am văzut că avea ochii cam sticloşi, zâmbetul imbecil, mai leneş ca de obicei.

— De ce stai în întuneric?

Dădu cu ochii de paharul meu şi zâmbetul i se lărgi.

— Mi s-a părut mie că sticla de vodcă era cam goală...

Veni la mine şi-şi ciocni paharul de al meu, apoi se aşeză alături, cu coapsa apăsată de talpa mea. M-am tras într-o parte, mi-am lăsat tălpile pe podea şi-am dat să mă ridic, dar mi-a pus mâna pe braţ.

— Ei, stai aşa, spuse. Nu fugi. Vreau să vorbesc cu tine. Voiam să-mi cer scuze pentru azi după-amiază.

— Nu-i nimic, am spus.

Simţeam că mi se-nroşea faţa. Nu mă uitam la el.

— Nu, iartă-mă. Tipii ăia s-au purtat ca nişte cretini. Îmi pare tare rău, să ştii.

Am lăsat privirea în jos.

— Nu ai de ce să te ruşinezi.

M-am crispat şi ruşinea aceea îmi ardea tot trupul. O părticică tâmpită din mine sperase că nu văzuseră, că nu-şi dăduseră seama ce era.

Mă strânse de braţ şi mă privi cu ochi mijiţi.

— Auzi? Tu ştii că ai o faţă drăguţă?

Râse.

— Serios, chiar aşa e.

Îmi dădu drumul la braţ şi mă luă de umeri.

— Unde-i Nel? am întrebat.

— Doarme, spuse.

Sorbi din băutură şi plesni din buze.

— Cred c-am stors-o de puteri.

Mă trase mai aproape de el.

— Ai sărutat vreodată un băiat, Julia? mă întrebă. Vrei să mă săruţi?

Îmi întoarse faţa spre a lui şi-şi lipi buzele de ale mele. I-am simţit limba, fierbinte şi băloasă, împingându-se-n gura mea. Am crezut c-o să vomit, dar l-am lăsat, doar ca să văd cum e. Când m-am tras în spate, mi-a zâmbit.

— Îţi place? întrebă, izbindu-mă-n faţă cu respiraţia lui fierbinte, duhnind a fum stătut şi alcool.

Mă sărută din nou şi l-am sărutat şi eu, încercând să simt senzaţia aia — care-o fi fost ea — pe care ar fi trebuit s-o simt. Mâna lui alunecă sub elasticul pantalonilor mei de pijama. M-am zvârcolit să mă feresc, oripilată, în timp ce simţeam cum degetele lui îmi împingeau grăsimea de pe burtă ca să intre în chiloţi.

— Nu! am crezut că am strigat, dar a fost mai mult o şoaptă.

— Nu-i nimic, spuse. Nu-ţi face griji. Nu mă deranjează un pic de sânge.

După aceea s-a înfuriat că nu mă opream din plâns.

— Ei, hai, că n-a durut atât de tare! Nu plânge. Hai, Julia, nu mai plânge. N-a fost bine? A fost o senzaţie plăcută, nu? Erai suficient de udă. Hai, Julia. Mai bea ceva. Aşa. Ia o gură. Iisuse, termină cu plânsul! La naiba. Am crezut că o să fii recunoscătoare.

2015

Sean

I-am dus pe Helen şi pe tata acasă, dar când am ajuns la uşă, am ezitat să intru. Din când în când mă cuprind gânduri bizare şi mă lupt să scap de ele. Am stat în fața casei, cu nevasta şi tatăl meu uitându-se dinăuntru la mine întrebător. Le-am spus să mănânce fără mine. Am spus că trebuia să mă întorc la secție.

Sunt un laş. Tata merită mai mult. Azi ar trebui să stau cu el, azi mai mult ca niciodată. Sigur, Helen o să-l ajute, dar nici măcar ea nu poate înțelege ce simte, profunzimea suferinței lui. Şi cu toate astea, nu puteam sta cu el, nu puteam să-l privesc în ochi. Nu ştiu de ce, dar noi doi nu ne putem privi niciodată în ochi când ne gândim la mama.

Am luat maşina şi-am mers, nu la secție, ci înapoi la cimitir. Mama fusese incinerată; nu-i aici. Tata i-a dus cenuşa „într-un loc deosebit". Nu mi-a spus niciodată unde anume, cu toate că a promis că mă va duce într-o zi să-mi arate. N-am mers niciodată acolo. Pe vremuri îl mai întrebam, dar întotdeauna se supăra, aşa că la un moment dat am renunţat.

Biserica şi cimitirul erau pustii, nici picior de om, cu excepţia bătrânei Nickie Sage, care şchiopăta încet pe lângă zid. Am coborât din maşină şi-am luat-o pe poteca ce ocoleşte zidul din piatră spre copacii din spatele bisericii. Când am ajuns-o pe Nickie, se sprijinea cu o mână de zid şi respiraţia îi şuiera în piept. S-a întors brusc. Avea faţa roz-aprins şi transpira abundent.

— Ce vrei? şuieră. De ce mă urmăreşti?

Am zâmbit.

— Nu te *urmăresc*. Te-am văzut din maşină şi-am zis să vin să te salut. Te simţi bine?

— N-am nimic, n-am nimic.

Nu părea să n-aibă nimic. Se sprijini de zid şi se uită la cer.

— Vine furtuna.

Am încuviinţat:

— După miros, aşa zic şi eu.

Smuci capul înapoi:

— Şi gata? Nel Abbott? Dosaru' e-nchis? Aţi expediat-o-n istorie?

— Cazul nu e închis, am spus.

— Nu încă. Dar o să fie curând, aşa-i?

Mai bombăni ceva ca pentru ea.

— Ce-ai spus?

— Ai tras linie şi-ai pus punct, aşa-i?

Se întoarse cu totul către mine şi mă-mpunse în piept cu un arătător grăsuliu:

— Ştii, nu-i aşa, că asta n-a fost ca ultima? Asta n-a fost precum Katie Whittaker. Asta a fost ca maică-ta.

M-am dat cu un pas înapoi.

— Ce vrea să însemne asta? Dacă ştii ceva, ar trebui să-mi spui. Ei? Ştii ceva despre moartea lui Nel Abbott?

Se întorsese cu spatele, bombănind iarăşi cuvinte ininteligibile.

Respiraţia mi se accelera, un val de căldură îmi străbătu corpul.

— Nu-mi pomeni în felul ăsta de mama. Mai ales azi! Dumnezeule! Ce fel de om face aşa ceva?

Flutură o mână spre mine.

— Oricum n-asculţi, voi n-ascultaţi niciodată, spuse şi se-ndepărtă clătinându-se pe potecă, bombănind în continuare şi întinzând din când în când mâna către zidul de piatră, ca să-şi recapete echilibrul.

Eram furios pe ea, dar şi mai rău, mă simţeam atacat prin surprindere, aproape rănit. Ne cunoşteam de ani întregi şi fusesem întotdeauna politicos cu ea. Bine, era ea nechibzuită, dar n-o consideram un om rău şi sigur n-am crezut-o niciodată atât de crudă.

M-am dus amărât înapoi spre maşină, după care m-am răzgândit şi-am cotit spre magazinul satului. Am cumpărat o sticlă de Talisker — îi place tatei, deşi nu bea cine ştie ce. M-am gândit că am putea bea un pahar împreună mai încolo, ca să compensez plecarea mea intempestivă. Am încercat să creez scena în minte — noi doi la masa din bucătărie, cu sticla între noi, ridicând paharele. M-am întrebat în cinstea a ce, a cui am ridica paharele? Numai imaginându-mi asta şi m-a apucat teama, iar mâna a-nceput să-mi tremure. Am deschis sticla.

Mirosul de whisky şi fierbinţeala alcoolului în piept mi-au amintit de febre din copilărie, de vise agitate, de mama pe marginea patului dându-mi părul jilav de pe frunte şi frecându-mi pieptul cu unguent Vicks. Au existat momente în viaţa mea când abia dacă m-am gândit la ea, dar în ultimul timp a fost din ce în ce mai des în gândurile mele, iar în ultimele câteva zile, mai mult ca oricând. Chipul ei îmi apare înaintea ochilor; uneori zâmbeşte, alteori nu. Uneori întinde braţele spre mine.

Furtuna de vară a început fără să-mi dau seama. Poate am aţipit. Ştiu doar că, atunci când m-am dezmeticit, strada din faţa mea arăta ca un râu şi tunetele păreau să zgâlţâie maşina. Am pornit motorul, dar apoi am realizat că sticla de whisky din poala mea era plină doar pe două treimi, aşa că am oprit motorul. Sub răpăiala ploii torenţiale, îmi auzeam respiraţia, şi pentru o clipă mi s-a părut că o aud şi pe a altcuiva. O fracţiune de secundă am fost atât de sigur de ideea absolut ridicolă că, dacă m-aş întoarce, aş vedea pe cineva pe bancheta din spate a maşinii, că am paralizat de frică.

Am decis că o plimbare prin ploaie mi-ar limpezi minţile. Am deschis portiera, uitându-mă fără să vreau în spate, şi-am ieşit din maşină. Într-o clipă eram ciuciulete şi orbit de apă. Un fulger a despicat aerul şi în acea secundă am văzut-o pe Julia, leoarcă, mai mult alergând decât mergând spre pod. M-am strecurat înapoi în maşină şi am semnalizat scurt cu farurile. S-a oprit. Am aprins şi am stins iar farurile şi ea veni ezitant spre mine. Se opri la câţiva metri distanţă. Am coborât geamul şi-am strigat-o.

Deschise portiera şi intră în maşină. Încă era îmbrăcată în hainele de la înmormântare, însă acum erau ude fleaşcă şi lipite de trupul ei micuţ. Îşi schimbase doar pantofii. Am observat că i se duseseră firele la ciorapi — pe genunchi se vedea un cerc mic de carne palidă. Părea şocant fiindcă, de câte ori o văzusem înainte, corpul îi era întotdeauna bine acoperit — mâneci lungi şi gulere înalte, niciun pic de piele lăsată la vedere. Intangibilă.

— Ce căutaţi aici? am întrebat.

Aruncă o privire la whisky-ul din poala mea, dar nu făcu nicio remarcă. În schimb, se întinse, îmi trase faţa spre a ei şi mă sărută. A fost bizar, impetuos. Limba ei avea gust de sânge şi pentru o secundă am cedat, după care m-am tras violent înapoi.

— Iertaţi-mă, spuse ştergându-şi buzele, cu ochii în pământ. Îmi pare tare rău. Habar n-am de ce-am făcut aşa ceva.

— Nu, am spus. Nici eu.

Complet absurd, am început să râdem amândoi, mai întâi jenaţi, apoi din toată inima, de parcă sărutul ăla era cel mai bun banc din lume. Când ne-am oprit, ne ştergeam amândoi lacrimile de pe obraji.

— Ce făceai aici, Julia?

— Jules, mă corectă. O căutam pe Lena. Nu ştiu pe unde e...

Îmi părea diferită, parcă nu mai era atât de închisă în sine.

— Mi-e frică, spuse şi râse iar, de parcă îi era ruşine. Mi-e foarte frică.

— Frică de ce?

Îşi drese glasul şi-şi dădu deoparte părul de pe faţă.

— De ce ţi-e frică?

Trase adânc aer în piept.

— Nu am... Ştiu că sună ciudat, dar era un bărbat la înmormântare, un bărbat pe care l-am recunoscut. A fost pe vremuri iubitul lui Nel.

— Aşa...?

— Mă rog... nu recent. În urmă cu o veşnicie. În adolescenţă. Habar n-am dacă l-a mai văzut de-atunci.

Pe pomeți avea două pete colorate.

— Nu l-a pomenit în niciunul dintre mesajele ei. Dar a fost la înmormântare şi cred... nu pot să explic de ce, dar cred că e posibil să-i fi făcut ceva.

— Să-i fi făcut ceva? Vrei să spui că crezi că e posibil să fi fost implicat în moartea ei?

Mă privea rugător:

— Normal că nu pot să spun asta, dar trebuie să-l verificați, trebuie să aflați unde era când a murit Nel.

Mi se strânsese scalpul şi adrenalina despica aburii alcoolului.

— Cum îl cheamă? Despre cine vorbeşti?

— Robbie Cannon.

O clipă, numele nu mi-a spus nimic, dar apoi mi-am amintit.

— Cannon? Localnic? Familia avea saloane de vânzări auto, o groază de bani. Ăla?

— Da. Ăla. Îl cunoaşteți?

— Nu-l cunosc, dar mi-l aduc aminte.

— Vi-l amintiți...?

— Din şcoală. Era cu un an mai mare. Bun la sporturi. Avea trecere la fete. Nu era prea deştept.

Cu capul plecat, cu bărbia aproape atingându-i pieptul, Jules a spus:

— N-am ştiut că ai mers la şcoală aici.

— Da. Am trăit aici toată viața. Tu n-ai de ce să-ți aminteşti de mine, dar eu te țin minte. Şi pe tine, şi pe sora ta, bineînțeles.

— Aha, spuse şi chipul i se închise de parcă trăsese brusc obloanele. Puse mâna pe mânerul portierei, de parcă voia să plece.

— Stai aşa. De ce i-ar fi făcut Cannon ceva surorii tale? A zis ceva, a făcut ceva? Era violent cu ea?

Julia clătină din cap şi-şi feri privirea.

— Ştiu doar că-i periculos. Nu e un om bun. Şi l-am văzut... uitându-se la Lena.

— Se uita la ea?

— Da, se *uita*.

Întorsese capul şi, în sfârşit, mă privea în faţă.

— Nu mi-a plăcut cum se uita la ea.

— Bine, am spus. O să, ăăăă... să văd ce pot afla.

— Mulţumesc.

Dădu iar să deschidă portiera, dar i-am pus mâna pe braţ.

— Te duc eu acasă, am spus.

Iarăşi o privire spre sticlă, dar fără o vorbă.

— Bine.

În doar două minute am ajuns înapoi la Casa Morii şi niciunul dintre noi nu vorbi până ce Jules nu deschise portiera. Ar fi trebuit să-mi ţin gura, dar am vrut să-i spun.

— Să ştii că semeni foarte mult cu ea.

Păru şocată şi scoase un hohot de râs surprins, care suna ca un plâns cu sughiţuri.

— Nu semănăm absolut deloc.

Îşi şterse o lacrimă de pe obraz.

— Sunt opusul lui Nel.

— Nu cred, am spus, dar plecase deja.

Nu ţin minte cum am ajuns acasă.

Bulboana Înecaților

Lauren, 1983

Peste o săptămână, când Lauren avea să împlinească treizeci şi doi de ani, aveau să meargă la Craster. Doar ea cu Sean, fiindcă Patrick trebuia să lucreze. „E locul meu preferat din toată lumea", i-a spus fiului ei. „E un castel, o plajă frumoasă şi uneori poți să vezi foci pe stânci. Şi, după ce-o să mergem la plajă şi la castel, o să mergem la afumătoare şi-o să mâncăm scrumbii pe pâine neagră. Raiul pe pământ!"

Sean a strâmbat din nas. „Cred că aş vrea să merg mai degrabă la Londra", a anunțat el, „ca să văd Turnul. Şi să mâncăm îngheţată."

Mama lui a râs şi-a spus: „Bine, atunci poate-o să facem ce vrei tu".

În cele din urmă, n-au făcut nici una, nici alta.

Era noiembrie, zilele erau scurte şi aspre, iar Lauren era cu mintea în altă parte. Era conştientă de faptul că se comporta altfel decât de obicei, dar nu reuşea să se remonteze. Se trezea că lua micul dejun cu familia şi dintr-odată pielea i se-nroşea, îi ardea faţa şi trebuia să şi-o ferească de ei, să se ascundă. Se ferea şi când soţul ei venea s-o sărute — mişcarea capului era aproape involuntară, incontrolabilă, astfel încât buzele lui îi atingeau în treacăt obrazul sau colțul gurii.

Cu trei zile înainte de ziua ei, a fost o furtună. Semnele s-au acumulat toată ziua: un vânt rău spinteca valea, cai albi de spumă goneau pe toată lățimea bulboanei. Noaptea, a izbucnit furtuna. Râul s-a repezit în maluri, au căzut copaci de-a lungul lui. Torente se revărsau din nori, scufundând parcă întreaga lume.

Soțul și fiul lui Lauren dormeau ca pruncii, dar ea era trează. În biroul de la parter se așeză la masa soțului cu o sticlă din scotchul lui favorit la îndemână. Bău un pahar și rupse o foaie dintr-un carnet. Mai bău un pahar, apoi altul și pagina rămase albă. Nici nu se putea hotărî ce formă de adresare să folosească — „Dragă" părea impersonal, iar „Dragul meu" era o minciună. Lăsând în urmă sticla aproape goală și pagina neatinsă, ieși în furtună.

Cu sângele îngroșat de băutură, durere și furie, porni către bulboană. Satul era pustiu, toți erau baricadați în case. Nevăzută și neabătută, se cățără alunecând în noroi până pe culmea falezei. Așteptă. Așteptă să vină cineva, se rugă ca bărbatul de care se îndrăgostise să știe, să-i simtă cumva disperarea, în mod miraculos, și să vină s-o salveze de ea însăși. Dar vocea pe care-o auzi strigându-i numele cu disperare panicată nu era cea pe care voia s-o audă.

Așa că se apropie cu îndrăzneală de margine și, cu ochii larg deschiși, se aruncă.

În niciun caz n-ar fi avut cum să-l vadă, în niciun caz n-ar fi avut cum să știe că băiatul ei era acolo jos, printre copaci.

N-avea de unde să știe că fusese trezit de strigătele tatălui lui și de zgomotul ușii trântite, că se dăduse jos din pat și-alergase-n jos pe scări și afară, în furtună, în picioarele goale și trupul acoperit doar de bumbac din cel mai subțire.

Sean îşi văzu tatăl urcând în maşină şi îşi strigă mama. Patrick se întoarse şi urlă la fiul lui să se întoarcă în casă. Alergă spre el, îl înşfăcă brutal de braț, smucindu-l în aer, şi încercă să-l ducă cu forța înapoi în casă. Dar băiatul îl imploră: „Te rog, te rog, nu mă lăsa aici".

Patrick cedă. Luă băiatul în brațe şi-l duse la maşină, unde-l prinse cu centura de bancheta din spate, unde Sean se făcu mic, îngrozit, buimac. Închise strâns ochii. Ajunseră la râu, tatăl lui parcă maşina pe pod şi-i spuse: „Stai aici. Aşteaptă-mă aici". Dar era întuneric şi ploaia răpăia cu sunet de gloanțe pe acoperişul maşinii şi Sean nu reuşea să scape de senzația că mai era cineva cu el în maşină, cineva căruia îi auzea respirația hârâită. Aşa că ieşi din maşină şi o luă la fugă, împiedicându-se de treptele de piatră, căzând în noroiul de pe potecă, poticnindu-se-n întuneric spre bulboană.

Mai târziu, la şcoală, umbla vorba că văzuse tot — era băiatul care-şi văzuse mama sărind în brațele morții. Nu era adevărat. Nu văzuse nimic. Când ajunsese la bulboană, taică-su era deja în apă şi-nota către țărm. N-a ştiut ce să facă, aşa că s-a întors şi s-a aşezat sub copaci, cu spinarea lipită de un trunchi solid, ca să nu se poată furişa nimeni în spatele lui.

Parc-a stat acolo o eternitate. Mai târziu s-a întrebat dacă nu era posibil chiar să fi adormit, deşi cu bezna, cu zgomotul şi cu frica, părea puțin probabil. Ce-şi amintea era că venise o femeie — Jeannie, de la secția de poliție. Avea o pătură şi o lanternă şi l-a dus înapoi sus, la pod, şi i-a dat să bea ceai dulce şi l-au aşteptat acolo pe tatăl lui.

Mai târziu, Jeannie l-a luat la ea acasă şi i-a făcut pâine prăjită cu brânză.

Dar în niciun caz Lauren n-avea cum să fi ştiut ceva din toate astea.

Erin

Când plecam de la înmormântare, am remarcat cât de multă lume care asistase la slujbă şi-a făcut drum să schimbe două vorbe cu tatăl lui Sean Townsend, un bărbat care-mi fusese prezentat, incredibil de concis, ca Patrick Townsend. Se strângeau mâini şi se scoteau şepci la greu şi-n tot timpul ăsta, stătea cu spinarea ţeapănă şi mutra inexpresivă, de parcă era un general la defilare.

— Al naibii nenorocit, ce fiţe pe el! i-am spus poliţistului în uniformă de lângă mine.

El s-a întors şi m-a privit dispreţuitor.

— Puţin respect! şuieră şi-mi întoarse spatele.

— Pardon? m-am adresat cefei lui.

— E un poliţist plin de decoraţii, spuse colegul. Şi văduv. Soţia lui a murit aici, în râul ăsta.

Se întoarse iar cu faţa la mine şi, fără nici cea mai mică urmă de respect pentru gradul meu, pufni:

— Aşa că ar trebui să daţi dovadă de puţin respect.

M-am simţit ca o tâmpită. Da' pe bune, de unde era să ştiu că Sean, cel din povestea lui Nel Abbott, e

Sean de la secție? Nu știam cum îi chema pe părinții lui. La naiba cu toți! Nu mi-a zis nimeni și când am citit opera lui Nel Abbott nu e ca și cum *vânam* orice detaliu al unei sinucideri care-a avut loc acum mai bine de trei decenii. În condițiile astea, nu mi s-a părut deosebit de interesant.

Acum, serios: cum naiba să ții socoteala tuturor cadavrelor de pe-aici? Parcă e *Crimele din Midsomer* doar că, în loc de oameni care cad în betoniere sau își crapă capetele, aici e cu accidente, sinucideri și înecuri istorice misogino-grotești.

După serviciu m-am întors în oraș — o parte din colegi se duceau la pubul local, dar din cauza gafei cu Patrick Townsend, acum statutul de străină atârna și mai greu ca înainte. Oricum, cazul ăsta e închis, nu? N-avea sens să stau pe-acolo.

M-am simțit ușurată, ca atunci când în sfârșit îți pică fisa în ce film ai mai văzut un actor ori când ceva neclar care te sâcâia devine dintr-odată limpede. Ciudățenia inspectorului — ochii apoși, mâinile tremurânde, aerul absent — acum toate au sens. Au sens dacă le cunoști povestea. Familia lui a trecut exact prin ce trec acum Jules și Lena — aceeași groază, același șoc. Aceeași căutare a răspunsurilor.

Am recitit secțiunea lui Nel Abbott despre Lauren Townsend. Nu spune mare lucru. Era o nevastă nefericită, îndrăgostită de alt bărbat. Vorbește despre faptul că era cu gândul în altă parte, că era absentă... să fi fost deprimată? La urma urmelor, cine știe? Nu-i ca și cum citesc Evanghelia, e doar versiunea lui Nel Abbott despre trecut. Trebuie să ai un soi bizar de asumare — aș zice — ca să iei tragedia altcuiva și s-o scrii de parcă ți-ar aparține.

Recitind povestirea, singura chestie pe care n-o înțeleg este cum a putut Sean să stea acolo? Chiar dacă n-a văzut-o căzând, era *acolo*. În ce hal te afectează o chestie ca asta? Totuşi, trebuie să fi fost mic, cred. Şase sau şapte ani? Copiii pot bloca traume de genul ăsta. Dar tatăl? Se plimbă în fiecare zi pe lângă râu, l-am văzut. Îți dai seama? Îți dai seama cum ar fi să treci în fiecare zi pe lângă locul în care ai pierdut pe cineva? Eu nu reuşesc, n-aş putea. Dar, pe de altă parte, nici n-am pierdut pe nimeni. Cum aş putea şti cum e să treci prin asemenea durere?

PARTEA A DOUA

MARȚI, 18 AUGUST

Louise

Durerea Louisei era ca râul: constantă și în perpetuă schimbare. Se unduia, se revărsa, se retrăgea și șerpuia, uneori rece, neagră și adâncă, alteori fulgerătoare și orbitoare. Și vinovăția ei era tot lichidă, supura printre crăpături când încerca s-o zăgăzuiască. Avea zile bune și zile proaste.

Ieri s-a dus la biserică să vadă cum o așază pe Nel în mormânt. În realitate — și ar fi trebuit să știe — n-a fost așa. Măcar a văzut-o dusă la crematoriu, așa că a putut spune că a fost o zi bună. Chiar și izbucnirea emoțională — plânsese în hohote, fără să vrea, tot timpul slujbei — a fost eliberatoare.

Dar azi avea să fie o zi de rahat. A simțit de cum s-a trezit, nu o prezență, ci o absență. Exaltarea pe care-o trăise la început, satisfacția ei răzbunătoare, deja se disipa. Iar acum, că Nel se făcuse scrum, Louise rămăsese cu... nimic. Nimic. Nu mai avea asupra cui să-și arunce toată durerea și suferința, căci Nel nu mai era. Și se temea că, în cele din urmă, nu-și mai putea aduce chinul decât acasă.

Acasă, la soțul și fiul ei. Deci: azi avea să fie o zi de rahat, dar un rahat care trebuia privit fără ocolișuri și, cu inima-n dinți, curățat. Se hotărâse: era timpul să meargă mai departe. Trebuiau să plece până nu era prea târziu.

Louise și Alec, soțul ei, se certaseră pe tema asta — genul acela de certuri pe ton scăzut, în surdină, pe care le aveau recent, de săptămâni bune. Alec era de părere că ar fi mai bine să se mute înainte de începerea școlii. Ar trebui să-l lase pe Josh să își continue studiile într-un loc complet nou, argumenta el, unde nu-l cunoștea nimeni. Unde n-avea să înfrunte zilnic absența surorii lui.

— Ca să nu mai fie nevoit să vorbească vreodată despre ea? a întrebat Louise.

— O să vorbească despre ea cu *noi*, a răspuns Alec.

Stăteau în picioare în bucătărie, șoptind pe un ton încordat.

— Trebuie să vindem casa asta și s-o luăm de la capăt, a spus Alec. Știu — a ridicat mâinile când Louise a dat să protesteze —, știu că aici e casa ei.

Și atunci a șovăit și și-a pus mâinile mari, pătate de soare, pe blatul din bucătărie. Se ținea de el ca un naufragiat de colacul de salvare.

— Trebuie să facem un efort să o luăm de la capăt într-un fel, Lou, pentru Josh. Dacă eram doar noi doi...

Dacă erau doar ei doi, s-ar duce după Katie în râu și gata, gândi ea. Nu? Nu era sigură că Alec ar face asta. Pe vremuri credea că numai părinții pot pricepe genul acela de iubire în care te topești complet, dar acum se întreba dacă nu cumva doar mamele simt asta. Alec era îndurerat, bineînțeles, dar nu era sigură că simțea și deznădejdea. Sau ura.

Aşa că în căsnicia lor, pe care-o crezuse indestructibilă, începeau deja să apară fisuri. Dar, pe de altă parte, pe vremuri nu ştia nimic. Acum era evident: nicio căsnicie nu poate supravieţui unei asemenea pierderi. Totdeauna avea să fie între ei ideea că niciunul nu fusese în stare să o oprească. Mai rău, că niciunul nu avusese nici cea mai mică bănuială. Că plecaseră amândoi la culcare, adormiseră, apoi descoperiseră dimineaţa patul ei gol şi nicio fracţiune de secundă nu-şi imaginaseră că era în râu.

Pentru Louise nu mai era nicio speranţă, pentru Alec prea puţină, dar cu Josh era altă poveste. Lui Josh avea să-i fie dor de sora lui în fiecare zi, pentru tot restul vieţii, dar ar putea fi fericit: avea să fie fericit. Avea s-o poarte cu el, dar va putea să şi călătorească, să lucreze, să se îndrăgostească, să trăiască. Avea mari şanse să poată face toate astea dacă pleca de aici, din Beckford, de lângă râu. Louise ştia că soţul ei avea dreptate în privinţa asta.

Undeva, în adâncul inimii, ştia deja asta, dar refuzase să accepte. Dar ieri, când şi-a privit fiul după înmormântare, a fost cuprinsă de groază. Faţa lui schimonosită, neliniştită. Cât de uşor tresărea, cum reacţiona la zgomote puternice, ghemuindu-se ca un câine speriat când era printre oameni. Felul în care o căuta mereu cu privirea, de parcă se retrăgea înapoi în copilăria timpurie, fără să mai fie puştiul independent de doisprezece ani, şi se transforma într-un băieţel înspăimântat, disperat după afecţiune.

Şi totuşi. Aici făcuse Katie primii paşi, rostise primele cuvinte, se jucase de-a v-aţi ascunselea, făcuse roata prin grădină, se certase cu frăţiorul ei, îl consolase după aceea, râsese, cântase, înjurase şi sângerase şi-şi îmbrăţişase mama în fiecare zi când venea de la şcoală.

Dar Louise se hotărâse. Ca şi fiica ei, luase o decizie, deşi efortul era imens. Numai când se gândea să se ridice de la masa din bucătărie, să meargă până la capătul scărilor, apoi să le urce, să pună mâna pe clanţă, să apese, să intre în camera ei pentru ultima dată... Fiindcă asta simţea. Asta avea să fie ultima dată când aceea mai era camera *ei*. După ziua de azi, avea să fie altceva.

Inima ei era o bucată de lemn; nu bătea, doar o rănea când zgâria ţesutul moale, sfâşia venele şi muşchii, inundându-i pieptul cu sânge.

Zile bune şi zile proaste.

Nu putea lăsa camera aşa. Oricât de greu îi venea să se gândească la strânsul lucrurilor lui Katie, să-i sorteze hainele, să-i dea jos pozele de pe pereţi, să le pună ordonat la păstrare, s-o ascundă vederii, era mai rău când îşi imagina oameni străini în camera aia. Era mai rău să-şi imagineze ce-ar atinge ei, cum ar căuta indicii, semne, cum s-ar minuna de cât de normal arată totul, cât de normală păruse Katie. *Ea?* Nu cred! Nu pot să cred că *ea* e fata aia care s-a înecat!

Aşa că Louise avea s-o facă: avea să adune lucrurile de şcoală de pe birou şi să ia în mână stiloul care se cuibărise cândva în pumnul fetei ei. Avea să împăturească tricoul gri-deschis în care dormea Katie şi avea să-i facă patul. Avea să ia cerceii albaştri pe care-i primise Katie de la mătuşa ei preferată când împlinise paisprezece ani şi să-i aşeze frumos la locul lor, în caseta ei cu bijuterii. O să ia valiza mare, neagră de pe bufetul din hol şi o s-o umple cu hainele lui Katie.

Asta o să facă.

Stătea în picioare în mijlocul camerei gândindu-se la toate astea, când auzi un zgomot în spate; se întoarse şi-l văzu pe Josh stând în uşă, urmărind-o.

— Mamă?

Era alb ca varul şi vocea i se poticni în gâtlej.

— Ce faci?

— Nimic, dragule, doar...

Făcu un pas spre el, dar băiatul se retrase.

— Te... te apuci acum să-i goleşti camera?

Louise aprobă:

— O să încep.

— Ce-o să faci cu lucrurile ei? întrebă el cu vocea şi mai gâtuită. O să le dai?

— Nu, dragule.

Se duse la el şi-ntinse mâna ca să-i dea de pe frunte părul moale.

— Păstrăm tot. N-o să dăm nimic.

Josh părea îngrijorat.

— Dar... n-ar trebui să-l aştepţi pe tata? N-ar fi bine să fie şi el aici? N-ar trebui să faci asta singură.

Louise îi zâmbi.

— Doar o să încep să strâng câte ceva, spuse cât de vesel reuşi. Parcă te duceai la Hugo în dimineaţa asta, aşa că...

Hugo era prietenul lui Josh, probabil singurul prieten adevărat. (Louise mulţumea Cerului în fiecare zi pentru Hugo şi familia lui, care-l primeau pe Josh ori de câte ori avea nevoie de un refugiu.)

— Plecasem, dar mi-am uitat telefonul, aşa că m-am întors după el, spuse şi-l ridică să i-l arate.

— Bine, spuse ea. Bravo. Rămâi acolo la prânz?

El încercă să zâmbească, apoi dispăru. Louise aşteptă să audă cum se trânteşte uşa de la intrare, apoi se aşeză pe pat şi-şi dădu voie să plângă nestăvilit.

Pe noptieră era un vechi elastic de păr, întins şi uzat de aproape că nu mai rămăsese decât o aţă, care încă mai avea înfăşurate pe el fire lungi din superbul păr brun al lui Katie. Louise îl luă şi-l învârti, împletindu-şi-l printre degete. Şi-l lipi de faţă. Se ridică şi se duse la măsuţa de toaletă, deschise caseta de bijuterii din tablă albă, în formă de inimă, şi puse în ea elasticul de păr. Avea să rămână acolo, alături de brăţările şi cerceii ei — nimic n-avea să fie aruncat, totul avea să fie păstrat. Nu aici, altundeva; vor lua totul cu ei. Nicio părticică din Katie, niciun obiect atins de ea n-o să zacă pe vreun raft prăfuit din vreun magazin de vechituri.

La gâtul Louisei atârna bijuteria purtată de Katie când murise: o mică pasăre albastră pe un lănţişor de argint. Faptul că ea alesese tocmai acea bijuterie o deranja pe Louise. Nu crezuse că era una dintre preferatele lui Katie. Nu cum erau cerceii din aur alb pe care îi primise de la ea şi Alec la împlinirea a treisprezece ani, pe care-i adorase, nu cum era brăţara prieteniei („brăţara frăţiei") împletită pe care i-o cumpărase Josh (cu banii lui!) în ultima lor vacanţă în Grecia. Louise nu pricepea în ruptul capului de ce Katie alesese piesa aia — cadou de la Lena, cu care nici nu mai părea să fie aşa de apropiată — care avea gravat pe pasăre (deloc în stilul Lenei) *cu dragoste*.

Nu purtase nicio altă bijuterie. Blugi, o geacă, mult prea groasă pentru acea seară de vară, cu buzunarele pline cu pietre. Rucsacul la fel. Când au găsit-o, era înconjurată de flori, unele dintre ele încă încleştate în pumn. Ca Ofelia. Cea din poza de pe peretele lui Nel Abbott.

Oamenii spuneau că era cel puțin tras de păr, dacă nu chiar ridicol și crud să arunci în cârca lui Nel Abbott vina pentru ce se întâmplase cu Katie. Doar pentru că Nel scria, vorbea, făcea poze cu bulboana, lua interviuri și publica articole în presa locală despre ea, a vorbit odată într-o emisiune la radio BBC despre bulboană, doar pentru că a pronunțat cuvintele „loc al sinuciderilor", doar pentru că vorbea despre mult-iubitele ei „înotătoare" ca despre niște superbe eroine romantice, ca despre niște cutezătoare care aleseseră dulcea ușurare a morții înconjurate de priveliștea lor preferată, nu putea fi învinovățită *ea* pentru Katie, nu?

Dar Katie nu s-a spânzurat de ușa camerei ei, nu și-a tăiat venele, nici n-a înghițit un pumn de pastile. A ales bulboana. Ridicol era, de fapt, să ignori acest fapt, să ignori contextul, cât de influențabili pot fi unii oameni — cei sensibili, cei tineri. Adolescenții — copii buni, inteligenți, generoși — se pot îmbăta cu idei. Louise nu înțelegea de ce făcuse Katie ce făcuse, n-avea să înțeleagă niciodată, dar știa că actul ei nu se petrecuse din senin, complet fără legătură cu nimic.

Terapeutul la care mersese doar de două ori i-a spus că n-ar trebui să încerce să afle de ce. Că n-o să afle niciodată răspunsul la întrebarea aia, că nimeni nu i-l va putea da; că în multe cazuri de sinucidere nu există un singur motiv, viața nu e atât de simplă. Disperată, Louise subliniase că fata ei nu suferise niciodată de depresie, că nu era hărțuită la școală (au vorbit cu profesorii, s-au uitat în e-mailurile ei, pe Facebook și n-au găsit decât mesaje pozitive). Era frumoasă, învăța bine, era ambițioasă și hotărâtă. Nu era nefericită. Uneori exaltată, deseori entuziasmată. Cu toane. *Cincisprezece ani*. Dar, mai presus de toate, nu era secretoasă. Dacă ar fi dat de necaz, i-ar fi spus mamei ei. Îi spunea tot, aşa fusese dintotdeauna. „Nu-mi ascundea nimic", i-a spus Louise terapeutului şi a văzut cum îşi mută privirea de la chipul ei.

„Asta cred toți părinții", a spus el încet, „şi, din nefericire, toți se înşală".

După asta, Louise nu s-a mai dus la terapeut, dar răul fusese făcut. Se deschisese o fisură şi prin ea se prelingea vinovăția, mai întâi ca un firicel, apoi ca un torent. Nu şi-a cunoscut fiica. De aceea o deranja atât de tare medalionul, nu fiindcă era de la Lena, ci pentru că simboliza tot ce nu ştia despre viața fetei ei. Cu cât se gândea mai mult la asta, cu atât mai mult se învinovățea: fusese prea ocupată, se concentrase prea mult asupra lui Josh, eşuase total în misiunea de a-şi proteja copilul.

Vinovăția creştea şi creştea şi nu exista decât o singură cale să nu se lase complet înghițită, să nu se înece, şi anume să găsească un motiv, să pună degetul pe el şi să spună *Uite. Asta a fost.* Fiica ei făcuse o alegere irațională, dar buzunarele pline cu pietre şi mâinile încleştate în flori... alegerea avea un context. Iar contextul fusese oferit de Nel Abbott.

Louise a aşezat valiza neagră pe pat, a deschis dulapul şi a început să scoată hainele lui Katie de pe umeraşe: tricourile viu colorate, rochiile de vară, hanoracul şocant de roz pe care-l purtase toată iarna trecută. Vederea i se încețoşase şi încerca să se gândească la ceva care să-i oprească lacrimile, voia să găsească o imagine pe care să-şi fixeze ochiul minții, aşa că s-a concentrat asupra imaginii cadavrului lui Nel, sfărâmat în apă, şi s-a consolat cât a putut cu asta.

Sean

M-a trezit vocea unei femei care striga, un sunet disperat, îndepărtat. Am crezut că am visat, dar m-am dezmeticit brusc la auzul bubuiturilor sonore, apropiate, supărătoare şi reale. Era cineva la uşă.

M-am îmbrăcat rapid şi-am coborât scările în fugă, aruncând în treacăt o privire spre ceasul din bucătărie. Abia trecuse de miezul nopţii — nu dormisem mai mult de jumătate de oră. Bubuiala de la uşă continua şi am auzit o femeie strigându-mă, o voce cunoscută, dar pe care în clipa aia n-o puteam identifica. Am deschis uşa.

— Vezi asta?

Louise Whittaker urla la mine, congestionată de furie.

— Ce ţi-am zis eu, Sean?! Ţi-am zis că se întâmplă ceva!

Asta la care se referea era o cutiuţă din plastic portocaliu, de genul celor în care îţi pune farmacistul medicamentele de pe reţetă, iar pe-o parte avea o etichetă cu un nume. Danielle Abbott.

— Ţi-am zis eu? spuse iar, după care izbucni în lacrimi.

Am băgat-o în casă — prea târziu. Înainte să închid uşa de la bucătărie am văzut că se aprindea lumina în dormitorul de la etaj al casei tatei.

A durat ceva până să înţeleg ce-mi spunea Louise. Era complet isterică, propoziţiile i se încălecau una peste alta şi n-aveau nicio noimă. A trebuit să extrag cu delicateţe, treptat, informaţiile de la ea, frază cu frază, rostite cu furie şi respiraţia tăiată, gâfâind. Se hotărâseră, în sfârşit, să scoată casa la vânzare. Înainte de vizionări, trebuia să golească dormitorul lui Katie. N-avea de gând să-i lase pe străini să intre cu bocancii acolo, să-i atingă lucrurile. Se apucase după-amiază. Când împacheta hainele lui Katie, dăduse de cutiuţa portocalie. Tocmai scotea o haină de-a lui Katie de pe umeraş, cea verde, una dintre preferatele lui Katie. Auzise un zornăit. Băgase mâna în buzunar şi descoperise sticla cu pastile. A rămas şocată, apoi şi mai şi când a văzut că pe cutie era numele lui Nel. Nu mai auzise de medicament — Rimato —, dar a căutat pe internet şi a descoperit că era un fel de pastilă de slăbit. *Vânzarea pastilelor e ilegală în Marea Britanie. Studii efectuate în Statele Unite au stabilit o corelaţie între utilizarea lor şi depresie şi tendinţe suicidale.*

— Ţi-a scăpat! zbieră ea. Mi-ai spus că nu avea nimic în sânge. Ai spus că Nel Abbott n-avea nicio legătură cu asta. Uite! strigă şi lovi cu pumnul în masă, făcând cutiuţa să sară-n sus. Vezi? Îi dădea fiică-mii pastile, pastile *periculoase*! Şi tu ai lăsat-o să scape.

Ciudat, dar în timp ce spunea toate astea, cât mă ataca, m-am simţit uşurat. Fiindcă acum exista un motiv. Dacă Nel îi dăduse lui Katie pastile, atunci puteam spune: „Uite, din cauza aia s-a întâmplat ce s-a întâmplat. Din cauza aia o fată deşteaptă şi fericită şi-a pierdut viaţa. Din cauza aia *două femei* şi-au pierdut viaţa".

Era o alinare, dar totodată era o minciună.

— Analizele de sânge au fost negative, Louise. Nu ştiu cât timp ăsta... Rimato? N-am idee cât rămâne în organism. N-avem de unde şti nici măcar dacă pastilele astea *sunt* Rimato, dar...

M-am ridicat, am scos o pungă de plastic din sertarul bufetului şi am întins-o deschisă către Louise. Luă cutiuţa de pe masă şi-i dădu drumul în punga pe care apoi am sigilat-o.

— Putem afla.

— Şi-atunci o să ştim, spuse ea, gâfâind din nou.

Adevărul era că nu, n-aveam cum să ştim. Chiar dacă erau urme de medicament în organismul ei, chiar dacă era ceva ce ne scăpase, n-aveam să aflăm ceva concludent.

— Ştiu că-i prea târziu — spunea Louise —, dar vreau să se ştie. Vreau să ştie toată lumea ce-a făcut Nel Abbott — Dumnezeule, se poate să fi dat pastile şi altor fete... Trebuie să vorbeşti despre asta cu nevastă-ta — ca directoare ar trebui să ştie că cineva vinde mizeria asta la ea în şcoală. Trebuie să percheziţionezi dulapurile elevilor, trebuie să...

— Louise — m-am aşezat lângă ea —, calmează-te. Evident că o să luăm în serios chestia asta, poţi fi sigură, dar nu avem de unde să ştim cum a ajuns cutia asta în posesia lui Katie. E posibil ca Nel Abbott să fi cumpărat pastilele pentru ea...

— Şi ce? Ce vrei să spui? Că le-a *furat* Katie? Cum îndrăzneşti măcar să sugerezi aşa ceva, Sean?! O cunoşteai...

Uşa de la bucătărie s-a zgâlţâit — se-nţepeneşte, mai ales după ploaie — şi s-a dat de perete. Era Helen, care arăta vraişte în pantaloni de trening şi-un tricou, cu părul ciufulit.

— Ce-i? Louise, ce s-a întâmplat?

Louise clătina din cap, dar n-a zis nimic, doar şi-a acoperit faţa cu mâinile.

M-am ridicat şi i-am spus lui Helen:

— Du-te la culcare. Nu-ţi face griji.

— Dar...

— Trebuie să mai stau un pic de vorbă cu Louise. E-n ordine. Du-te sus.

— Bine, a spus ea obosită, aruncând o privire femeii care suspina tăcut la masa din bucătăria noastră. Dacă zici tu...

— Zic.

Helen s-a strecurat pe tăcute din bucătărie, închizând uşa după ea. Louise s-a şters la ochi. Mă privea ciudat, întrebându-se, presupun, de unde venise Helen. I-aş fi putut explica: nu doarme bine, tata e şi el insomniac, uneori stau treji împreună, dezleagă rebus şi ascultă radioul. Aş fi putut explica, dar dintr-odată ideea mi s-a părut epuizantă, aşa că i-am zis:

— Louise, nu cred că ar fi furat ceva Katie. Sigur că nu. Dar e posibil să... nu ştiu, să le fi luat fără să-şi dea seama. O fi fost curioasă. Zici că erau în buzunarul unei haine? Poate le-a luat să se uite la ele şi-apoi a uitat.

— Fata mea nu lua lucruri din casele altora, răspunse acră Louise, iar eu am aprobat-o.

N-avea sens să ne certăm.

— Mâine, la prima oră, mă ocup de asta. Trimit cutia la laborator şi ne mai uităm o dată la rezultatele analizelor de sânge ale lui Katie. Louise, dacă mi-a scăpat ceva...

Clătină din cap:

— Ştiu că nu schimbă nimic. Ştiu că n-o s-o aducă înapoi. Dar m-ar ajuta pe mine. Să înţeleg.

— Ai dreptate. Sigur că da. Vrei să te duc acasă? Îţi aduc eu maşina dimineaţă.

Clătină iar din cap şi-mi zâmbi obosită.

— Sunt bine. Mulţumesc.

Ecoul mulţumirilor ei — nejustificate, nemeritate — a răsunat în tăcerea aşternută după plecarea ei. M-am simţit oribil şi am fost recunoscător să aud paşii lui Helen pe scări, urma să am companie.

— Ce se-ntâmplă? m-a întrebat, intrând în bucătărie. Arăta palidă şi foarte obosită, cu cearcăne ca nişte vânătăi. S-a aşezat la masă şi m-a luat de mână.

— Ce căuta Louise aici?

— A găsit ceva ce crede că ar putea avea legătură cu ceea ce s-a întâmplat cu Katie.

— Of, Doamne, Sean! Ce?

Am oftat zgomotos.

— N-ar trebui... probabil să discut despre asta în detaliu, nu încă.

Încuviinţând, m-a strâns de mână.

— Spune-mi şi mie, când ai confiscat ultima dată droguri în şcoală?

S-a încruntat.

— Păi, am găsit nişte marijuana la vagabondul ăla mic de Watson — Iain — la sfârşitul anului, dar înainte de asta... oh! A trecut ceva de-atunci. Cam din martie, cred, când cu Liam Markham.

— Atunci au fost pastile, nu?

— Da, ecstasy sau în orice caz ceva ce trecea drept ecstasy şi Rohypnol. A fost exmatriculat.

Îmi aminteam vag incidentul, deşi nu e genul de lucruri în care mă bag.

— De-atunci nimic? N-ai dat peste pastile de slăbit, nu?

A ridicat o sprânceană.

— Nu. În orice caz, nimic ilegal. Unele fete le iau pe alea albastre — cum le zice? Alli, parcă. Se dau fără reţetă, deşi nu cred că au voie să le vândă minorilor.

Strâmbă din nas.

— Le balonează ceva de speriat, dar se pare că e un preţ acceptabil pentru coapse cât mai suple.

— Pentru ce?

Helen îşi dădu ochii peste cap:

— Coapse suple! Toate vor picioare atât de subţiri, încât să formeze o paranteză între coapse. Zău, Sean, uneori parcă trăieşti pe altă planetă.

M-a strâns iar de mână.

— Uneori mi-aş dori să trăiesc şi eu acolo, cu tine.

Pentru prima dată după multă vreme am urcat împreună la culcare, dar n-am putut s-o ating. Nu după tot ce făcusem.

MIERCURI, 19 AUGUST

Erin

I-au trebuit Părosului, savantul, vreo cinci minute să găsească în folderul spam al lui Nel Abbott e-mailul cu chitanța pentru pastilele de slăbit. Din câte-şi dădea seama, cumpărase pastilele o singură dată, doar dacă nu avea un alt cont de e-mail, desființat între timp.

— Ce ciudat, nu? comentă unul dintre polițişti, unul dintre cei mai bătrâni, al cărui nume nu mi-am bătut capul să-l rețin. Era o femeie atât de subțire. N-aş fi crezut că avea nevoie de ele. Soră-sa, aia era grăsană.

— Jules? am spus. Nu-i grasă.

— Păi, mersi, acum nu e, să fi văzut-o pe vremuri.

Începu să râdă.

— Era o scroafă.

Şarmant ca naiba.

De când mi-a zis Sean despre pastile, am revăzut cazul lui Katie Whittaker. Era cât se poate de clar, cu toate că întrebarea *de ce* era apăsătoare... aşa cum se întâmplă adesea. Părinții n-au bănuit nimic. Profesorii au spus că poate că fusese un pic absentă, poate un pic mai rezervată ca de obicei, dar nimic alarmant. Analiza sângelui a fost curată. Nu avea antecedente de automutilare.

Singura chestie — şi nu prea era mare chestie — era o presupusă ceartă cu cea mai bună prietenă, Lena Abbott. Vreo două dintre prietenele de la şcoală ale lui Katie susţineau că se certaseră din nu se ştie ce motiv. Louise, mama lui Katie, spunea că se văzuseră mai rar, dar nu credea să se fi certat. Dacă s-ar fi certat, Katie i-ar fi pomenit de asta. Se mai certaseră şi altă dată — adolescentele se ceartă —, Katie fusese întotdeauna deschisă cu mama ei. Iar în trecut se împăcaseră întotdeauna. După o ceartă, Lenei îi păruse aşa de rău, că-i dăduse lui Katie un lănţişor cu medalion.

Însă colegele astea — Tanya Nu-ştiu-cum şi Ellie Cum-i-o-zice — ziceau că se întâmplase ceva rău, dar nu ştiau ce. Cu vreo lună înainte să moară Katie, ea şi Lena s-au certat „urât de tot" şi în final au fost despărţite la propriu de un profesor. Lena a negat furibundă, susţinând că Tanya şi Ellie o antipatizau şi încercau doar s-o bage-n bucluc. Louise sigur nu auzise de scandalul ăsta, iar profesorul implicat — Mark Henderson — susţinea că de fapt nu fusese o ceartă. Se băteau în joacă. Se hârjoneau. Hârjoana a devenit foarte zgomotoasă şi el le-a spus să se potolească. Asta a fost tot.

Citind dosarul lui Katie am trecut rapid peste asta, dar mi se tot învârtea în cap. Ceva nu părea în regulă. De când se bat fetele în joacă? Pare ceva ce-ar face mai degrabă băieţii. Poate-am asimilat mai mult sexism decât pot recunoaşte. Dar tocmai mă uitam la poze cu fetele alea — frumuşele, echilibrate, foarte aranjate şi puse la punct, mai ales Katie — şi nu-mi păreau deloc genul care să se bată-n joacă.

Când am parcat în fața Casei Morii, am auzit un zgomot şi m-am uitat în sus. Lena era aplecată pe una dintre ferestrele de la etaj, cu o țigară-n mână.

— Bună, Lena! am strigat.

N-a spus nimic, dar, foarte meticulos, a țintit în direcția mea şi a aruncat chiştocul cu un bobârnac. Apoi s-a retras, trântind geamul. Nu cred deloc în bătaia în joacă: cred că atunci când Lena Abbott se bate, se bate pe bune.

Jules mi-a deschis, privind agitată peste umărul meu.

— S-a întâmplat ceva? am întrebat-o.

Arăta groaznic: trasă la față, pământie, ochii încețoşați, părul nespălat.

— Nu pot să dorm, a spus moale. Pur şi simplu nu reuşesc să adorm.

S-a îndreptat spre bucătărie târâindu-şi picioarele, a pus ceainicul pe foc şi s-a prăbuşit la masă. Îmi amintea de soră-mea, la trei săptămâni după ce născuse gemenii — abia avea putere să-şi ridice capul.

— Poate-ar trebui să rugați un doctor să vă prescrie ceva, am sugerat, dar a clătinat din cap.

— Nu vreau să dorm prea adânc, spuse, făcând ochii mari, ceea ce-i dădu un aer maniacal. Trebuie să fiu vigilentă.

I-aş fi putut spune că văzusem pacienți în comă mai ageri decât ea, dar n-am făcut-o.

— Robbie Cannon ăsta de care întrebați, am zis.

Tresări şi începu să-şi roadă o unghie.

— Ne-am interesat. Aveți dreptate că e agresiv — are vreo două condamnări pentru violență domestică, printre altele. Dar n-a avut nimic de-a face cu moartea surorii tale. M-am dus în Gateshead — acolo stă — şi-am stat de vorbă cu el. În noaptea morții lui Nel era în Manchester, în vizită la fiul lui. Spune că n-a văzut-o de ani, dar când a citit în ziarul local că a murit, s-a hotărât să vină să-şi prezinte condoleanțele. Părea stupefiat că-l întrebăm despre asta.

— A...

Vocea îi era aproape o şoaptă.

— A pomenit de mine? Sau de Lena?

— Nu. Deloc. De ce întrebați? A fost pe-aici?

M-am gândit la ezitarea cu care-a deschis uşa, la cum se uitase peste umărul meu de parcă era cu ochii-n patru după cineva.

— Nu. Adică nu cred. Nu ştiu.

N-am reuşit să mai obțin ceva de la ea pe subiectul ăsta. Era clar că din nu ştiu ce motive îi era frică de el, dar nu voia să spună de ce. Era frustrant, dar am lăsat-o aşa, fiindcă aveam de discutat un alt subiect delicat.

— Nu mi-e uşor, i-am spus. Mă tem că trebuie să percheziționăm iar casa.

Se holba îngrozită la mine.

— De ce? Ați găsit ceva? Ce s-a întâmplat?

I-am povestit despre pastile.

— Of, Doamne!

Strânse pleoapele şi îşi lăsă capul în piept. Poate că reacția îi era atenuată de epuizare, dar nu părea şocată.

— Le-a cumpărat anul trecut, pe 18 noiembrie, de pe un site american. Nu reuşim să găsim dovezi ale altor achiziții, dar trebuie să ne asigurăm...

— Bine, spuse. Desigur.

Se frecă la ochi cu vârfurile degetelor.

— Vor veni după-amiază doi polițişti. De acord?

Ridică din umeri.

— Păi, dacă trebuie... dar... când ziceți că le-a cumpărat?

— Pe 18 noiembrie, am spus verificându-mi însemnările. De ce?

— Doar că... atunci e comemorarea morții mamei noastre. Mi se pare... mă rog, nu ştiu ce să zic.

Se încruntă.

— Doar că mi se pare ciudat, fiindcă Nel mă suna de obicei pe 18, iar anul trecut am remarcat că n-a sunat. Am aflat că era în spital, pentru o apendectomie de urgență. Mă intrigă că şi-ar fi irosit timpul cumpărând pastile de slăbit în timp era în spital ca să se opereze. Sunteți sigură că a fost pe 18?

Înapoi la secție, am verificat cu Părosul. Am avut dreptate în privința datei.

— Ar fi putut să le cumpere de pe mobil, sugeră Callie. Te plictiseşti rău în spital.

Dar Părosul clătină din cap:

— Nu, am verificat adresa de IP — cine-a plasat comanda a făcut-o la 4:17 p.m. de la un calculator conectat la routerul din Casa Morii. Trebuia să fie cineva aflat în sau pe lângă casă. Ştii la ce oră s-a dus la spital?

Nu ştiam, dar n-a fost greu să aflu. Nel Abbott a fost internată la primele ore ale zilei de 18 noiembrie, pentru o apendectomie de urgență, exact aşa cum spusese soră-sa. A rămas în spital toată ziua şi peste noapte.

Nel n-avea cum să fi cumpărat pastilele. Au fost comandate de altcineva care i-a folosit cardul, din casa ei.

— Lena, i-am spus lui Sean. N-are cine să fie decât Lena.

Încuviință cu o expresie sumbră pe chip.

— Va trebui să vorbim cu ea.

— Acum? l-am întrebat şi a aprobat.

— Nu lăsa pe mâine ce poți face azi, a spus. Adică imediat după ce copila şi-a pierdut mama. Doamne, ce mizerie!

Şi mizeria era pe cale să se-ntindă. Tocmai dădeam să plecăm când am fost opriți de Callie, superagitată.

— Amprentele! spuse cu respirația tăiată. Le-au găsit în sistem. Mă rog, nu chiar în sistem, fiindcă nu aparțin cuiva amprentat în cazul ăsta, doar că...

— Doar că ce? o repezi inspectorul.

— Un deştept s-a decis să compare amprenta de pe cutia cu medicamente cu cea de pe camera de luat vederi — ştiți dumneavoastră, aia spartă?

— Da, ne-amintim de camera spartă, răspunse Sean.

— Aşa, ei, bine, sunt identice. Şi înainte s-o spuneți, nu e amprenta lui Nel Abbott şi nici a lui Katie Whittaker. Altcineva a umblat cu ambele obiecte.

— Louise, spuse Sean. Louise Whittaker trebuie să fie.

Mark

Mark închidea fermoarul valizei când detectivul i-a bătut la uşă. Altul de data asta, altă femeie, un pic mai în vârstă şi nu atât de drăguță.

— Sergent detectiv Erin Morgan, a spus ea, strângându-i mâna. Pot să vă rețin câteva momente?

N-a invitat-o înăuntru. Casa era vraişte şi n-avea chef să fie amabil.

— Îmi fac bagajele, plec în vacanță. Mă duc diseară la Edinburgh s-o iau pe logodnica mea. Plecăm câteva zile în Spania.

— Nu durează mult, a spus sergentul Morgan, iar privirea i-a alunecat peste umărul lui, în casă.

A tras uşa în spatele lui, aşa că discuția a avut loc pe treptele de la intrare.

Presupunea că iar e vorba despre Nel Abbott. La urma urmelor, era unul dintre ultimii oameni care-o văzuseră în viață. În fața pubului schimbaseră câteva vorbe, apoi o urmărise pornind spre Casa Morii. Era pregătit pentru conversația aia. Dar nu pentru asta.

— Ştiu că aţi mai discutat despre acest subiect, dar trebuie să clarificăm câteva lucruri legate de evenimentele de dinaintea morţii lui Katie Whittaker, spuse femeia.

Mark simţi că i se accelera pulsul.

— Ce, ăăăă... ce-i cu ea?

— Am înţeles că aţi intervenit într-o ceartă dintre Lena Abbott şi Katie, cam cu o lună înainte de moartea lui Katie?

Gâtlejul lui Mark era uscat. S-a chinuit să înghită.

— N-a fost o ceartă.

Ridicase mâna ca să-şi apere ochii de soare.

— De ce... mă scuzaţi, dar de ce vorbim iarăşi despre asta? Credeam că moartea lui Katie a fost declarată sinucidere...

— Da — îl întrerupse detectivul —, da, a fost şi asta nu s-a schimbat. Însă bănuim că e posibil să fi fost... ăă... *circumstanţe* legate de moartea lui Katie, despre care n-am ştiut înainte şi care s-ar putea să necesite o investigaţie suplimentară.

Mark se răsucise brusc pe călcâie şi-mpinsese uşa de perete atât de tare că a ricoşat şi l-a lovit, când a păşit în holul de la intrare. Menghina îi strângea tot mai tare ţeasta, inima îi bubuia în piept, trebuia să plece din soare.

— Domnule Henderson? Vă simţiţi bine?

— N-am nimic.

Ochii i se obişnuiseră cu întunericul holului şi se întorsese să se uite la ea.

— Sunt bine. Mă doare puţin capul, atât. Lumina prea puternică, pur şi simplu...

— De ce nu beţi puţină apă? sugeră sergentul Morgan, zâmbind.

— Nu, răspunse, dându-şi seama pe loc ce ton ursuz avea. Nu-i nevoie, sunt bine.

Tăcere.

— Cearta, domnule Henderson? Dintre Lena şi Katie?

Mark a clătinat din cap:

— N-a fost o ceartă... Am spus asta atunci poliţiştilor. N-a trebuit să le *despart*. Nu... cel puţin nu aşa cum s-a insinuat. Katie şi Lena erau foarte apropiate, puteau să fie foarte exaltate şi volubile, cum multe fete — mulţi copii de vârsta lor pot fi.

Detectivul, stând în prag, în plin soare, era acum doar un contur fără chip, o umbră. O prefera aşa.

— Unii dintre profesorii lui Katie au spus că părea absentă, poate puţin mai rezervată ca de obicei, în săptămânile de dinaintea morţii ei. Aşa v-o amintiţi şi dumneavoastră?

— Nu, a răspuns Mark.

Clipea încet.

— Nu. Nu cred. Nu cred că se schimbase. N-am observat nimic diferit la ea. Nu m-am aşteptat. Noi... niciunul dintre noi n-a putut intui ce a urmat.

Avea vocea joasă şi tensionată, iar detectivul observase asta.

— Îmi pare rău să redeschid subiectul, spuse ea. Înţeleg cât de groaznic...

— Ştiţi ceva? Nu cred că înţelegeţi. Am văzut-o pe fata aia în fiecare zi. Era tânără şi deşteaptă şi... Era unul dintre cei mai buni elevi ai mei. Toţi o... îndrăgeam.

Se poticnise la *îndrăgeam*.

— Regret nespus, sincer. Dar ideea e că au ieşit la lumină nişte informaţii noi şi trebuie să le verificăm.

Mark aprobă din cap, străduindu-se s-o audă prin bubuitul sângelui în urechi; trupul îi era cuprins de o răceală de moarte, de parcă cineva turnase peste el benzină.

— Domnule Henderson, ni s-a dat de înțeles că e posibil ca fata să fi luat un medicament, ceva numit Rimato. Ați auzit de el?

Mark a privit-o concentrat. Acum îşi dorea să-i vadă ochii, voia să-i citească expresia.

— Nu... Am... Am crezut că au zis că nu luase nimic? Aşa a zis poliția atunci. Rimato? Ce-i aia? E... recreațional?

Morgan a negat:

— Sunt pastile pentru slăbit.

— Katie nu era supraponderală, spuse el, dându-şi seama cât de stupid suna. Însă vorbesc tot timpul despre asta, aşa-i? Adolescentele. Despre cât cântăresc. Şi nu numai adolescentele. Şi femeile în toată firea. Logodnica mea numai despre asta vorbeşte.

Adevărat, însă nu era *tot adevărul*. Fiindcă logodnica lui nu mai era logodnica lui, nu i se mai plângea întruna că era grasă şi nici nu-l aştepta ca să meargă împreună la Malaga. În ultimul ei e-mail, trimis cu ceva luni în urmă, îi urase numai suferință şi-i spusese că n-avea să-l ierte niciodată pentru cum se purtase.

Dar ce făcuse aşa de îngrozitor? Dacă ar fi fost un bărbat cu adevărat îngrozitor, rece, crud, nesimțit, ar fi amăgit-o de dragul aparențelor. La urma urmelor, ar fi fost în interesul lui. Dar el *nu era* un bărbat rău. Doar că, atunci când iubea, iubea deplin — şi ce era rău în asta?

După plecarea detectivului, umblă prin casă deschizând sertare, frunzărind cărți, căutând ceva ce ştia bine că n-avea să găsească. În noaptea de după solstițiul de vară, furios şi speriat, făcuse focul în grădina din spate şi aruncase felicitări, scrisori şi o carte. Alte cadouri. Dacă se uita acum pe fereastra dinspre spate, încă se mai vedea un mic petic de pământ ars, unde distrusese orice urmă a ei.

Deschizând sertarul biroului din living ştia exact ce-o să vadă, fiindcă nu era prima dată când făcea asta. Căutase cu disperare ceva ce-i scăpase, uneori de frică, alteori de durere. Dar în acea primă noapte fusese foarte meticulos.

Existau poze, ştia sigur, la şcoală, în biroul directorului. Un dosar. Închis acum, dar pus la păstrare. Avea cheia de la clădirea administrativă şi ştia exact unde să caute. Şi voia, *avea nevoie* să ia ceva cu el. Nu era un moft, era esenţial, aşa simţea, fiindcă viitorul era dintr-odată atât de nesigur. Nu se gândise la asta până acum, dar avea vaga bănuială că, atunci când avea să încuie uşa din spate, era posibil s-o facă pentru ultima dată. Poate că n-o să se mai întoarcă. Poate era timpul să dispară, s-o ia de la capăt.

A condus până la şcoală şi a lăsat maşina în parcarea goală. Uneori, Helen Townsend era acolo şi în timpul vacanţelor, dar azi maşina ei nu se vedea nicăieri. Era singur. A intrat în clădire şi a trecut pe lângă cancelarie, în drum spre biroul lui Helen. Uşa era închisă, dar, încercând clanţa, a descoperit că nu era încuiată.

În birou a remarcat mirosul chimic scârbos de şampon de covoare. A traversat încăperea către fişet şi a deschis primul sertar. Fusese golit, iar sertarul de dedesubt era încuiat. Cu un sentiment acut de dezamăgire, şi-a dat seama că totul fusese rearanjat, de fapt nu ştia prea bine unde să caute, poate făcuse drumul degeaba. S-a repezit scurt în hol, să se asigure că era tot singur — Vauxhallul lui roşu era în continuare singurul vehicul din parcare — şi s-a întors în biroul directorului. Cu grijă să nu deranjeze nimic, a deschis pe rând toate sertarele biroului lui Helen, în căutarea cheilor de la fişet. Nu le-a găsit, dar a găsit altceva: o podoabă pe care nu-şi imagina că ar purta-o Helen. Un obiect vag cunoscut: o brăţară din argint cu clemă din onix, cu literele *SJA* gravate pe ea.

A privit-o vreme îndelungată. Nu reuşea să-şi dea seama ce însemna faptul că *era aici*. Nu însemna nimic. N-avea cum să însemne ceva. A pus-o la loc în birou, şi-a abandonat căutările şi s-a întors la maşină.

Băgase cheia în contact când l-a izbit ca un fulger amintirea locului unde văzuse ultima dată brăţara aia: la mâna lui Nel, în faţa pubului. Vorbiseră puţin. O privise cum se îndreaptă spre Casa Morii. Dar înainte de asta, înainte să se despartă, în timp ce vorbeau se tot jucase cu ceva la încheietură şi iată, acolo o mai văzuse! S-a întors înapoi în biroul lui Helen şi a deschis sertarul, a luat brăţara şi a pus-o în buzunar. În timp ce făcea asta, ştia că, dacă l-ar întreba cineva de ce, n-ar fi capabil să-şi explice gestul.

Era ca şi cum, aflat în adâncuri, întindea mâinile după ceva, orice, ca să se salveze. Era ca şi cum căutase un colac de salvare şi găsise în schimb alge, de care se agăţase.

Erin

Când am ajuns, băiatul — Josh — stătea în fața casei ca un soldățel în planton, palid și vigilent. L-a salutat politicos pe inspector, pe mine m-a privit bănuitor. Avea un briceag elvețian, pe care-l deschidea și închidea cu degete tremurătoare.

— Mama e acasă, Josh? l-a întrebat Sean, iar el a confirmat.

— De ce vreți să vorbiți iar cu noi? a întrebat cu vocea ridicată până la un chițăit ascuțit.

Și-a dres glasul.

— Trebuie doar să verificăm câteva lucruri, a spus Sean. N-ai de ce să-ți faci griji.

— Era în pat, ne-a anunțat Josh cu privirea când la mine, când la Sean. În noaptea aia. Mama dormea. Toți dormeam.

— Care noapte? Despre ce noapte vorbești, Josh? am întrebat.

Se-nroșise, își coborâse privirea spre mâini și-și făcea de lucru cu briceagul. Un băiețel care încă nu învățase să mintă.

În spatele lui, maică-sa deschisese uşa. Ne-a privit şi a oftat, frecându-şi sprâncenele cu degetele. Avea faţa de culoarea ceaiului slab, iar când s-a întors către fiul ei, am remarcat că era adusă de spate, ca bătrânii. Îi făcuse semn să vină la ea şi i-a vorbit încet.

— Dar dacă vor să discute şi cu mine? l-am auzit întrebând.

Îşi puse mâinile ferm pe umerii lui:

— N-o să vrea, dragule, îi spuse. Hai, du-te.

Josh îşi închise briceagul şi-l lăsă să alunece în buzunarul de la blugi, fără să-şi ia ochii de la mine. Am zâmbit şi el mi-a întors spatele, după care a luat-o iute pe potecă, uitându-se doar o dată în urmă, exact când mama lui închidea uşa în urma noastră.

Am mers după Louise şi Sean până într-un living mare, luminos, ce se continua cu o seră modernă, ca un cub, care lăsa impresia că grădina era o prelungire a casei. Pe pajişte se vedeau un coteţ şi câteva găini Bentam albe, negre şi aurii, păsări frumoase care scurmau după mâncare. Louise ne-a făcut semn să ne aşezăm pe canapea. S-a lăsat în fotoliul din faţa noastră, încet şi cu grijă, ca un om cu o rană încă nevindecată, care se teme să n-o redeschidă.

— Aşadar, ce ai să-mi spui? l-a abordat pe Sean, ridicându-şi bărbia.

El i-a explicat că noile teste de sânge au avut aceleaşi rezultate ca şi primele: în organismul lui Katie nu era urmă de medicament.

Louise asculta clătinând din cap neîncrezătoare.

— Dar nu ştii — aşa-i? — cât rămâne în organism un medicament ca ăla. Sau în cât timp se manifesta ori îi dispar efectele. Nu poţi ignora asta, Sean...

— Nu ignorăm nimic, Louise, răspunse el calm. Îți spun doar ce-am aflat.

— Sunt sigură... în orice caz, e o infracțiune să furnizezi cuiva — unui copil — medicamente ilegale. Ştiu...

Şi-a muşcat buza de jos.

— Ştiu că e prea târziu s-o *pedepsiți*, dar nu credeți că ar trebui să se ştie ce-a făcut?

Sean n-a zis nimic. Mi-am dres vocea şi, când am început să vorbesc, Louise s-a uitat urât la mine.

— Doamnă Whittaker, din câte-am descoperit în legătură cu data achiziționării pastilelor, Nel n-ar fi avut cum să le cumpere. Deşi a fost folosit cardul ei de credit, se pare...

— Adică ce sugerați?

Ridicase vocea, furioasă.

— Katie i-a furat cardul, asta îmi spuneți?

— Nu, nu, nici gând de aşa ceva...

Expresia i s-a schimbat când şi-a dat seama.

— Lena, Lena a fost! a spus ea, cu un rictus de resemnare sumbră, lăsându-se pe spătar.

Nu ştiam sigur, i-a explicat Sean, evident că o vom interoga în legătură cu asta. De fapt, o aşteptam după-amiază la secție. A întrebat-o pe Louise dacă a mai găsit ceva suspect printre lucrurile lui Katie. Louise i-a respins întrebarea fără drept de apel.

— Asta e, a spus, aplecându-se-n față. Nu vezi? Combină pastilele cu locul ăsta şi cu faptul că fata petrecea atât de mult timp la familia Abbott, înconjurată de pozele şi poveştile alea şi...

S-a oprit. Nici ea nu părea complet convinsă de ce spunea. Chiar dacă ar fi avut dreptate, chiar dacă pastilele alea provocaseră depresia lui Katie, nimic nu schimba faptul că ea nu observase.

N-am spus-o, evident, şi-aşa mi-era destul de greu să-i pun următoarea întrebare. Louise tocmai se ridica greoi în picioare, crezând că discuţia se terminase, aşteptându-se să plecăm, şi a trebuit s-o opresc.

— Trebuie să mai clarificăm ceva, am spus.

— Da?

Rămăsese în picioare, cu braţele încrucişate la piept.

— Ne întrebam dacă aţi fi de acord să vă luăm amprentele...

M-a întrerupt înainte să apuc să-i explic:

— Pentru ce? De ce?

Sean se foia stânjenit pe scaun.

— Louise, avem o amprentă de pe cutia cu pastile pe care mi-ai dat-o care se potriveşte cu una de pe o cameră de filmat a lui Nel Abbott şi trebuie să ne lămurim de ce. Asta-i tot.

Louise se aşezase la loc.

— Păi, probabil că-s ale lui Nel. Nu credeţi?

— Nu sunt ale lui Nel, am răspuns. Am verificat. Şi nici ale fiicei dumneavoastră.

La auzul acestor vorbe, tresări:

— Bineînţeles că nu-s ale lui Katie. Ce treabă ar fi avut Katie cu camera?

A strâns buzele şi a dus mâna la medalion, plimbând micuţa pasăre pe lănţişor încolo şi-ncoace. A oftat adânc.

— Păi, sunt ale mele, desigur. Sunt ale mele.

S-a întâmplat la trei zile după moartea fetei ei, ne-a povestit.

— M-am dus acasă la Nel Abbott. Eram... mă rog, mă-ndoiesc că vă puteţi imagina în ce hal eram, dar puteți încerca. I-am bătut la ușă, dar n-a vrut să iasă. N-am renunțat, am stat acolo și-am dat cu pumnii în ușă și-am strigat-o până ce, într-un final — spuse, dându-și de pe față o șuviță de păr —, Lena a deschis. Plângea în hohote, era practic isterică. A făcut o adevărată scenă.

Încerca să zâmbească, dar nu reușea.

— I-am spus niște vorbe... crude, să zicem, acum, că mă gândesc, dar...

— Ce vorbe? am întrebat.

— Nu... nu-mi amintesc prea bine detaliile.

Stăpânirea de sine începea să i se clatine, respirația i se accelerase și mâinile i se încleștau de brațele fotoliului atât de tare, încât pielea măslinie de la încheieturi i se îngălbenise.

— Nel trebuie să mă fi auzit. A ieșit și mi-a spus să le las în pace. A spus — Louise a hohotit scurt — că-i *pare rău pentru pierderea mea*. Îi părea rău pentru pierderea mea, dar n-avea nicio legătură cu ea, nici cu fata ei. Lena era pe jos, țin minte, și scotea un sunet... ca un animal. Un animal rănit.

S-a oprit ca să-și tragă sufletul, după care a continuat:

— Ne-am certat, eu și cu Nel. A fost chiar dur.

I-a zâmbit palid lui Sean.

— Te miri? N-ai mai auzit povestea? Am crezut că ți-a zis Nel... sau măcar Lena. Da, mă rog... n-am lovit-o, doar m-am repezit la ea, iar ea m-a respins. I-am cerut să-mi arate ce înregistrase camera. Voiam... nu voiam să văd, dar voiam mai mult decât orice ca ea să nu... N-am putut îndura...

Louise a cedat.

E cumplit să privești un om zdrobit de durere; actul privitului pare violent, intruziv, o violare. Cu toate astea, o facem tot timpul, trebuie doar să suportăm cum putem. Sean a făcut față plecându-şi capul şi rămânând neclintit; eu, distrăgându-mi atenția de la ea: m-am uitat la găinile care scurmau pajiştea. M-am uitat la bibliotecă şi-am trecut cu privirea peste romane contemporane de calitate şi cărți de istorie militară; am remarcat pozele înrămate de pe şemineu. Poza de la nuntă, cea de familie şi poza unui bebeluş, doar a unuia, un băiețel îmbrăcat în albastru. Unde era poza lui Katie? Am încercat să-mi imaginez ce-aş simți luând poza copilului meu din locul unde e expusă cu mândrie şi ascunzând-o într-un sertar. Când am privit spre Sean, am văzut că nu mai ținea capul plecat, ci se uita urât la mine. Am remarcat că în încăpere se auzea un țăcănit şi venea de la mine, era zgomotul pixului meu lovindu-se de carnețel. N-o făceam intenționat. Tremuram din cap până-n picioare.

A trecut o eternitate până ce Louise a vorbit din nou:

— N-am putut îndura gândul că *Nel* avea să fie ultimul om care-mi vedea copilul. Mi-a spus că nu era nimic filmat, camera nu funcționa şi, chiar dacă ar fi funcționat, era sus, pe faleză, deci n-ar fi... n-ar fi surprins-o!

A suspinat din rărunchi şi un fior i-a străbătut trupul, de la umeri la genunchi.

— N-am crezut-o. Nu puteam risca. Dacă era ceva pe cameră şi ea folosea filmarea? Dacă-mi arăta fata întregii lumi, aşa, singură, speriată şi...

Se oprise şi trăgea adânc aer în piept.

— I-am spus... Lena sigur v-a povestit toate astea, nu? I-am spus că n-o să am linişte până n-o văd că plăteşte pentru ce-a făcut. Apoi am plecat. M-am dus pe faleză şi-am încercat să deschid camera ca să scot din ea cardul de memorie, dar n-am reuşit. M-am căznit s-o smulg de pe stativul pe care era montată şi atunci mi-am distrus o unghie.

Ridicase mâna stângă — unghia arătătorului era boantă şi deformată.

— I-am tras câteva şuturi şi-am zdrobit-o cu o piatră. Apoi m-am dus acasă.

Erin

Când am plecat, Josh era aşezat pe bordura de vizavi de casă. Ne-a urmărit cu privirea până am ajuns la maşină şi, de îndată ce ne-am îndepărtat vreo cincizeci de metri, a traversat iute şi a dispărut în casă.

— *N-avea să aibă linişte până n-o vedea pe Nel că plăteşte?* am repetat când am ajuns la maşină. Nu vi se pare că sună a ameninţare?

Sean mă privea cu familiara lui expresie neutră, cu mutra aia enervantă de nu-sunt-chiar-acasă. N-a zis nimic.

— Adică, nu vi se pare bizar că Lena nici măcar n-a pomenit de incident? Iar Josh? Faza aia cum că dormeau toţi? A fost o minciună aşa de evidentă...

M-a aprobat cu o mişcare scurtă a capului.

— Da, aşa părea. Dar n-aş pune mare preţ pe poveştile unui copil îndurerat. N-avem de unde şti ce simte, ce-şi imaginează sau ce crede că ar trebui ori n-ar trebui să spună. Ştie că ştim că maică-sa o duşmănea pe Nel Abbott şi-mi închipui că se teme să nu fie acuzată de ceva, să nu-i fie luată. Gândeşte-te cât a pierdut deja.

A făcut o pauză.

— Cât despre Lena, dacă a fost atât de isterică, după cum spune Louise, s-ar putea să nu-şi amintească prea bine incidentul, e posibil să țină minte prea puțin în afara propriei deznădejdi.

Personal, mi se părea dificil să suprapun descrierea făcută de Louise — o fiară rănită, urlând de durere — cu fata independentă şi uneori veninoasă pe care-o cunoscusem. Mi se părea bizar că reacția ei față de moartea prietenei ei a fost atât de extremă, de viscerală, în timp ce reacția față de moartea mamei a fost atât de *reținută*. Să fi fost, oare, Lena atât de afectată de suferința lui Louise, de convingerea acesteia că Nel era vinovată de moartea lui Katie, încât ajunsese să creadă şi ea asta? Mi s-a făcut pielea de găină. Nu părea plauzibil, dar dacă, la fel ca Louise, Lena o învinovățea pe mama ei pentru moartea lui Katie? Şi dacă se hotărâse să acționeze?

Lena

De ce adulții pun mereu întrebările nepotrivite? Pastilele. Asta-i preocupă acum. Nenorocitele alea de pastile tâmpite de slăbit — aproape că uitasem de ele, s-a întâmplat demult. Şi-acum au hotărât ei că PASTILELE EXPLICĂ TOTUL, aşa că a trebuit să mă duc la secție — cu Julia, care e *adultul responsabil* de mine. M-a făcut să râd. Este, cumva, cel mai puțin responsabil adult posibil în situația dată.

M-au dus într-o cameră din partea din spate a secției, care nu arăta ca la televizor, era doar un birou. Ne-am aşezat toți la o masă şi femeia aceea — sergentul Morgan — a pus întrebările. În general. A întrebat câte ceva şi Sean, dar mai mult ea.

Am spus adevărul. Am cumpărat pastilele cu cardul mamei, fiindcă mă rugase Katie şi niciuna dintre noi n-avea habar că fac rău. Sau, în orice caz, eu nu ştiam, iar dacă ea ştia, nu mi-a zis nimic.

— Nu pari prea îngrijorată — a remarcat sergentul Morgan — că e posibil ca pastilele să fi contribuit la starea de spirit negativă pe care-o avea la sfârşitul vieții.

Mi-am muşcat limba de era să rămân fără ea.

— Nu, i-am zis. Nu sunt îngrijorată. Katie n-a făcut ce-a făcut din cauza unor pastile.

— Atunci de ce?

Ar fi trebuit să-mi dau seama că avea să se agațe de asta, aşa că am continuat să vorbesc.

— Nici n-a luat prea multe. Doar câteva, probabil nu mai mult de patru sau cinci. Numără pastilele, i-am spus lui Sean. Sunt aproape sigură că am comandat treizeci şi cinci. Numără-le.

— O să le numărăm, a zis.

Apoi a întrebat:

— Ai mai furnizat pastile şi altora?

Am negat, dar nu s-a mulțumit cu atât.

— E important, Lena.

— Ştiu că e, i-am spus. Nu le-am cumpărat decât o singură dată. Îi făceam un serviciu unei prietene. Doar atât. Pe cuvânt!

S-a lăsat pe spătarul scaunului.

— Bine, dar nu reuşesc deloc să înțeleg de ce ar fi vrut Katie să ia astfel de pastile.

S-a uitat la mine, apoi la Julia, de parcă ea ştia răspunsul.

— Doar nu era supraponderală.

— Ei, nici slabă nu era, am spus, iar Julia a scos un sunet ciudat, o combinație între o pufnitură şi un hohot de râs, iar când m-am uitat la ea, mă privea de parcă mă *ura*.

— Aşa-i spuneau ceilalți? m-a întrebat sergentul Morgan. La şcoală? Erau comentarii despre greutatea ei?

— Dumnezeule!

Mi-era din ce în ce mai greu să-mi păstrez calmul.

— Nu. Katie nu era hărțuită verbal. Ştiți ceva? Îmi zicea schelet ambulant tot timpul. Râdea de mine, ştiți voi...

M-am ruşinat fiindcă Sean se uita fix la mine, dar acum, că începusem, trebuia să termin.

— Fiindcă n-am balcoane, mă făcea schelet ambulant, iar eu îi răspundeam uneori cu vacă grasă şi *niciuna dintre noi nu vorbea serios*.

Nu pricepeau. Nu pricep niciodată. Problema era că nu puteam explica totul ca lumea. Uneori nu pricepeam nici eu, fiindcă, deşi nu era slabă, n-o deranja asta. Nu vorbea niciodată despre asta, cum fac altele. Eu n-a trebuit să încerc vreodată, dar Amy şi Ellie şi Tanya, da. Ba se înfometau, ba nu mâncau carbohidraţi, ba vomitau sau mai ştiu eu ce. Dar lui Katie nu-i păsa, îi *plăcea* să aibă ţâţe. Îi plăcea cum arăta corpul ei sau i-a plăcut întotdeauna. Apoi... jur că nu ştiu de unde i s-a tras — vreun comentariu imbecil pe Instagram, o remarcă tâmpită a unui retardat la şcoală, şi i s-a pus pata. Atunci mi-a cerut pastilele. Dar, până să le primesc, părea să fi depăşit momentul — şi a zis că oricum n-aveau efect.

Am crezut că interogatoriul s-a terminat. Am crezut că m-am făcut înţeleasă, dar atunci sergentul Morgan a luat-o în cu totul altă direcţie şi m-a întrebat despre ziua în care Louise a venit pe la noi, imediat după moartea lui Katie. *Normal* că-mi amintesc ziua aia. Cum s-o uit? A fost una dintre cele mai groaznice din viaţa mea. Şi-acum mă supăr, numai cât mă gândesc.

— N-am văzut în viaţa mea aşa ceva — le-am spus — cum era Louise în ziua aia.

A aprobat, după care m-a întrebat, toată numai grijă sinceră:

— Când Louise i-a spus mamei tale că „n-avea să aibă linişte până n-o vede că plăteşte“, ce-ai înţeles? Ce crezi c-a vrut să spună?

Şi-atunci mi-am ieşit din minţi:

— N-a vrut să spună *nimic*, imbecilo!

— Lena!

Sean se uita fioros la mine.

— Te rog să-ţi controlezi limbajul.

— Păi, scuze, dar pe bune! Louisei tocmai îi murise fata, nici măcar nu ştia ce spune. Era complet *înnebunită*.

Mă pregăteam să plec, dar Sean m-a rugat să rămân.

— Dar nu sunt obligată, corect? Nu sunt arestată, nu?

— Nu, Lena, sigur că nu.

I-am vorbit lui, fiindcă înţelegea:

— Louise nu vorbea serios. Era total isterică. Turbată. Ţii minte, nu? Cum era? Adică, normal că zicea tot felul de chestii, aşa făceam toţi, cred că toţi am luat o un pic razna după ce-a murit Katie. Dar — să fim serioşi — Louise n-a rănit-o pe mama. Sinceră să fiu, cred că, dacă ar fi avut în ziua aia la ea un pistol sau un cuţit, poate c-ar fi făcut-o. Dar nu.

Am vrut să spun tot adevărul. Chiar. Nu femeii-detectiv, nici măcar Juliei, am vrut să-i spun lui Sean. Dar n-am putut. Ar fi fost o trădare şi, după ce făcusem singură, n-o puteam trăda acum pe Katie. Aşa că am spus tot ce-am putut:

— Louise nu i-a făcut nimic mamei, clar? Nimic. Mama a luat decizia de capul ei.

M-am ridicat să plec, dar sergentul Morgan nu terminase. Se uita la mine cu o expresie bizară, de parcă nu credea o vorbă din ce spusesem, apoi a zis:

— Ştii ce mi se pare mie tare ciudat, Lena? Nu pari absolut deloc curioasă să afli de ce-a făcut Katie ce-a făcut şi de ce-a făcut *maică-ta* ce-a făcut. Când cineva moare aşa, întrebarea pe care-o pune toată lumea este *de ce*.

De ce-au făcut aşa ceva? De ce şi-au curmat vieţile când aveau atâtea motive să trăiască? Dar tu nu. Şi singurul motiv — *singurul motiv* — care-mi trece prin cap e că tu ştii deja răspunsul.

Sean m-a luat de braţ şi m-a scos din birou înainte să apuc să mai zic ceva.

Lena

Julia a vrut să mă ducă acasă cu maşina, dar i-am spus că aveam chef să mă plimb. Nu era adevărat, dar a) nu voiam să fiu singură cu ea în maşină şi b) îl văzusem pe Josh peste drum, învârtindu-se în cerc cu bicicleta, şi mi-am dat seama că mă aştepta.

— Salve, Josh! am spus, când a venit la mine.

Când avea vreo nouă–zece ani, a început să spună „Salve“ în loc de bună ziua, iar eu şi Katie nu l-am mai slăbit cu miştourile. De obicei râde, dar nu şi de data asta. Arăta speriat.

— Ce-i Josh? Ce s-a întâmplat?

— Ce te-au întrebat? a spus cu vocea lui şuşotită.

— Nimic, stai liniştit. Au găsit nişte pastile pe care le lua Katie şi ei cred că alea au de-a face cu... ce s-a întâmplat. Se înşală, desigur. Nu-ţi face griji.

L-am îmbrăţişat scurt şi s-a tras înapoi, n-a mai făcut niciodată asta. De obicei abia aşteaptă un pretext ca să-l îmbrăţişez sau să mă ţină de mână.

— Te-au întrebat de mama?

— Nu. Adică, mda, oarecum. Puțin. De ce?

— Nu știu, a zis fără să se uite la mine.

— Josh? De ce?

— Cred că ar trebui să mărturisim, a spus el.

Am simțit pe braț primii stropi calzi de ploaie și m-am uitat spre cer. Era sinistru de înnegurat, prevestind o furtună.

— Nu, Josh. N-o să spunem nimic.

— Trebuie, Lena.

— Nu! am spus iar și l-am înșfăcat de braț mai tare decât intenționam, iar el a scheunat ca un cățeluș călcat pe coadă. Am promis. *Ai* promis.

A scuturat din cap, așa că mi-am înfipt unghiile în brațul lui.

Începuse să plângă.

— Dar la ce mai folosește acum?

I-am dat drumul și mi-am pus mâinile pe umerii lui, obligându-l să mă privească.

— Promisiunea e promisiune, Josh. Vorbesc serios. Nu spui nimănui.

Într-un fel avea dreptate, tăcerea noastră nu mai folosea la nimic. Nu mai era benefică nimănui. Chiar și-așa, n-o puteam trăda. Dacă ar fi știut de Katie, ar fi pus întrebări și despre ce s-a întâmplat după aceea și nu voiam să știe nimeni ce-am făcut, eu și mama. Ce-am făcut și ce n-am făcut noi.

N-am vrut să-l las așa pe Josh și oricum nu voiam să mă duc acasă; l-am strâns puțin de umeri ca să-l încurajez, apoi i-am luat mâna.

— Hai, vino cu mine. Știu ce putem face ca să ne simțim mai bine.

S-a înroșit ca focul și-am început să râd.

— Nu *aia*, perversule!

Atunci a început şi el să râdă şi şi-a şters lacrimile.

Ne-am îndreptat tăcuți spre capătul sudic al oraşului, Josh mergând pe lângă bicicletă. Nu era nimeni în jur, ploaia cădea tot mai tare şi simțeam cum Josh îmi arunca din când în când câte o privire furişată, fiindcă tricoul meu ud era acum complet transparent şi nu purtam sutien. Mi-am încrucişat brațele la piept şi s-a înroşit iar. Am zâmbit, dar n-am spus nimic. De fapt, n-am vorbit deloc până n-am ajuns pe strada lui Mark, când Josh a întrebat:

— De ce-am venit aici?

M-am mulțumit sa-i zambesc larg.

Când am ajuns la uşa lui Mark, m a întrebat iar:

— Lena, de ce-am venit aici?

Părea speriat din nou, dar şi exaltat, eu simțeam cum îmi goneşte adrenalina prin corp, făcându-mă să mă simt uşor amețită.

— De asta, am spus.

Am cules o piatră de sub gardul viu şi-am azvârlit-o cât de tare am putut în fereastra mare de pe fațada casei lui. A trecut prin ea lăsând în urmă doar o mică gaură.

— Lena! a strigat Josh uitându-se neliniştit în jur, ca să vadă dacă ne urmărea cineva. Nu era nimeni. I-am rânjit, am luat altă piatră şi-am repetat mişcarea, dar de data asta am făcut zob fereastra şi toată sticla s-a prăbuşit.

— Hai, i-am zis şi i-am întins o piatră, după care am mers împreună de jur împrejurul casei.

Parcă eram îmbătați de ură — râdeam, țipam şi-l făceam pe nenorocitul ăla cum ne venea la gură.

Bulboana Înecaților

Katie, 2015

În drum spre râu se oprea din când în când să ia de pe jos o piatră sau o cărămidă, pe care o punea în rucsac. Era frig şi încă nu se luminase de ziuă, deşi, dacă s-ar fi întors să se uite înapoi, spre mare, ar fi văzut la orizont o tentă cenuşie. Nu s-a uitat înapoi, nici măcar o dată.

La început a mers cu pas iute, la vale, către centrul orăşelului, mărind distanța dintre ea şi casă. Nu s-a dus direct la râu; voia să meargă pentru ultima dată prin locul în care crescuse, pe lângă şcoala primară (fără să îndrăznească s-o privească, de teamă ca amintirile copilăriei să n-o țintuiască-n loc), pe lângă magazinul cu obloanele încă trase, pe lângă pajiştea pe care tatăl ei încercase şi eşuase s-o învețe să joace cricket. A mers pe lângă casele prietenelor ei.

Pe Seward Road avea de vizitat o casă anume, dar nu a reuşit să-şi ia inima-n dinți ca să meargă pe-acolo, aşa că a ales alta, încetinind pe măsură ce povara i se îngreuna, pe măsură ce drumul începea să urce înapoi spre partea veche a oraşului, unde străzile se îngustează între case de piatră înveşmântate în trandafiri cățărători.

Şi-a continuat drumul spre nord, pe lângă biserică, până ce strada a cotit scurt la dreapta. A traversat râul, oprindu-se o clipă pe podul arcuit. S-a uitat în jos, la apa lucioasă şi netedă, care aluneca iute peste pietre. Vedea sau poate doar îşi imagina silueta întunecată a vechii mori, cu imensa roată neclintită putredă, neînvârtită de jumătate de secol. S-a gândit la fata care dormea înăuntru şi şi-a pus mâinile învineţite de frig pe balustrada podului, ca să le oprească tremuratul.

A coborât treptele abrupte din piatră care duceau dinspre stradă către poteca de pe malul râului. Pe aici putea merge pe jos până-n Scoţia, dacă voia. O mai făcuse, în vara trecută. Erau şase, cu corturi şi saci de dormit, făcuseră drumul în trei zile. Noaptea campau lângă râu, beau la lumina lunii vin cumpărat ilegal şi spuneau poveştile râului, cele cu Libby, Anne şi toate celelalte. Atunci nu şi-ar fi imaginat nici într-o mie de ani că într-o zi avea să le calce pe urme, că destinul ei era împletit cu al lor.

La jumătate de milă de la pod către Bulboana Înecaţilor, a încetinit şi mai mult. Rucsacul îi atârna greu pe umeri şi formele dure din el îi împungeau dureros şira spinării. A plâns puţin. Oricât de tare se străduia, nu reuşea să nu se gândească la mama ei, iar ăsta era cel mai rău, cel mai cumplit lucru.

Când a trecut pe sub bolta fagilor de pe malul râului, era atât de întuneric, că abia vedea pe unde merge, iar asta o alina cumva. Poate n-ar fi fost rău să se aşeze un pic, să-şi scoată rucsacul şi să se odihnească, dar ştia că nu putea. Dacă ar fi făcut-o, avea să răsară soarele şi-atunci ar fi fost prea târziu şi totul avea să fie la fel şi ar aştepta o altă zi în care să se scoale înaintea zorilor, ca să iasă din casă când toată lumea doarme. Aşa că a pus un picior înaintea celuilalt.

Un picior înaintea celuilalt până la capătul desişului, un picior înaintea celuilalt ca să se-abată de la potecă, o mică poticneală în jos, pe mal, şi-apoi un picior înaintea celuilalt, în apă.

Jules

Inventai poveşti. Rescriai istoria, o repovesteai conform părerii tale, versiunea ta personală asupra adevărului.

(Aroganță, Nel. Câtă *uluitoare* aroganță.)

Nu ştii ce i s-a întâmplat lui Libby Seeton şi sigur nu ştii la ce se gândea Katie când a murit. Notițele tale sunt cât se poate de clare:

În noaptea solstițiului de vară, Katie Whittaker a intrat în Bulboana Înecaților. Urmele paşilor ei au fost descoperite la extremitatea sudică a plajei. Purta o rochie verde de bumbac şi la gât un lănțişor simplu, o pasăre albastră pe care era gravat „cu dragoste". În spate avea un rucsac umplut cu cărămizi şi bolovani. Analizele făcute după moartea ei au arătat că nu fusese sub influența alcoolului, nici a vreunui drog.

Katie nu a avut în istoric afecțiuni psihice şi nici n-a încercat vreodată să se automutileze. Era o elevă bună, drăguță şi populară. Poliția nu a găsit dovezi cum că ar fi fost terorizată de cineva, nici în viața reală, nici pe rețelele de socializare.

Katie provenea dintr-o familie bună, armonioasă. Katie era iubită.

Stăteam turceşte pe podeaua biroului tău, frunzărindu-ţi hârţoagele în semiîntunericul după-amiezii târzii, căutând răspunsuri. Căutând *ceva*. Printre notiţe — care erau dezorganizate, un talmeş-balmeş de mâzgăleli abia lizibile pe margini, cuvinte subliniate cu roşu sau tăiate cu linii negre — erau şi poze. Într-un dosar ieftin din carton am găsit poze tipărite pe hârtie fotografică de proastă calitate: Katie cu Lena, două fetiţe zâmbind larg către aparat, fără să facă botic, fără să pozeze, parcă venite dintr-o îndepărtată epocă inocentă, pre-Snapchat. Flori şi mici daruri lăsate la marginea bulboanei, ursuleţi, mărunţişuri. Urme de paşi în nisip, la marginea bulboanei. Presupun că nu ale ei. Doar nu sunt urmele *reale* ale lui Katie, nu? Nu, trebuie să fi fost versiunea ta, o reconstituire. I-ai păşit pe urme, aşa-i? Ai călcat pe urmele ei fiindcă n-ai rezistat să vezi cum trebuie să se fi simţit.

Ai avut întotdeauna obsesia asta. Când erai mai mică, erai fascinată de actul fizic, de oase şi măruntaie. Întrebai: Ar durea? Cât timp? Cum e să loveşti suprafaţa apei căzând de la mare înălţime? Oare simţi cum te rupi pe dinăuntru? Te gândeai mai puţin, cred, la restul actului: cum ajungea cineva în vârful falezei sau la marginea plajei, continuând să păşească înainte.

În spatele dosarului era un plic cu numele tău mâzgălit pe el. Înăuntru era un bilet cu un scris şovăielnic pe hârtie dictando:

Am vorbit serios ieri. Nu vreau ca tragedia fetei mele să facă parte din „proiectul" tău macabru. Nu doar pentru că mi se pare scârbos gândul că ai profita financiar din asta. Ți-am spus de nenumărate ori, cred că ceea ce faci e TOTAL IRESPONSABIL, iar moartea lui Katie DOVEDEŞTE CĂ AM AVUT DREPTATE. Dacă ai avea o brumă de compasiune, te-ai opri şi ai accepta faptul că tot ce scrii, tipăreşti, spui şi faci are consecințe. Nu mă aştept să mă asculți — în trecut n-ai dat niciodată vreun semn că ai face-o. Dar dacă o să continui pe calea aceasta, nu mă îndoiesc că într-o zi cineva o să te facă să asculți.

Era clar că venea de la mama lui Katie, chiar nesemnat. Te-a avertizat — şi nu doar o dată. La secția de poliție o auzisem pe polițistă întrebând-o pe Lena despre un incident care-a avut loc imediat după moartea lui Katie, cum te-a amenințat şi ți-a spus că o să te facă să plăteşti. Asta voiai să-mi spui? Îți era frică de ea? Credeai că o să te atace?

Imaginea ei, a femeii cu privirea rătăcită, înnebunită de durere, vânându-te... era îngrozitoare, mă înspăimânta. Nu mai voiam să fiu aici, printre lucrurile tale. M-am ridicat în picioare şi brusc casa a părut să se mişte, să se-ncline ca o corabie. Simțeam cum râul împinge în roată, forțând-o să se învârtă, cum apa se strecura prin crăpături lărgite complice de alge.

M-am sprijinit de fişet, apoi am urcat în living, cu urechile țiuind a tăcere. Am stat acolo puțin, ca să mi se acomodeze ochii cu lumina puternică, şi o clipă am fost sigură că am văzut pe cineva pe bancheta de la geam, în locul unde pe vremuri stăteam eu. Doar o clipă, apoi a dispărut, dar inima mi se izbea de coaste şi părul mi se făcuse măciucă. Era cineva sau fusese cineva aici. Ori cineva urma să vină.

Respirând rapid şi întretăiat, aproape că am alergat spre uşa din faţă, care era încuiată, exact cum o lăsasem. Dar în bucătărie era un miros ciudat, diferit de cel normal, dulce ca parfumul, iar fereastra era larg deschisă. Nu-mi aminteam să fi deschis-o.

M-am dus la congelator şi-am făcut ceva ce nu fac aproape niciodată — mi-am turnat de băut: vodcă rece, vâscoasă. Am umplut un pahar şi l-am băut repede; m-a ars pe gât în jos, până-n stomac. Mi-am mai turnat unul.

Mi se-nvârtea capul şi m-am sprijinit de masa din bucătărie ca să mă ţin pe picioare. Eram cu ochii-n patru, cred, după Lena. Dispăruse iar, după ce refuzase să o aduc acasă cu maşina. Pe de-o parte eram recunoscătoare, nu doream să împart acelaşi spaţiu cu ea. Mi-am spus că motivul era furia mea pe ea — dăduse pastile de slăbit unei alte fete, pe care-o umilise pentru cum arăta —, dar mă temeam de ceva ce spusese femeia-detectiv. Că Lena nu e curioasă, pentru că deja ştie. Nu reuşeam să-mi scot din minte chipul ei, poza aia de sus, cu dinţii ascuţiţi şi rânjetul de animal de pradă. Ce ştie Lena?

M-am întors în birou şi m-am aşezat iar pe podea, am adunat notiţele pe care le scosesem şi-am început să le rearanjez, încercând să le pun într-o ordine şi să-mi fac o idee clară despre povestea ta. Când am ajuns la poza cu Katie şi Lena, m-am oprit. Pe suprafaţa ei era o urmă de cerneală, chiar sub bărbia Lenei. Am întors poza. Pe spate era scris un singur rând. L-am citit cu voce tare: *Uneori, femeile nesupuse au grijă de ele.*

Camera s-a întunecat. Am ridicat capul şi un ţipăt mi-a rămas în gât. N-o auzisem, n-auzisem uşa de la intrare şi nici paşii ei traversând livingul. Brusc era acolo, în prag, blocând lumina şi, de unde stăteam, silueta umbrită era a lui Nel. Apoi umbra a înaintat în cameră şi-am văzut-o pe Lena, mânjită pe faţă cu noroi, cu mâinile mizerabile şi părul încâlcit şi zburlit.

— Cu cine vorbeşti? m-a întrebat.

Ţopăia de pe-un picior pe altul şi arăta exaltată, agitată.

— Nu vorbeam, ci...

— Ba da, a chicotit ea. Te-am auzit. Cu cine...

Şi-atunci s-a întrerupt şi rânjetul i-a dispărut la vederea pozei.

— Ce faci cu poza aia?

— Citeam doar... voiam...

N-am apucat să termin, că era alături, aplecată deasupra mea, şi m-am făcut mică. S-a repezit şi mi-a smuls poza din mână.

— Ce faci cu poza asta?

Tremura, cu dinţii încleştaţi şi faţa congestionată de furie. M-am ridicat repede în picioare.

— Asta n-are de-a face cu tine!

Mi-a întors spatele, a pus poza lui Katie pe birou şi a mângâiat-o.

— Cine ţi-a dat dreptul să faci asta? m-a întrebat cu voce tremurândă, întorcându-se iar spre mine. Să-i umbli în lucruri, să i le-atingi? Cine ţi-a dat voie să faci aşa ceva?

Când a făcut un pas spre mine, a lovit paharul de vodcă cu piciorul şi l-a făcut zob de perete. A căzut în genunchi şi a început să adune însemnările pe care le ordonam.

— N-ar trebui să te atingi de astea!

Mai că făcea spume la gură de furie.

— Astea n-au nicio legătură cu tine!

— Lena, opreşte-te!

S-a smucit brusc, icnind de durere. Se sprijinise cu mâna pe un ciob şi sângera. A apucat un teanc de hârtii şi le-a strâns la piept.

— Vino-încoace, am spus încercând să-i iau hârtiile. Sângerezi.

— Nu mă atinge!

Pusese hârtiile grămadă pe birou. Privirea mi-a fost atrasă de sângele mânjit de-a latul foii de deasupra şi la vorbele tipărite sub el: *Prolog*, cu litere groase, şi dedesubt: *Când aveam şaptesprezece ani, am salvat-o pe soră-mea de la înec.*

Am simţit cum mi se urcă-n gât un râs isteric; a izbucnit atât de sonor, că Lena a sărit în sus. Se holba uluită la mine. Am râs şi mai tare, de expresia furibundă de pe faţa ei frumoasă, de sângele care-i picura din degete pe podea. Am râs până mi-au dat lacrimile, până s-a înceţoşat totul, de parcă mă scufundam în apă.

AUGUST 1993

Jules

Robbie m-a lăsat pe bancheta de la fereastră. Am băut restul de vodcă. Nu mă mai îmbătasem niciodată, nu mi-am dat seama ce rapid vine trecerea, alunecarea de la euforie la disperare, de la veselie la depresie. Dintr-odată, speranța părea pierdută, lumea mohorâtă. Nu gândeam limpede, dar aveam senzația că şirul gândurilor mele avea logică. Râul e scăparea. Du-te la râu.

Habar n-aveam ce voiam când m-am poticnit pe alee, lângă plajă, pe poteca de la marginea apei. Mergeam orbeşte; noaptea părea mai neagră ca oricând, fără lună, tăcută. Până şi râul era mut, o creatură lucioasă, reptiliană, care aluneca lin pe lângă mine. Nu-mi era frică. Ce simțeam? Umilință, ruşine. Vinovăție. L-am privit, l-am urmărit, l-am urmărit când era cu tine şi el m-a văzut.

Sunt vreo trei kilometri de la Casa Morii la bulboană, trebuie să-mi fi luat ceva să ajung. Nici în condiții optime nu eram prea rapidă, dar pe întuneric, în halul în care eram, trebuie să fi fost şi mai înceată. Aşa că nu m-ai urmărit, presupun. Dar până la urmă ai venit.

Eram deja în apă. Îmi amintesc răceala din jurul gleznelor şi al genunchilor, apoi cum m-am cufundat uşor în beznă. Răceala dispăruse, îmi ardea trupul, de-acum în apă până la gât, fără cale de-ntoarcere şi fără să mă vadă cineva. Eram ascunsă, dispăream, nu ocupam prea mult spaţiu, nu ocupam spaţiu aproape deloc.

Fierbinţeala m-a străbătut fulgerător, s-a risipit şi frigul s-a întors, nu pe piele, ci în carne, în oase, greu ca plumbul. Eram obosită şi malul părea tare departe, nu eram sigură că mai eram în stare să mă întorc. Am dat cu picioarele în jos, dar n-am atins fundul, aşa că m-am gândit să fac o vreme pluta, nederanjată, nevăzută.

M-am lăsat dusă de curent. Apa mi-a acoperit faţa şi m-a atins ceva moale ca pletele unei femei. Ceva îmi strivea pieptul şi-am deschis gura să trag aer în plămâni, dar am înghiţit apă. Undeva, în depărtare, am auzit o femeie ţipând. *Libby, uneori o auzi noaptea cum imploră să fie cruţată,* ai spus. M-am zbătut, dar ceva îmi strângea coastele; i-am simţit mâna în păr, brusc şi dureros, şi m-a tras în adânc. Numai vrăjitoarele plutesc.

Nu era Libby, bineînţeles, erai tu, care ţipai la mine. Mâna ta pe capul meu, ţinându-mă sub apă. Mă zbăteam să scap de tine. Mă ţineai sub apă sau mă trăgeai afară? M-ai apucat de haine, mi-ai sfâşiat pielea, mi-ai lăsat zgârieturi pe gât şi braţe, asemenea celor pe care mi le lăsase Robbie pe picioare.

În cele din urmă am ajuns pe mal, eu în genunchi — trăgând lacom aer în plămâni —, tu în picioare deasupra mea, ţipând: „Grasă proastă ce eşti, ce făceai aici? Ce încerci să faci?“ Ai căzut în genunchi, m-ai îmbrăţişat şi atunci ai simţit că miroseam a băutură şi-ai început iar să ţipi. „Ai *treisprezece* ani, Julia! N-ai voie să bei, n-ai voie... Ce făceai aici?" Degetele tale osoase se-nfipseseră în carnea braţelor mele şi m-ai scuturat tare. „De ce faci asta? De ce? Ca să-mi faci în ciudă? Ca să se supere mama şi tata pe mine? Doamne, Julia, ce ţi-am făcut eu?"

M-ai dus acasă, m-ai târât sus şi ai umplut cada cu apă. Nu voiam să intru, dar m-ai obligat, scoţându-mi hainele şi băgându-mă cu forţa în apa caldă. În ciuda fierbinţelii apei, nu mă puteam opri din tremurat. Refuzam să mă aşez în cadă. Am stat în fund, ghemuită, incomodată de colacul de grăsime al burţii, în timp ce tu turnai apă fierbinte din căuşul palmelor. „Doamne, Julia, eşti o fetiţă. N-ar trebui... n-ar fi trebuit..." Nu-ţi găseai cuvintele. Mi-ai şters faţa cu un prosop. Ai zâmbit. Încercai să fii blândă. „E OK. E OK, Julia. E OK. Îmi pare rău că am ţipat la tine. Şi regret că ţi-a făcut rău, sincer. Dar la ce te-aşteptai, Julia? La ce te-aşteptai, serios?"

Te-am lăsat să-mi faci baie, cu mâinile tale mult mai blânde decât fuseseră în bulboană. M-am întrebat cum de puteai să fii atât de calmă acum, crezusem că aveai să fii furioasă. Nu doar pe mine, ci şi pentru mine. Am presupus că am reacţionat exagerat sau pur şi simplu nu voiai să te gândeşti la asta.

M-ai pus să jur că n-o să le spun părinţilor ce se întâmplase. „Julia, promite-mi! N-o să le spui, n-o să spui nimănui despre asta, da? Niciodată. Nu vorbim niciodată despre asta, pricepi? Fiindcă... fiindcă o să dăm toţi de belea. OK? Nu vorbi despre asta. Dacă nu vorbim, e ca şi cum nu s-a întâmplat. Nu s-a întâmplat nimic, OK? Nimic. Promite-mi. Julia, promite-mi că n-o să vorbeşti niciodată despre asta".

Eu mi-am ţinut promisiunea. Tu nu.

2015

Helen

În drum spre supermarket, Helen l-a depăşit pe Josh Whittaker pe bicicleta lui. Era ud leoarcă şi avea hainele pline de noroi; a încetinit şi a coborât geamul.

— Eşti bine? a strigat ea, iar el a fluturat din mână şi i-a arătat dinţii într-o tentativă stângace de zâmbet, probabil.

Şi-a continuat drumul încet, urmărindu-l în oglinda retrovizoare. Pierdea vremea, sucind ghidonul ba într-o parte, ba în alta şi din când în când se ridica în picioare pe pedale, ca să se uite peste umăr.

Fusese întotdeauna un personaj ciudăţel, iar tragedia recentă accentuase asta. După moartea lui Katie, Patrick îl luase la pescuit de vreo două ori, la rugămintea Louisei şi Alec, ca să poată rămâne puţin singuri. Stătuseră la râu ore în şir şi, după spusele lui Patrick, băiatul abia dacă scosese un cuvânt.

— Ar trebui să-l ducă de aici, i-a spus Patrick. Ar trebui să plece.

— Tu n-ai plecat, a răspuns ea blând, iar el a aprobat.

— E altceva, eu a trebuit să rămân. Aveam treabă, a spus.

După ce s-a pensionat, a rămas pentru ei — pentru ea şi Sean. În fine, nu *pentru* ei, ci ca să le fie aproape, fiindcă erau tot ce mai avea: pe ei, casa şi râul. Dar nu mai avea timp. Nimeni nu spunea nimic, fiindcă pur şi simplu aşa era familia lor, dar Patrick nu se simțea bine. Helen îl auzea tuşind noaptea fără oprire, vedea cât de dureros era pentru el să se mişte dimineața. Cel mai rău era că ea ştia că nu avea doar probleme fizice. Toată viața avusese mintea ageră, iar acum începuse să uite, uneori era complet confuz. Lua maşina ei şi uita unde-a lăsat-o, alteori i-o înapoia plină de gunoaie, ca data trecută. Gunoaie pe care le găsise? Mărunțişuri pe care le luase? Trofee? Nu întreba. Nu voia să ştie. Se temea pentru el.

Dacă era să fie sinceră, se temea şi pentru ea. În ultimul timp fusese cu mintea împrăştiată, aiurită, irațională. Uneori credea că înnebuneşte. Că pierde contactul cu realitatea.

Nu-i stătea deloc în fire. Helen era practică, rațională, hotărâtă. Cântărea atent toate opțiunile şi abia apoi acționa. Dominată de emisfera stângă, cum zicea socru-său. Dar în ultimul timp nu fusese în apele ei. Evenimentele din ultimul an o zdruncinaseră, o scoseseră din făgaşul ei. Acum descoperea că era nesigură de părți din viața ei despre care n-ar fi crezut niciodată că sunt sub semnul întrebării: căsnicia ei, viața lor de familie, chiar şi competența ei profesională.

Începuse cu Sean. Mai întâi bănuielile ei şi apoi — via Patrick — cumplita confirmare. Toamna trecută descoperise că soțul ei — soțul ei stabil, statornic, cu morală de fier — nu era deloc așa cum crezuse ea că e. S-a trezit complet debusolată. Părăsită de rațiune și de puterea de decizie. Ce să facă? Să-l părăsească? Să-și abandoneze căminul și responsabilitățile? Să-i dea un ultimatum? Să plângă, să-l înduplece cu rugăminți? Să-l pedepsească? Și dacă da, cum? Să-i taie cămășile preferate, să-i rupă undițele, să-i ardă cărțile în curte?

Toate astea îi păreau ineficace sau nesăbuite sau de-a dreptul ridicole, așa că a cerut sfatul lui Patrick. El a convins-o să rămână. A asigurat-o că Sean își băgase mințile-n cap, că își regreta amarnic infidelitatea și face eforturi să i câștige iertarea. „Între timp“, a spus el, „o să înțeleagă — amândoi o să înțelegem — dacă o să vrei să stai în camera liberă de aici. S-ar putea să-ți prindă bine să petreci o vreme singură — și sunt sigur că i-ar prinde bine și lui să își dea seama ce riscă să piardă“. Trecuse aproape un an și în cele mai multe nopți încă dormea în casa socrului ei.

Greșeala lui Sean, cum a ajuns să fie numită, a fost doar începutul. După ce s-a mutat în casa lui Patrick, Helen s-a trezit chinuită de insomnii cumplite: un adevărat iad epuizant, generator de anxietate. Pe care îl împărtășea cu socrul ei. Nici el nu putea dormi — așa era de ani buni, după spusele lui. Așa că nu dormeau împreună. Stăteau treji citind, dezlegând rebus, într-o plăcută tăcere.

Din când în când, dacă Patrick bea o gură de whisky, îi plăcea să vorbească. Despre viața lui de detectiv, despre cum era pe vremuri orășelul. Uneori îi spunea lucruri care o tulburau. Povești despre râu, zvonuri vechi, istorii urâte de mult îngropate și acum dezgropate și reînviate, răspândite ca adevăruri de Nel Abbott. Povești despre familia lor, lucruri dureroase. Categoric minciuni, calomnii de dus în justiție, nu? Patrick a spus că nu avea să se ajungă la proces, la tribunal. „Minciunile ei n-o să vadă niciodată lumina zilei. O să am eu grijă."

Numai că nu asta era problema. Problema, zicea Patrick, era răul pe care-l făcuse deja — lui Sean, familiei. „Tu chiar crezi că s-ar fi purtat el aşa dacă nu i-ar fi împuiat capul cu poveşti, de nu mai ştie cine e şi de unde vine? S-a schimbat, aşa-i, drăguță? Şi ea e vinovată de asta." Helen se temea că Patrick avea dreptate şi lucrurile n-o să mai fie niciodată ca înainte, dar el a asigurat-o că totul va reveni la normal. Tot el urma să aibă grijă şi de asta. O strângea de mână, îi mulțumea că-l ascultă şi o pupa pe frunte şi-i spunea: „Eşti o fată tare bună".

O vreme, a fost mai bine. Apoi a fost mai rău. Tocmai când Helen începuse să doarmă mai mult de două ore, tocmai când se surprinsese zâmbindu-i ca pe vremuri soțului ei, tocmai când simțea că familia ei se îndrepta spre vechiul echilibru confortabil, Katie Whittaker a murit.

Katie Whittaker, o stea a şcolii, o elevă sârguincioasă şi politicoasă, un copil fără probleme — a fost şocant, inexplicabil. Şi a fost vina ei. O lăsase pe Katie Whittaker să-i alunece printre degete. Toți făcuseră la fel: părinții, profesorii, toată comunitatea asta. Nu observaseră că vesela Katie avea nevoie de ajutor, că nu mai era deloc veselă. Cât timp Helen era pusă la pământ de problemele ei familiale, amețită de insomnie şi chinuită de îndoieli, unul dintre copiii de care era responsabilă se prăbuşise.

Când Hellen a ajuns la supermarket, ploaia se oprise deja. Ieşise soarele şi din asfalt se ridica abur, care aducea cu el miros de pământ. Helen cotrobăi prin geantă după listă: trebuia să cumpere o bucată de carne de vacă pentru cină, zarzavaturi, legume. Aveau nevoie de ulei de măsline, cafea şi capsule pentru maşina de spălat.

În raionul de conserve, căutând marca de roşii tăiate pe care-o considera cea mai aromată, a observat că se apropia o femeie şi şi-a dat seama cu groază că era Louise.

Păşind lent spre ea, cu privirea goală şi faţa inexpresivă, Louise împingea un cărucior imens, aproape gol. Helen s-a panicat şi a dispărut, lăsându-şi baltă cumpărăturile, grăbindu-se spre parcare, unde s-a ascuns în maşină până ce a văzut-o pe Louise trecând pe lângă ea şi ieşind în şosea.

Ruşinată, s-a simţit ca o proastă — ştia că purtarea aceasta nu-i stă în fire. În urmă cu un an nu ar fi avut atitudinea asta dezgustătoare. Ar fi vorbit cu Louise, ar fi strâns-o de mână şi-ar fi întrebat de soţul şi fiul ei. S-ar fi purtat onorabil.

Helen nu era în apele ei. Cum altfel să explice lucrurile la care se gândea în ultimul timp, felul în care se purta? Toată vinovăţia asta, toată îndoiala, corozive. O schimbau, o mutilau. Nu mai era femeia care fusese cândva. Simţea că alunecă, şerpuieşte, de parcă lepăda un rând de piele şi nu-i plăcea carnea crudă de dedesubt, nu-i plăcea mirosul ei. O făcea să se simtă vulnerabilă, să se teamă.

Sean

Zile în şir după moartea mamei n-am vorbit. Niciun cuvânt. În orice caz, aşa zice tata. Nu-mi amintesc mare lucru de atunci, deşi țin minte cum m-a smuls tata din tăcere cu forța, ținându-mi mâna stângă peste o flacără până am țipat. Crud, dar eficient. Şi după aia m-a lăsat să păstrez bricheta. (Am păstrat-o mulți ani, o aveam mereu la mine. Am pierdut-o recent, nu mai țin minte unde.)

Durerea, şocul îi afectează pe oameni în moduri bizare. Am văzut oameni care au reacționat râzând la veşti proaste, cu aparentă indiferență, cu furie, cu teamă. Sărutul lui Jules din maşină, de după înmormântare, n-avea legătură cu dorința, ci cu durerea, cu nevoia de a simți ceva — orice — în afară de tristețe. Muțenia mea din copilărie a fost probabil rezultatul şocului, al traumei. Pierderea unei surori poate nu seamănă cu pierderea unui părinte, dar ştiu că Josh Whittaker era apropiat de sora lui, aşa că nu-mi vine să-l judec, să iau prea în serios ce spune, ce face şi cum se poartă.

Erin m-a sunat să-mi spună că a avut loc un incident la o casă de la marginea de sud-est a oraşului: un vecin semnalase că la venirea acasă văzuse că toate geamurile acelei case fuseseră sparte şi un băieţel se îndepărta pe bicicletă. Casa era a unuia dintre profesorii de la şcoala locală, cât despre băiat — brunet, cu tricou galben şi bicicletă roşie —, aproape sigur că era Josh.

N-a fost greu să-l găsesc. Stătea pe parapetul podului. Bicicleta era sprijinită alături, hainele îi erau ude leoarcă şi picioarele stropite cu noroi. N-a fugit când m-a văzut. Chiar părea uşurat când m-a salutat, politicos ca întotdeauna:

— Bună ziua, domnule Townsend.

L-am întrebat dacă a păţit ceva.

— O să răceşti, i-am spus arătând către hainele ude, iar el a zâmbit uşor.

— N-am nimic.

— Josh, ai trecut în după-amiaza asta cu bicicleta pe Seward Road?

A încuviinţat.

— Ai trecut, cumva, pe lângă casa domnului Henderson?

Şi-a muşcat buza de jos şi ochii blânzi, căprui se făcuseră mari cât nişte farfurioare.

— Nu-i spuneţi mamei, domnule Townsend! Vă rog mult, nu-i spuneţi mamei. Are destule pe cap.

Mi s-a pus un nod în gât şi-a trebuit să-mi stăpânesc lacrimile. E un băiat atât de firav şi arată aşa de vulnerabil. Am îngenuncheat lângă el, sperând să obţin un răspuns.

— Josh! Ce Dumnezeu a fost în capul tău? Mai era cineva cu tine? Poate nişte băieţi mai mari?

Scutura capul, fără să se uite la mine.

— Am fost singur.

— Serios? Eşti sigur?

Îşi feri privirea.

— Te-am văzut vorbind cu Lena mai devreme, în faţa secţiei. Asta n-are legătură cu ea?

— Nu! ţipă, cu vocea ca un chiţăit dureros şi umilitor. Nu. Am fost doar eu acolo. Singur. Am aruncat cu pietre în geamurile lui. În geamurile... *ticălosului* ăluia.

A pronunţat „ticălosul“, mare atenţie, de parcă era pentru prima dată când folosea cuvântul.

— De ce naiba ai face aşa ceva?

Atunci se uită în ochii mei, cu buza de jos tremurând.

— Fiindcă merită, spuse. Fiindcă-l urăsc.

Începuse să plângă.

— Hai, am zis ridicându-i bicicleta. Te duc acasă.

Dar el a înşfăcat ghidonul.

— Nu! suspină. Nu se poate. Nu vreau să audă mama de ce-am făcut. Nici tata. Nu trebuie să afle, nu trebuie...

— Josh, am zis şi m-am lăsat iar pe vine, cu mâna pe şaua bicicletei. Nu-i nimic. Nu-i chiar aşa grav. O rezolvăm. Pe cuvânt. Nu-i sfârşitul lumii.

La aceste vorbe, începu să urle în hohote:

— Nu înţelegeţi! Mama n-o să mă ierte niciodată...

— Sigur c-o să te ierte!

Abia mi-am stăpânit râsul.

— O să fie un pic supărată, sigur, dar n-ai făcut nimic *îngrozitor*, n-ai rănit pe nimeni...

Hohotele îi scuturau umerii:

— Nu-nţelegeţi, domnule Townsend. Nu ştiţi ce-am făcut.

Până la urmă, l-am luat la secţie. Nu ştiam ce altceva să fac, nu mă lăsa să-l duc acasă şi nici nu-l puteam lăsa în drum în halul acela. L-am instalat în biroul din spate şi i-am făcut un ceai, apoi am rugat-o pe Callie să dea o fugă să cumpere nişte biscuiţi.

— Domnule, nu-l puteţi interoga, a spus alarmată Callie. Nu în absenţa unui adult responsabil de el.

— Nu-l *interoghez*, i-am răspuns ţâfnos. E speriat şi nu vrea să se ducă încă acasă.

Cuvintele îmi treziră o amintire: *E speriat şi nu vrea să se ducă acasă*. Eram mai mic decât Josh, aveam doar şase ani, şi o poliţistă mă ţinea de mână. Nu sunt niciodată sigur care dintre amintirile mele sunt reale şi care nu — am auzit atât de multe poveşti despre acel moment, din prea multe surse, că mi-e greu să fac diferenţa dintre amintire şi mit. Dar în asta tremuram, mi-era frică şi lângă mine era o poliţistă, trupeşă şi reconfortantă, care mă ţinea lipit de şoldul ei, în timp ce nişte bărbaţi vorbeau peste capul meu. „E speriat şi nu vrea să se ducă acasă", spunea ea.

„Poţi să-l iei la tine, Jeannie?", a întrebat tata. „Poţi să-l iei cu tine?" Exact! Jeannie. Doamna poliţistă Sage.

Soneria telefonului m-a readus la realitate.

— Domnule?

Era Erin.

— Vecinul de vizavi a văzut o fată fugind în direcţia opusă. O adolescentă cu părul lung şi blond, blugi scurţi şi tricou alb.

— Lena. Desigur.

— Mda, aşa se pare. Vreţi să mă duc s-o aduc?

— Las-o, deocamdată, am zis. I-a ajuns pentru azi. Ai reuşit să iei legătura cu proprietarul, cu Henderson?

— Nu încă. Am tot sunat, dar intră căsuţa vocală. Când am vorbit cu el mai devreme, spunea ceva de-o logodnică din Edinburgh, dar n-am numărul ei. E posibil să fie deja în avion.

I-am dus ceaiul lui Josh.

— Trebuie să-ți contactăm părinții. Doar să le spun că ești aici și ești bine, OK? Nu trebuie să le dau alte detalii, nu acum, le spun doar că ești supărat și te-am adus aici ca să stăm de vorbă. De acord?

A aprobat.

— După aceea poți să-mi spui de ce ești așa de supărat și vedem ce se poate face.

A fost de acord.

— Dar la un moment dat va trebui să-mi explici ce-ai avut cu casa.

Josh sorbea din ceai, sughițând din când în când, încă sub imperiul izbucnirii de mai devreme. Ținea strâns cana între palme și-și frământa buzele, de parcă încerca să găsească vorbele potrivite.

În cele din urmă, a ridicat ochii spre mine:

— Orice-aș face, cineva o să se supere pe mine.

Apoi a clătinat capul.

— Nu, de fapt nu-i așa. Dacă fac ce trebuie, o să se supere pe mine toată lumea, iar dacă fac ce nu trebuie, n-o să se supere. N-ar trebui să fie așa, nu credeți?

— Nu, n-ar trebui. Și nu sunt foarte sigur că ai dreptate. Nu-mi vine în cap nicio situație în care, dacă faci ce trebuie, superi pe toată lumea. Poate unul, doi oameni, dar cu siguranță că, dacă faci ce e corect, unii dintre noi o să înțeleagă asta, nu? Și-o să-ți fim recunoscători.

Își mușca iar buza.

— Problema e că răul e deja făcut. M-am trezit prea târziu. De-acum e prea târziu să mai fac ce trebuie, a spus cu voce tremurătoare.

Începuse iar să plângă, dar nu ca înainte. Nu mai urla şi nu mai era panicat. De data asta plângea ca un om care-a pierdut totul, care nu mai are nicio fărâmă de speranţă. Era deznădăjduit şi nu puteam îndura să-l văd aşa.

— Josh, trebuie neapărat să-ţi chem părinţii, am spus, dar mi s-a agăţat de braţ.

— Vă rog, domnule Townsend! Vă rog!

— Vreau să te ajut, Josh. Crede-mă. Te rog, spune-mi ce te supără aşa de tare.

(Mi-am amintit că stăteam într-o bucătărie caldă, nu a mea, şi mâncam pâine prăjită cu brânză. Jeannie era acolo, lângă mine. *Nu vrei să-mi spui ce s-a întâmplat, dragule? Te rog, spune-mi.* N-am spus nimic. Niciun cuvânt. Nici măcar un cuvânt.)

Dar Josh era pregătit să vorbească. Se ştersese la ochi şi-şi sufla nasul. A tuşit şi s-a îndreptat în scaun.

— E vorba despre domnul Henderson. Despre domnul Henderson şi Katie.

JOI, 20 AUGUST

Lena

A început în glumă. Chestia cu domnul Henderson. Un joc. Ne mai jucaserăm şi cu domnul Friar, profesorul de biologie, şi cu domnul Mackintosh, antrenorul echipei de înot. Nu trebuia decât să-i faci să roşească. Încercam pe rând. Se ducea una şi, dacă nu reuşea, era rândul celeilalte. Aveai voie să faci orice, oricând, singura regulă era că trebuia să fie de faţă şi cealaltă, altfel victoria nu putea fi confirmată. Nu includeam niciodată pe altcineva, era jocul nostru, al meu şi-al lui Katie — nici nu-mi mai amintesc a cui a fost ideea.

La Friar, eu m-am dus prima şi mi-a luat vreo treizeci de secunde. M-am dus la catedră, i-am zâmbit muşcându-mi buza în timp ce el îmi explica ceva despre homeostază şi-apoi m-am aplecat în faţă, ca să mi se desfacă bluza puţin şi... bingo! Cu Mackintosh a fost nevoie de ceva efort, fiindcă era obişnuit să ne vadă în costume de baie, aşa că nu se punea problema să-l înnebunească un centimetru de piele dezgolită. Dar până la urmă, Katie a reuşit, dându-se dulcică şi timidă şi făcând un pic pe ruşinata când îi vorbea de filmele cu lupte kung-fu, despre care ştiam că-i plac.

Însă la domnul Henderson a fost altă poveste. Katie s-a dus prima, ea câştigase runda cu domnul Mac. A aşteptat până după oră şi, în timp ce eu îmi strângeam cărţile cât puteam de încet, s-a dus la catedră şi s-a aşezat cu fundul pe marginea ei. I-a zâmbit, aplecându-se un pic, a început să vorbească, dar el şi-a împins brusc scaunul, s-a ridicat şi s-a dat un pas înapoi. Ea a continuat, dar fără tragere de inimă, iar când am plecat, s-a uitat la noi de ziceai că era *furios* pe noi. Când am încercat eu, a căscat. M-am străduit cât am putut — am stat aproape de el, i-am zâmbit, mi-am atins părul şi gâtul, mi-am muşcat uşor buza de jos, iar el a căscat de-a dreptul ostentativ. Ca şi când l-aş fi plictisit.

Mă obseda chestia asta, se uitase la mine ca la un nimic, ca şi cum nu prezentam interes, nici cât negru sub unghie. N-am mai vrut să joc. Nu cu el, nu era distractiv. Se purta ca un nemernic. Katie s-a mirat „Crezi?“ şi-am zis că da, iar ea a răspuns „Bine“. Şi cu asta basta.

N-am aflat că încălcase regulile decât mult mai târziu, după câteva luni. Habar n-aveam, aşa că, atunci când Josh a venit la mine de Sfântul Valentin cu cea mai tare poantă pe care-o auzisem în viaţa mea, i-am trimis un mesaj cu o mică inimioară. *Am auzit de iubitu-tău*, am scris. *KW & MH 4eva*. Cinci secunde mai târziu am primit un răspuns cu ŞTERGE MESAJUL. NU GLUMESC. ŞTERGE. I-am replicat WTF? şi mi-a trimis iar mesajul ŞTERGE IMEDIAT SAU JUR CĂ NU MAI VORBESC NICIODATĂ CU TINE. *Ce naiba?* mi-am zis. *Calmează-te!*

A doua zi, în clasă, m-a ignorat. Nici măcar nu m-a salutat. La ieşire am apucat-o de braţ.

— Katie? Ce-i cu tine?

Efectiv m-a îmbrâncit în toaletă.

— Ce naiba? am zis. Ce te-a apucat?

— Nimic, a şuierat la mine. Doar că mi s-a părut *penibil*, bine?

Mi-a aruncat o privire — pe care-o primeam tot mai des din partea ei — ca şi cum ea era adult şi eu un copil.

— Cum ţi-a venit să faci asta?

Stăteam lângă peretele din spatele toaletei, sub fereastră.

— A venit Josh să mă vadă, i-am spus. A zis că te-a văzut ţinându-te de mână cu domnul Henderson în parcare...

Am început să râd.

Katie n-a râs. S-a întors către chiuvetă şi-a rămas aşa, privindu-şi reflexia în oglindă.

— *Ce-i?*

A scos din geantă un rimel.

— Ce *anume* ţi-a spus?

Vocea ei suna ciudat, nu furioasă, nici supărată, ci speriată.

— A spus că te aştepta la sfârşitul orelor şi te-a văzut cu domnul Henderson şi vă ţineaţi de mână...

M-a apucat iar râsul.

— Hai, că nu-i aşa o tragedie. Inventa şi el poveşti ca să aibă un pretext să vină să mă vadă. Era Sfântul Valentin, aşa că...

Katie închisese strâns ochii.

— Dumnezeule! Eşti atât de narcisistă, a spus încet. Tu chiar crezi că totul e despre tine.

Parcă mi-a dat o palmă.

— Ce...?

Nu ştiam cum să răspund, vorbele acelea nu păreau a veni de la Katie pe care o cunoşteam. Încă mă gândeam ce să spun, când ea a lăsat rimelul să cadă în chiuvetă, s-a apucat de margine şi a început să plângă.

— Katie...

I-am pus mâna pe umăr şi asta a făcut-o să hohotească şi mai tare. Am îmbrăţişat-o.

— Of, Doamne, ce-i? Ce-ai păţit?

— N-ai observat — a spus, trăgându-şi nasul — că lucrurile s-au schimbat? N-ai observat, Lenie?

Sigur că observasem. Era altfel, mai distantă, de la o vreme. Era tot timpul ocupată. Avea teme, nu putea sta cu mine după şcoală, sau se ducea la cumpărături cu maică-sa şi nu putea merge la film, ori trebuia să stea cu Josh şi nu putea veni la mine în seara aia. Se purta altfel şi în alte privinţe. Mai tăcută la şcoală. Nu mai fuma. Se apucase de dietă. Părea să nu mai fie atentă la conversaţiile noastre, de parcă o plictisea ce spuneam, şi avea lucruri mai interesante la care să se gândească.

Sigur că observasem. Mă simţeam rănită. Dar n-avem de gând să *spun* nimic. Să arăţi cuiva că eşti rănit e cel mai rău lucru pe care-l poţi face, nu? Nu voiam să par neajutorată sau dependentă, fiindcă nimeni nu vrea să stea lângă o asemenea persoană.

— Am crezut... nu ştiu K, am crezut că te-ai *plictisit* de mine sau aşa ceva.

A plâns şi mai tare şi-am strâns-o în braţe.

— Nu, nu m-am plictisit de tine. Dar nu puteam să-ţi spun, nu puteam să spun nimănui...

S-a întrerupt brusc şi s-a tras din braţele mele. S-a dus în celălalt capăt al încăperii şi s-a lăsat în genunchi, apoi a venit de-a buşilea spre mine, uitându-se pe sub uşa fiecărei cabine de toaletă.

— Katie? *Ce* naiba faci?

Abia atunci m-am luminat. Aşa de încuiată eram.

— *Dumnezeule*! am zis în timp ce ea se ridica în picioare. Adică... tu chiar vrei să spui că... — am coborât vocea până la şoaptă — e ceva între voi?

N-a zis nimic, dar m-a privit fix în ochi şi-am ştiut că era adevărat.

— La dracu'! Nu se poate... E o demenţă. Nu. Katie, *nu!* Trebuie să te opreşti... înainte să se *întâmple* ceva.

M-a privit de parcă eram toantă, de parcă îi era milă de mine.

— Lena, deja s-a întâmplat.

Zâmbea uşor, ştergându-şi lacrimile.

— Se *întâmplă* din noiembrie.

N-am zis nimic din toate astea poliţiei. Nu era treaba lor.

Au venit la noi seara, când eu şi Julia luam cina în bucătărie. Pardon: eu luam cina. Ea doar plimba mâncarea prin farfurie, ca întotdeauna. Mama mi-a zis că Juliei nu-i place să mănânce de faţă cu alţi oameni, e o sechelă de când era grasă. Niciuna dintre noi nu spunea nimic — nu ne mai vorbiserăm de când o găsisem cu lucrurile mamei —, aşa că sunetul soneriei a fost o uşurare.

Când am văzut că erau Sean şi sergentul Morgan — *Erin*, cum vrea să-i spun acum, că petrecem cu toţii atâta timp împreună —, am crezut că e vorba despre ferestrele sparte, deşi mi s-a părut exagerat să vină amândoi pentru atâta lucru. Am ridicat imediat mâinile şi-am mărturisit.

— Plătesc pagubele, am zis. Acum îmi permit, nu?

Julia a strâns din buze de parcă o dezamăgisem. Se ridicase şi strângea farfuriile, cu toate că ea nu se atinsese de mâncare.

Sean i-a luat scaunul şi l-a tras pe cealaltă parte a mesei, ca să se aşeze lângă mine.

— Ajungem şi la asta, a spus cu o mutră tristă şi gravă. Dar mai întâi trebuie să vorbim despre Mark Henderson.

Mi-a îngheţat sângele în vene şi stomacul mi s-a făcut ghem, ca atunci când ştii că o să se întâmple ceva foarte rău. Ştiau. M-am simţit distrusă şi uşurată în acelaşi timp, dar am făcut eforturi să-mi păstrez o expresie neutră şi nevinovată.

— Mda, am zis. Ştiu. I-am făcut zob casa.

— De ce i-ai făcut zob casa? a întrebat Erin.

— Mă plictiseam. Fiindcă-i un nenorocit. Fiindcă...

— Gata, Lena! m-a întrerupt Sean. Termină cu tâmpeniile!

Arăta supărat pe bune.

— Doar ştii că nu despre asta vorbim!

N-am spus nimic, doar m-am uitat pe fereastră.

— Am avut o discuţie cu Josh Whittaker, a spus şi stomacul mi s-a strâns iar.

Cred că am ştiut mereu că Josh n-avea să fie în stare să-şi ţină gura la nesfârşit, dar sperasem că spargerea ferestrelor lui Henderson avea să-l satisfacă măcar pentru o vreme.

— Lena? Mă asculţi?

Sean se aplecase în faţă şi am observat că îi tremurau puţin mâinile.

— Josh a făcut o acuzaţie foarte gravă la adresa lui Mark Henderson. Ne-a spus că a fost implicat într-o relaţie de natură sexuală cu Katie Whittaker, în lunile de dinaintea morţii ei.

— Mănâncă rahat! am spus şi-am încercat să râd. Mănâncă rahat cu polonicu'!

Se holbau toţi la mine şi mi-a fost imposibil să nu mă-nroşesc.

— Mănâncă rahat, am repetat.

— De ce-ar inventa aşa o poveste, Lena? m-a întrebat Sean. De ce-ar fabrica fraţiorul lui Katie o asemenea poveste?

— Nu ştiu, nu ştiu. Dar nu-i adevărat.

Mă uitam ţintă la masă şi încercam să găsesc un motiv, dar faţa mi se încingea tot mai tare.

— Lena, e clar că nu spui adevărul, remarcă Erin. Mai puţin clar e de ce, Doamne iartă-mă, ai minţi despre aşa ceva. De ce-ai încerca să protejezi un bărbat care-a profitat în felul ăsta de prietena ta?

— Hai, las-o *naibii*...

— Ce? întrebă apropiindu-se de faţa mea. Să las ce naibii?

Era ceva la ea, la cât se apropiase de mine şi la expresia ei, care mă ispitea să-i trag o palmă.

— N-a *profitat* de ea. Nu era copil!

Arăta foarte mândră de ea după ce am spus asta, iar mie mi-a venit şi mai tare s-o plesnesc, dar a continuat:

— Dacă n-a profitat de ea, de ce-l urăşti aşa de tare? Erai geloasă?

— Cred că ajunge, spuse Julia, dar n-o asculta nimeni.

Erin vorbea mai departe:

— Îl voiai tu, asta era problema? Te obseda, credeai că tu erai mai frumoasă, trebuia să primeşti toată atenţia?

Şi-atunci am explodat. Ştiam că, dacă nu tăcea, o plesneam, aşa că am spus-o:

— Îl uram, idioato ce eşti! Îl uram fiindcă mi-a furat-o.

Toată lumea a amuţit o clipă. Apoi Sean spuse:

— Ţi-a furat-o? Cum a făcut asta, Lena?

Nu m-am putut abţine. Eram al naibii de obosită şi era clar că de-acum aveau să afle oricum, după ce Josh făcuse mărturisiri complete. Înainte de orice, eram prea obosită ca să mai mint. Aşa că am stat în bucătăria noastră şi-am trădat-o.

Îi promisesem. După ce ne-am certat, după ce mi-a jurat că se despărţiseră şi nu se mai vedea cu el, m-a pus să jur că orice s-ar întâmpla, *orice*, n-aveam să spun nimănui, niciodată, despre ei. Pentru prima dată după multă vreme am mers împreună la bulboană. Am stat sub copaci, unde nu ne putea vedea nimeni şi-a plâns şi m-a ţinut de mână. „Ştiu că tu crezi că nu e normal", a spus, „că n-ar fi trebuit să fiu cu el. Am înţeles. Dar l-am iubit, Lenie. Încă-l mai iubesc. Era *totul* pentru mine. Nu pot să-l văd rănit. Pur şi simplu nu pot. N-aş putea îndura. Te rog, să nu faci ceva ce l-ar putea răni. Lenie, te implor, păstrează secretul de dragul meu. Nu-i vorba despre el, ştiu că-l urăşti. Fă-o pentru mine".

Şi-am încercat. Din răsputeri. Chiar şi când mama a venit la mine în cameră şi mi-a zis că o găsiseră în apă, chiar şi când Louise a venit la noi nebună de durere, chiar şi când nemernicul ăla dădea declaraţii în presa locală despre ce elevă bună era ea, cât de iubită şi admirată era de colegi şi profesori deopotrivă. Chiar şi când a venit la mine, la înmormântarea mamei, şi mi-a spus condoleanţe, chiar şi-atunci mi-am muşcat naibii limba.

Dar o muşcam şi-o muşcam şi iar o muşcam de luni bune şi, dacă nu mă opream, aş fi rămas fără ea. M-aş fi înecat cu sânge.

Aşa că le-am spus. Da, Katie şi Mark Henderson au avut o relaţie. A început în toamnă. S-a încheiat în martie sau aprilie. A reînceput la sfârşitul lui mai, credeam, dar n-a mai durat mult. Ea a pus capăt relaţiei. Nu, nu aveam dovezi.

— Erau foarte precauţi, le-am spus. Fără e-mailuri, fără SMS-uri, fără mesaje online, nimic electronic. Era regula lor. Erau foarte stricţi în privinţa asta.

— Ei erau sau el era? a întrebat Erin.

I-am aruncat o privire furioasă:

— De unde să ştiu dacă n-am discutat niciodată despre asta *cu el*? Aşa mi-a zis ea. Era regula lor.

— Lena, când ai aflat prima dată despre asta? a reluat Erin. Trebuie să te întorci exact la începuturi.

— Ba nu, de fapt nu cred că trebuie, a intervenit brusc Julia.

Stătea în picioare lângă uşă; uitasem şi că era în cameră.

— Cred că Lena e foarte obosită şi-ar trebui lăsată în pace deocamdată. Putem trece mâine pe la secţie pentru asta sau puteţi să vă-ntoarceţi aici, dar azi ajunge.

Jur că mi-a venit s-o *îmbrăţişez*; pentru prima dată de când o cunoşteam, am simţit-o de partea mea. Erin se pregătea să protesteze, dar Sean a spus:

— Da, aveţi dreptate.

S-a ridicat şi-au ieşit cu toţii din bucătărie în hol. M-am dus după ei. Când au ajuns la uşă, le-am zis:

— Vă daţi seama cum o să fie pentru părinţii ei? Când vor afla?

Erin s-a întors spre mine:

— Măcar acum vor şti care-a fost motivul.

— Nu, n-o să ştie. N-o să ştie *motivul*, am spus. N-a avut niciun motiv să facă ce-a făcut. Poftim, chiar voi dovediţi asta. Faptul că sunteți aici e dovada clară că a făcut-o degeaba.

— Cum adică, Lena?

Mă priveau cu toții, așteptând o explicație.

— N-a făcut-o fiindcă i-a frânt inima sau fiindcă se simțea vinovată ori alte prostii. A făcut-o ca să-l protejeze. Credea că aflase cineva. Credea că avea să fie reclamat și-o să apară în ziare. Credea că urmează un proces și el avea să fie condamnat pentru pedofilie și trimis în pușcărie cu eticheta asta. Credea că o să fie bătut sau violat sau ce-or mai păți acolo bărbații ăștia. Așa că s-a hotărât să distrugă dovada, am spus.

Începusem deja să plâng, iar Julia venise și mă luase în brațe. Spunea:

— Șșșșșș, Lena, gata, gata, șșșșșș.

Dar nu era gata.

— Asta a făcut. Nu înțelegeți? A distrus dovada.

VINERI, 21 AUGUST

Erin

Căsuța de lângă râu, pe care-o văzusem când alergam, este noua mea locuință. Deocamdată, doar până descâlcim treaba cu Henderson. Sean a venit cu sugestia. M-a auzit povestindu-i polițistei Callie că a fost cât pe ce să ies cu maşina de pe şosea dimineață, atât de moartă de oboseală eram, iar el a zis:

— Păi, aşa nu se poate. Ar trebui să stați în oraş. Puteți folosi căsuța familiei Ward. E puțin mai sus pe râu şi e goală. Nu e luxoasă, dar nu vă costă nimic. Vă aduc cheile după-amiază.

Când a plecat, Callie mi-a adresat un rânjet larg:

— Deci aşa, căsuța familiei Ward? Fii cu ochii-n patru după Annie nebuna.

— Poftim?

— Locul acela de pe râu pe care îl foloseşte Patrick Townsend drept cabană de pescuit e cunoscut pe-aici drept căsuța familiei Ward. Anne Ward? Nu-ți spune nimic? E una dintre *femeile acelea*. Se spune că, dacă te uiți cu atenție, încă se mai poate vedea *sângele de pe pereți*, a zis, coborând vocea până la șoaptă.

Probabil că aveam o mutră buimacă — habar n-aveam despre ce vorbea —, fiindcă a zâmbit:

— E doar o poveste, una dintre cele vechi. O istorie de Beckford.

Nu eram prea atentă la povești de Beckford vechi de-un secol — mă preocupau unele proaspete.

Henderson nu răspundea la telefon și luaserăm hotărârea să-l lăsăm în pace până se-ntorcea. Dacă era adevărată povestea cu Katie Whittaker și el afla că știam de ea, putea să nu se mai întoarcă deloc.

Între timp, Sean mă rugase s-o chestionez pe soția lui, care, ca directoare a școlii, este șefa lui Henderson.

— Sunt sigur că n-a avut nici cea mai mică bănuială în privința lui Henderson, a spus el. Am impresia că-l stimează mult, dar cineva trebuie să vorbească cu ea și, evident, acela nu pot fi eu.

Mi-a zis c-o găsesc la școală și că ea mă așteaptă.

Dacă mă aștepta, sigur n-a arătat-o. Am găsit-o în patru labe în biroul ei, cu obrazul lipit de mocheta gri, întinzând gâtul ca să se uite sub o bibliotecă. Am tușit politicos și a ridicat capul brusc, alarmată.

— Doamna Townsend? am spus. Sunt sergent Morgan. Erin.

— Ah! spuse ea. Da.

Se-nroși și-și duse o mână la gât.

— Am pierdut un cercel, spuse.

— Ba pe-amândoi, din câte văd, am zis.

Scoase un fel de oftat ciudat și-mi făcu semn să iau loc. Înainte să se așeze, smuci în jos tivul bluzei și-și netezi pantalonii gri. Dacă mi s-ar fi cerut să-mi imaginez cum arăta nevasta inspectorului, aş fi descris pe cineva total diferit. Atrăgătoare, bine îmbrăcată, probabil sportivă — maratonistă sau atletă de triatlon. Helen purta haine mai potrivite unei femei cu douăzeci de ani mai bătrână. Era palidă, flască, de parcă nu prea ieşea din casă, la soare.

— Aţi vrut să vorbiţi cu mine despre Mark Henderson, a spus, încruntându-se uşor la un teanc de hârtii din faţa ei.

Fără amabilităţi şi introduceri, trecem direct la subiect. Poate asta-i place inspectorului la ea.

— Da, am zis. Aţi aflat de acuzaţiile făcute de Josh Whittaker şi Lena Abbott, cred.

A aprobat, strângându-şi buzele subţiri până ce aproape dispărură.

— Mi-a zis ieri soţul meu. Vă asigur că a fost prima dată când am auzit de aşa ceva.

Am deschis gura să zic ceva, dar ea a continuat:

— L-am recrutat pe Mark Henderson acum doi ani. Avea recomandări excelente şi rezultatele lui au fost până acum încurajatoare.

Frunzărea paginile din faţa ei.

— Am cifre, dacă doriţi.

Am clătinat din cap şi şi-a reluat discursul, înainte să apuc să pun următoarea întrebare.

— Katie Whittaker era conştiincioasă şi sârguincioasă. Am aici notele ei. E adevărat, primăvara trecută au scăzut puţin, dar a fost o etapă scurtă, se îmbunătăţiseră din nou când... când ea... — îşi trecu o mână peste ochi — în vară.

Se cufundă puţin în scaun.

— Deci n-aţi avut nicio bănuială, n-a circulat niciun zvon...?

Înclină capul într-o parte:

— Oh, dar n-am zis nimic de zvonuri. Detectiv... ăăă... Morgan. Zvonurile care circulă prin orice şcoală normală v-ar zbârli părul. Sunt sigură — spuse cu un mic rictus — că, dacă vă puneţi mintea la contribuţie, o să reuşiţi să vă imaginaţi ce fel de lucruri se spun, se scriu şi se postează despre mine şi doamna Mitchell, profesoara de sport.

Făcu o pauză.

— L-aţi cunoscut pe Mark Henderson?

— Da.

— Atunci înţelegeţi. E tânăr. Arătos. Fetele — întotdeauna fetele — spun tot felul de lucruri despre el. Tot felul. Dar trebuie să înveţi să ignori zgomotul de fond. Şi-am crezut că asta am făcut. Cred şi-acum că asta am făcut.

Din nou am vrut să vorbesc şi din nou mi-a luat-o înainte.

— Nu vă ascund — spuse, ridicând vocea — că acuzaţiile astea mi se par foarte suspecte. *Foarte* suspecte, din cauza sursei lor şi din cauza momentului.

— Am...

— Înţeleg că au venit mai întâi de la Josh Whittaker, dar aş fi foarte surprinsă dacă în spatele întregii chestiuni n-ar fi Lena Abbott — Josh e topit după ea. Dacă Lena se hotăra că vrea să abată atenţia de la propriile fărădelegi — cumpărarea de medicamente ilegale pentru prietena ei, de exemplu —, sunt sigură că putea să-l convingă pe Josh să apară cu povestea asta.

— Doamnă Townsend...

— Ar mai trebui menţionat un lucru — continuă, fără să permită întreruperi —, şi anume că Lena Abbott şi Mark Henderson au un trecut.

— Ce trecut?

— Vreo două lucruri. În primul rând, comportamentul ei putea fi uneori deplasat.

— În ce fel?

— Flirtează. Şi nu doar cu Mark. Se pare că a fost învățată că e cel mai bun mod de a obține ce vrea. Multe fete fac asta, dar în cazul Lenei, lui Mark i s-a părut că a mers prea departe. A făcut remarci, l-a atins...

— L-a atins?

— Pe braț doar, nimic scandalos. A stat prea aproape, cum se zice. A trebuit să am o discuție cu ea pe tema asta.

S-a crispat la amintirea acelei discuții.

— A fost mustrată, dar, evident, n-a luat-o-n serios. Cred că a zis ceva de genul *Ar vrea el.*

Asta m-a făcut să râd, iar directoarea s-a încruntat la mine.

— Chiar nu e de râs, doamnă detectiv. Aceste lucruri pot avea efecte devastatoare.

— Da, desigur. Ştiu. Îmi cer scuze.

— Mda. Bine.

Strânse iar din buze, întruchiparea profesoarei severe de provincie.

— Nici maică-sa n-a luat în serios situația, nu m-a surprins.

Prinse culoare, un val furios de roşeață îi apăru pe gât şi ridică vocea.

— Nu e deloc surprinzător. Tot flirtul ăla, clipitul languros şi azvârlitul părului pe spate, toate acele exprimări insistente, obositoare ale disponibilității sexuale — de unde credeți că a învățat Lena toate astea?

A inspirat adânc, apoi a expirat şi şi-a dat părul din ochi.

— A doua situație — spuse mai calmă, pe un ton mai măsurat — a fost un incident din primăvară. De data asta nu flirt, ci agresiune. Mark a fost nevoit s-o dea afară pe Lena din clasă, fiindcă era agresivă şi a folosit un limbaj jignitor, obscen, în timpul unei discuţii despre un text pe care-l studiau.

Aruncă o privire la notiţele din faţa ei.

— *Lolita*, dacă nu mă-nşel.

Ridică o sprânceană.

— Foarte... interesant, am zis.

— Exact. E posibil să sugereze chiar de unde i-a venit ideea acestor acuzaţii, spuse Helen, foarte departe de ceea ce gândeam eu.

Seara, m-am dus la locuinţa mea temporară. În lumina apăsătoare a crepusculului arăta mult mai izolată, mestecenii albi din spate — fantomatici, iar şopotul râului părea acum mai degrabă ameninţător decât vesel. Malurile râului şi coasta de deal de vizavi erau pustii. Nimeni prin preajmă să te-audă ţipând. Când trecusem pe-aici în timpul alergării matinale, văzusem un peisaj idilic. Acum mă făcea să mă gândesc la cabana părăsită din o mie de filme de groază.

Am descuiat uşa şi am făcut un tur rapid, încercând să nu mă uit după *sânge pe pereţi*. Dar locul era curat, avea mirosul astringent al unui produs de curăţat cu aromă de citrice, şemineul era scuturat şi un morman de lemne tăiate era aranjat ordonat alături. Nu era mare lucru, la drept vorbind, mai degrabă un adăpost decât o căsuţă: doar două camere — un living care includea o chicinetă cu dulapuri suspendate, fără masă, şi un dormitor cu un pat dublu îngust, iar pe saltea un teanc de aşternuturi curate şi o pătură.

Am deschis geamurile şi uşa — ca să scap de mirosul artificial de lămâie —, am desfăcut una dintre berile pe care le cumpărasem pe drum de la magazin, m-am aşezat pe treapta de la intrare şi m-am uitat cum ferigile de pe dealul din faţă se transformă din ruginii în aurii, pe măsură ce soarele apune. În timp ce umbrele se alungeau, simţeam cum solitudinea se transformă în singurătate şi-am scos telefonul, fără să ştiu prea bine pe cine să sun. Atunci mi-am dat seama că — *bineînţeles* — n-aveam semnal. M-am ridicat în picioare şi-am umblat pe-acolo fluturând telefonul în aer — nimic, nimic, nimic, până ce-am ajuns fix la marginea râului, unde-au apărut vreo două linii de semnal. Am stat o vreme acolo, cu apa atingându-mi degetele de la picioare, şi m-am uitat cum râul negru curgea pe lângă mine, iute şi deloc adânc. Mi se tot părea că auzeam pe cineva râzând, dar era doar apa, alunecând agilă peste pietre.

A durat o veşnicie să adorm şi când m-am trezit brusc, încinsă ca de febră, am dat de bezna ca de smoală, genul de întuneric în care nu-ţi vezi nici mâna în faţa ochilor. Mă trezise ceva, eram sigură: un sunet? Da, o tuse.

Am întins mâna după telefon, l-am dat jos de pe mica noptieră, iar zgomotul pe care l-a făcut când a aterizat pe podea a răsunat şocant de tare în tăcere. Am bâjbâit după el, cuprinsă subit de teamă, sigură că, dacă aprind lumina, o să descopăr că e cineva în cameră. În copacii din spatele căsuţei se auzea o bufniţă, apoi iar: cineva tuşea. Îmi bătea inima mult prea repede şi, ca o proastă, mi-era frică să trag perdeaua de deasupra patului, de teamă să nu văd un chip privindu-mă de cealaltă parte a geamului.

Al cui chip mă aşteptam să-l văd? Al lui Anne Ward? Al soţului ei? Ridicol. Şoptindu-mi încurajări, am aprins lumina şi am dat perdelele în lături. Nimic şi nimeni. Fireşte. M-am dat jos din pat, mi-am pus pantaloni de trening şi un hanorac şi m-am dus în bucătărie. M-am gândit o clipă să-mi fac un ceai, dar m-am răzgândit când am descoperit în bufet o sticlă pe jumătate plină de whisky Talisker. Mi-am turnat vreo două degete şi l-am dat pe gât. Mi-am pus adidaşii, telefonul în buzunar, am luat o lanternă de pe blatul din bucătărie şi am descuiat uşa de la intrare.

Probabil că bateriile lanternei erau descărcate, fiindcă fasciculul era slab, n-ajungea decât la vreo doi metri în faţa mea. Dincolo de el, întuneric deplin. Am îndreptat lanterna în jos, ca să luminez solul din faţa picioarelor mele şi-am păşit în noapte.

Iarba era grea de rouă. După câţiva paşi, adidaşii şi pantalonii mi-erau fleaşcă. Am mers încet de jur împrejurul căsuţei, urmărind cum dansa lumina lanternei pe scoarţa argintie a mestecenilor — o ceată de fantome palide. Aerul era moale şi răcoros, iar vântul aducea o pală fină de ploaie. Am auzit iar bufniţa, sporovăiala şoptită a râului şi orăcăitul ritmic al unei broaşte. Am terminat turul căsuţei şi-am luat-o spre malul râului. Atunci orăcăitul s-a oprit brusc şi din nou am auzit zgomotul ăla ca de tuse. Nu era deloc aproape, venea de pe coasta dealului, de undeva de peste râu şi de data asta nici nu prea mai suna a tuse. Mai degrabă a behăit. O oaie.

Simţindu-mă la fel de proastă, am intrat înapoi în căsuţă, mi-am mai turnat o porţie de whisky şi-am scos din geantă manuscrisul lui Nel Abbott. M-am cuibărit în fotoliul din living şi-am început să citesc.

Bulboana Înecaților

Anne Ward, 1920

Era deja în casă. Era acolo. Nu avea de ce să se teamă afară, pericolul era înăuntru. Aştepta, aşteptase întotdeauna acolo, din ziua în care el venise acasă.

În cele din urmă, însă, la Anne n-a fost frica, a fost vinovăția. Conştiința, rece şi dură ca o pietricică de râu, a ceea ce-şi dorise, a visului pe care şi-l permitea noaptea, când coşmarul real al vieții ei devenea insuportabil. Coşmarul era el, lungit în pat lângă ea sau stând în fața focului cu bocancii în picioare şi paharul în mână. Coşmarul era când îl surprindea privind-o şi vedea scârba de pe chipul lui, de parcă arăta dezgustător. Nu-i era scârbă doar de ea, ştia asta. Ci şi de toate femeile, toți copiii, toți bătrânii, de fiecare om care nu se aruncase în luptă. Dar tot o durea să vadă, să simtă — mai puternic şi mai clar decât orice altceva simțise vreodată — cât de mult o ura.

Dar nu putea spune că nu merita, nu?

Coşmarul era real, trăia în casa ei, dar visul era cel care-o bântuia, după care-şi îngăduia să tânjească. În vis, era singură acasă; era vara lui 1915 şi el abia plecase. Se făcea că era seară, lumina doar ce se topise după dealul de peste râu, iar întunericul începea să se adune prin colțurile casei, când se auzea o bătaie în ușă. Era un bărbat în uniformă, care-i întindea o telegramă și ea știa că soțul ei nu se mai întorcea. Când visa la asta cu ochii deschiși, nu-i păsa cum se-ntâmplase. Nu-i păsa dacă murise ca un erou, salvând un prieten, sau ca un laș, fugind de inamic. Nu-i păsa, câtă vreme era mort.

Ar fi fost mai ușor pentru ea. Ăsta era adevărul, nu? Așa că de ce n-ar urî-o? Dacă ar fi murit acolo, l-ar fi jelit, oamenilor le-ar fi părut rău pentru ea — mamă-sa, prietenele, frații lui (dacă mai rămăsese vreunul). Ar fi ajutat-o, s-ar fi adunat în jurul ei și ea ar fi supraviețuit. L-ar fi jelit mult timp, dar la un moment dat s-ar fi oprit. Ar fi avut nouăsprezece, douăzeci, douăzeci și unu de ani și-ar fi avut viața înainte.

Avea dreptate s-o urască. Trei ani, aproape trei ani fusese acolo, înotând în rahat și-n sângele bărbaților cărora le aprinsese țigările, iar acum ea își dorea să nu se mai fi întors; blestema ziua în care nu venise telegrama.

Îl iubise de la cincisprezece ani, nu-și mai amintea cum fusese viața ei înainte de el. El avea optsprezece ani când începuse războiul și nouăsprezece când s-a dus, de fiecare dată se întorcea acasă mai bătrân, nu cu luni, ci cu ani, decenii, secole.

Prima dată încă mai era el, totuși. Plânsese noaptea, scuturat ca de frisoane. I-a spus că nu putea să se ducă înapoi, îi era prea frică. În noaptea dinaintea întoarcerii l-a găsit la râu și l-a târât cu forța acasă. (N-ar fi trebuit să facă asta. Ar fi trebuit să-l lase să se ducă atunci.) Fusese un gest de egoism din partea ei că-l oprise. Acum, uite ce-și făcuse cu mâna ei.

A doua oară când a venit acasă, n-a mai plâns. Era tăcut, închis în sine, abia dacă o privea altfel decât pieziș, furișat, pe sub pleoape lăsate și niciodată când erau în pat.

O întorcea cu spatele şi nu se oprea nici când îl implora, nici când sângera. Atunci o ura, o ura deja; la început nu şi-a dat seama, dar când i-a spus ce tare o întrista felul în care erau tratate fetele alea din puşcărie, când i-a vorbit despre cei care refuzau să meargă la război din motive morale şi chestii de-astea, i-a dat o palmă peste faţă, a scuipat-o şi-a făcut-o târfă mizerabilă şi trădătoare.

A treia oară când a venit acasă, el nu mai era acolo.

Şi ea a ştiut că n-o să se mai întoarcă niciodată. Nu mai rămăsese nimic din bărbatul care fusese cândva. Ea nu putea pleca, nu se putea îndrăgosti de altcineva, fiindcă nu existase niciodată decât el, iar acum nu mai era... Nu mai era, dar tot mai stătea în faţa focului cu bocancii în picioare şi bea şi bea şi se uita la ea de parcă ea era duşmanul, iar ea îşi dorea ca el să fi murit.

Ce viaţă mai e şi asta?

Anne îşi dorea să fi existat o altă cale. Îşi dorea să fi ştiut secretele pe care le ştiau celelalte femei, dar Libby Seeton era moartă de mult şi le luase cu ea. Anne ştia câte ceva, normal, majoritatea femeilor din sat ştiau. Ştiau ce ciuperci să culeagă şi pe care să le lase şi erau prevenite în legătură cu frumoasa doamnă, belladonna: li se spunea să nu o atingă niciodată, sub nicio formă. Ştia unde creştea în pădure, dar mai ştia şi ce efecte avea şi nu voia să-l vadă murind aşa.

Lui îi era frică tot timpul. Iar ea vedea, citea pe el la fiecare privire furişă, în felul în care ochii lui erau mereu la uşă, cum se uita mereu în zare la apus, străduindu-se să vadă în adâncimea pădurii. Îi era frică şi aştepta să vină ceva. Şi în tot timpul ăsta, căuta unde nu trebuie, fiindcă inamicul nu era afară, ci intrase deja înăuntru, în casa lui. Şedea pe vatra lui.

Nu voia să-l sperie. Nu voia să vadă umbra căzându-i pe umeri, aşa că a aşteptat să adoarmă în scaunul lui, cu bocancii în picioare şi sticla goală lângă el. Se mişcă tăcut şi iute. Îi puse cuţitul în ceafă şi-l împinse cu forţă, încât el abia dacă se trezi înainte să se ducă pe vecie.

Mai bine.

Făcuse al naibii de multă mizerie, normal, aşa că se duse la râu să se spele pe mâini.

DUMINICĂ, 23 AUGUST

Patrick

Visul lui Patrick despre soția lui era mereu același. Era noapte și ea era în apă. El îl lăsa pe Sean pe mal și se arunca în râu, înota, înota și înota și nu știa cum se făcea, dar cum se apropia îndeajuns cât s-o apuce, ea era dusă de curent mai departe, iar el trebuia să înoate iar. În vis, bulboana era mai largă decât în realitate. Nu era o bulboană, ci un lac, un ocean. Părea să înoate la nesfârșit și abia când era atât de epuizat că era sigur că avea să se ducă la fund, reușea în sfârșit s-o apuce și s-o tragă spre el. Când făcea asta, trupul ei se rostogolea încet în apă, fața i se-ntorcea spre a lui și, cu gura ei spartă, plină de sânge, începea să râdă. De fiecare dată era la fel, doar că aseară, când cadavrul s-a rostogolit în apă spre el, chipul era al lui Helen.

S-a trezit înspăimântat de moarte, cu inima bătând să-i spargă pieptul. S-a ridicat în capul oaselor cu palma lipită de piept, refuzând să-și recunoască frica sau faptul că era amestecată cu o profundă rușine. Trase draperiile și așteptă să se lumineze cerul, de la negru la cenușiu, apoi se duse alături, în camera lui Helen. Intră pe tăcute, ridicând uşor taburetul de lângă măsuța de toaletă şi punându-l lângă patul ei. Se aşeză. Fața ei era întoarsă de la el, exact ca în vis, iar el se luptă cu impulsul de a-i pune brațul pe umăr ca s-o scuture s-o trezească, doar ca să se asigure că gura ei nu era plină de sânge şi cu dinții sparți.

Când se foi, în sfârşit, întorcându-se încet, se sperie la vederea lui şi-şi smuci violent capul înapoi, izbindu-se de peretele din spatele ei.

— Patrick! Ce-i? S-a întâmplat ceva cu Sean?

Clătină din cap:

— Nu. Nu s-a întâmplat nimic.

— Atunci...

— Am... am lăsat nişte lucruri la tine în maşină? o întrebă. Data trecută? Am luat nişte gunoaie din căsuță şi voiam să le arunc, dar apoi pisica... M-am luat cu altele şi cred că le-am lăsat acolo. Aşa e?

Înghiți în sec şi aprobă, cu ochii negri, pupilele atât de mărite că din irisurile înghesuite la margini mai rămăseseră două filamente căprui-deschis.

— Da, am... Din căsuță? Ai luat lucrurile alea din căsuță?

Se încruntă, de parcă încerca să priceapă ceva.

— Da. Din căsuță. Ce-ai făcut cu ele? Ce-ai făcut cu punga?

Se ridică în fund.

— Am aruncat-o, spuse ea. Erau gunoaie, nu? Aşa arătau.

— Da. Doar nişte gunoaie.

Ochii ei fugiră-ntr-o parte, apoi reveniră la el.

— Tată, crezi că începuse din nou?

Oftă.

— El cu ea. Crezi...

Patrick se aplecă şi-i dădu blând părul căzut pe frunte.

— Păi, nu ştiu. Poate. Cred că e posibil. Dar acum s-a terminat, nu?

Încercă să se ridice, dar îşi dădu seama că picioarele îi sunt slăbite şi se sprijini cu o mână de noptieră. O simţea că se uita la el şi se ruşină.

— Ai vrea nişte ceai? o întrebă.

— Fac eu, spuse ea, împingând păturile.

— Nu, nu. Rămâi unde eşti. Mă ocup eu.

La uşă se-ntoarse.

— Le-ai aruncat? Gunoaiele?

Helen încuviinţă. Încet, cu membrele rigide şi pieptul strâns în menghină, coborî scările spre bucătărie. Umplu ceainicul şi se aşeză la masă cu inima grea. Helen nu-l mai minţise niciodată, dar era destul de sigur că acum o făcuse.

Poate-ar fi trebuit să fie supărat pe ea, dar era supărat mai mult pe Sean, fiindcă greşeala lui îi adusese aici. Helen nici n-ar trebui să fie în casa asta! Ar trebui să fie acasă, în patul soţului ei. Iar el n-ar fi trebuit să fie pus în situaţia asta, în postura umilitoare de a curăţa mizeria după fiul lui. Situaţia indecentă de a dormi în camera alăturată cu a noră-sii. Pielea de pe antebraţ îl mânca pe sub bandaj şi se scărpină distrat.

Pe de altă parte, dacă era să fie sincer — încerca întotdeauna să fie —, cine era el să-şi critice fiul? Îşi amintea cum era să fii tânăr, neajutorat în faţa atracţiei fizice. El alesese prost pentru el şi încă îi mai era ruşine de asta. A ales o frumuseţe, o frumuseţe fragilă, egoistă, o femeie căreia-i lipsea autocontrolul în mai toate privinţele. O femeie nesătulă. O luase pe calea autodistrugerii şi singurul lucru care-l surprindea acum, gândindu-se la asta, era că i-a luat atât de mult timp. Patrick ştia ceva ce Lauren nu înțelesese niciodată — de câte ori trecuse ea periculos de aproape de moarte.

Auzi pași pe scări și se întoarse. Helen stătea în prag, tot în pijamale, cu picioarele goale.

— Tată? Ești bine?

Se ridică, gata să prepare ceaiul, dar ea îi puse o mână pe umăr:

— Stai jos. Îl fac eu.

Alesese prost prima dată, dar nu și a doua oară. Fiindcă Helen, fata unui coleg, tăcută, urâțică și muncitoare, fusese alegerea *lui*. El a văzut imediat că o să fie statornică, iubitoare și credincioasă. Sean a trebuit să fie convins. Se îndrăgostise de o femeie pe care-o cunoscuse când era cadet, dar Patrick știa că n-o să dureze, iar când a continuat mai mult decât ar fi trebuit, i-a pus el capăt. Acum o privea pe Helen și știa sigur că alesese bine pentru fiul lui: era directă, modestă, inteligentă — complet dezinteresată de genul de bârfe și știri cu celebrități, obsesia majorității femeilor. Nu pierdea vremea cu televizorul sau cu romane, muncea din greu și nu se plângea. Era o companie plăcută, cu zâmbetul mai mereu pe buze.

— Poftim.

Îi zâmbea și-acum, oferindu-i ceaiul.

— Of, aia n-arată bine, remarcă ea.

Se uita la brațul lui, unde se scărpinase și-și rupsese bandajul. Pielea de dedesubt era roșie și umflată, rana închisă la culoare. Aduse apă caldă, săpun, antiseptic și bandaje curate. Îi curăță rana și-i bandajă brațul, iar când termină, el se întinse și-o sărută pe gură.

— Tată, spuse ea și-l împinse cu blândețe.

— Iartă-mă, spuse el. Iartă-mă.

Şi ruşinea reveni, de data asta copleşitoare, la fel şi furia.

Femeile scoteau ce era mai rău din el. Mai întâi Lauren, apoi Jeannie şi-aşa mai departe. Dar nu şi Helen. Sigur nu şi Helen? Şi totuşi, în dimineaţa aia îl minţise. Văzuse pe faţa ei, pe faţa ei sinceră, nedeprinsă cu minciuna, şi se cutremurase. Se gândi iar la vis, la Lauren răsucindu-se în apă, istorie repetată, doar că femeile erau tot mai rele.

Nickie

Jeannie spunea că era cazul să facă cineva ceva în privința asta.

— Ți-e ușor să vorbești, replică Nickie. Și-ai schimbat macazul cu totul, așa-i? Pân-acum îmi ziceai să-mi țin gura, spre binele meu. Acuma-mi spui să renunț la precauții?

La replica asta Jeannie n-a mai zis nimic.

— Și, în orice caz, am încercat. Știi că am încercat. Le-am arătat direcția corectă. I-am lăsat femeii și-un mesaj, da? Nu-i vina mea că nu m-ascultă nimeni. Acuma-s prea subtilă! Prea subtilă?! Vrei să umblu pe străzi țipând toate astea? Uite ce ți-a adus ție vorbitul!

Se certaseră toată noaptea pe tema asta.

— Nu-i vina mea! Nu poți să spui așa ceva. N-am vrut nicio clipă s-o bag în bucluc pe Nel Abbott. Doar i-am zis ce știam, atât. Așa cum mi-ai spus să fac. Oricum o dau, tot nu-i bine cu tine. Nici nu știu de ce mă mai obosesc.

Jeannie începea s-o calce pe nervi. Pur și simplu *nu mai tăcea*. Și cel mai rău era… mă rog, nu cel mai rău, cel mai rău era că nu putea să doarmă deloc, dar pe locul doi era că probabil avea dreptate. Nickie ştiuse imediat, din acea primă dimineaţă, când, stând la fereastra ei, a simţit. Alta. Altă înotătoare. Se gândise atunci la asta; ba chiar să se ducă la Sean Townsend. Dar făcuse bine că-şi ţinuse gura: văzuse reacţia lui când o pomenise pe maică-sa, mârâitul furios, văzuse cum i-a dispărut masca blândă. La urma urmelor, era fiul tatălui lui.

— Şi-atunci cui? Cui, soro? Cui ar trebui să-i spun? Poliţistei, nu. Nici să nu-mi sugerezi asta. Toţi sunt la fel! Păi, n-o să se ducă direct la şeful ei?

Dacă poliţistei nu, atunci cui? Surorii lui Nel? Nu-i inspira deloc încredere lui Nickie sora asta. Dar fata era altfel. *E doar un copil,* spusese Jeannie, dar Nickie răspunsese:

— Şi ce dacă? Are mai mult zvâc în degetul ei mic decât jumătate dintre oamenii din locul ăsta.

Da, o să vorbească cu fata. Doar că nu era încă sigură ce avea să-i spună.

Nickie încă mai avea paginile lui Nel, cele la care lucraseră împreună. Putea să i le arate fetei. Erau scrise la computer, nu de mână, dar Lena ar trebui să recunoască cuvintele maică-sii, tonul ei. Evident, nu spunea lucrurilor pe nume, aşa cum credea Nickie că ar trebui. Era unul dintre motivele pentru care se certaseră. Diferende artistice. Nel plecase ofticată, zicând că pierdeau timpul dacă Nickie nu putea să spună adevărul, dar sincer, ce ştia ea despre adevăr? Toţi spuneau doar poveşti.

Mai eşti aici? întrebă Jeannie. *Credeam că te duci să vorbeşti cu fata,* la care Nickie răspunse:

— Ho! Şezi blând, că mă duc. Mai încolo. Mă duc când sunt pregătită.

Uneori îşi dorea ca Jeannie să mai tacă şi alteori îşi dorea mai mult ca orice să fie în cameră, să stea cu ea la fereastră şi să vegheze. Ar fi trebuit să îmbătrânească împreună, să se calce pe nervi pe cinstite, nu să se ciondănească în eter, cum făceau acum.

Nickie îşi dorea ca, atunci când se gândea la Jeannie, să n-o mai vadă ca ultima oară când venise la ea. Era cu vreo două zile înainte ca Jeannie să plece definitiv din Beckford, ea era palidă de şoc şi tremura de frică. Venise să-i spună lui Nickie că o vizitase Patrick Townsend. Îi spusese că, dacă mai vorbeşte, dacă îi dă înainte cu întrebările, dacă mai încearcă *să-i distrugă reputaţia*, o să aibă grijă s-o vadă distrusă. „Nu de mine", a spus, „nu te-aş atinge nici să-mi dai bani. O să pun pe altcineva să facă treaba asta murdară. Şi n-o să fie numai unul. O să am grijă să fie câţiva şi să te ia fiecare, pe rând. Ştii doar, cunosc mulţi oameni, Jean? Doar nu te-ndoieşti vreo clipă că ştiu oameni care-ar face aşa ceva?"

Jeannie stătuse chiar aici, în camera asta, şi-o pusese pe Nickie să promită, o pusese să jure că avea s-o lase baltă.

— Nu mai putem face nimic acum. N-ar fi trebuit să-ţi spun nimic.

— Dar... băiatul? Ce se-ntâmplă cu băiatul?

Jeannie îşi ştersese lacrimile de la ochi.

— Ştiu. Ştiu. Mi se face rău numai când mă gândesc, dar n-avem ce face, trebuie să-l lăsăm acolo. Trebuie să taci, să nu spui nimic. Fiindcă Patrick o să-mi facă rău, Nicks, şi-o să-ţi facă felu' şi ţie. Nu se joacă.

Două zile mai târziu, Jeannie a plecat; nu s-a mai întors niciodată.

Jules

Hai, Julia... fii sinceră. Undeva, în adâncul tău, aşa-i că ţi-a plăcut?

M-am trezit cu vocea ta în cap. Era după-amiază. Nu pot să dorm noaptea, casa asta se leagănă ca o barcă şi sunetul apei e asurzitor. Ziua parcă nu e aşa de rău. Oricum, trebuie să fi adormit, fiindcă m-am trezit cu vocea ta în cap, întrebându-mă:

Undeva, în adâncul tău, aşa-i că ţi-a plăcut? Plăcut sau făcut plăcere? Sau *ai vrut*? Nu mai ţin minte. Îmi amintesc doar că mi-am tras mâna dintr-a ta şi-am ridicat-o ca să te lovesc, şi expresia ta, confuză.

M-am târât până în baie şi-am pornit duşul. Eram prea epuizată ca să mă dezbrac, aşa că am stat acolo, în timp ce încăperea se umplea cu abur. Apoi am oprit robinetul şi m-am dus la chiuvetă ca să-mi dau cu apă pe faţă. Când am ridicat capul, am văzut cum apăreau în condens două litere trasate pe suprafaţa oglinzii, un „L" şi un „S". M-am speriat atât de tare, că am ţipat.

Am auzit deschizându-se uşa de la camera Lenei şi-apoi bubuituri în uşa băii.

— Ce-i? Ce-ai păţit? Julia?

I-am deschis uşa, furibundă.

— Ce faci? am întrebat-o autoritar. Ce vrei să-mi faci?

Am arătat în spate, către oglindă.

— Ce-i?

Părea enervată.

— *Ce-i?*

— Lena, ştii foarte bine. Nu ştiu ce crezi că încerci să faci, dar...

Mi-a întors spatele şi a plecat.

— Isuse, ce *dementă* eşti!

Am stat o vreme şi m-am holbat la litere. Nu mi le imaginam, chiar erau acolo: LS. Era genul de fază pe care mi-o făceai tot timpul: îmi lăsai mesaje fantomatice pe oglindă sau desenai cu ojă roşie pentagrame micuţe pe uşa mea. Lăsai lucruri care să mă sperie. Îţi plăcea la nebunie să mă sperii şi probabil că i-ai povestit. Cred că da, iar acum îmi făcea şi ea acelaşi lucru.

De ce LS? De ce Libby Seeton? De ce ai făcut fixaţie pe ea? Libby era o nevinovată, o tânără târâtă la râu de bărbaţi care urau femeile şi le învinuiau de lucruri pe care ei le făcuseră. Dar Lena credea că tu te-ai dus acolo de bunăvoie, aşadar, de ce Libby? De ce LS?

Înfăşurată într-un prosop, am traversat desculţă holul către dormitorul tău. Părea neatins, dar în aer plutea un miros, ceva dulce — nu parfumul tău, altul. Ceva desuet, greţos de la aroma de trandafiri trecuţi. Sertarul de lângă patul tău era închis şi când l-am deschis totul era ca înainte, cu o excepţie. Bricheta, cea pe care gravaseşi inițialele lui Libby, dispăruse. Cineva intrase în cameră. Cineva o luase.

M-am întors în baie și mi-am dat iar cu apă pe față, am șters literele de pe oglindă, iar când am făcut asta, te-am văzut în spatele meu, cu exact aceeași expresie confuză pe față. M-am răsucit iute și Lena a ridicat mâinile ca să se apere.

— Doamne, Julia, calmează-te. Ce-i cu tine?

Am scuturat din cap:

— Am... am...

— Ai ce? a dat ea ochii peste cap, exasperată.

— Am nevoie de aer.

Dar în pragul casei era cât pe ce să țip iar, fiindcă la poartă erau două femei îmbrăcate în negru și aplecate, cumva înlănțuite. Una dintre ele a ridicat ochii spre mine. Era Louise Whittaker, mama fetei moarte. S-a smuls mânioasă de lângă cealaltă femeie:

— Lasă-mă! Lasă-mă-n pace! Să nu-ndrăznești să te-apropii de mine!

Cealaltă flutură o mână către ea — sau către mine, nu-mi dădeam seama. Apoi se-ntoarse și porni șontâcăind încet pe alee.

— Nebuna dracului! scuipă Louise venind către casă. Femeia aia Sage e un pericol. Îți spun, nu o băga în seamă! N-o lăsa să-ți intre în casă. E o mincinoasă și-o escroacă, o interesează doar banii.

Se opri să-și tragă sufletul, încruntându-se la mine.

— Bravo! Arăți la fel de oribil pe cât mă simt eu.

Am vrut să spun ceva, dar n-am reușit.

— Nepoată-ta e acasă?

Am invitat-o în casă.

— O chem acum, am spus, dar Louise era deja în capătul scărilor, strigând-o pe Lena.

Apoi intră în bucătărie şi se aşeză la masă ca s-o aştepte.

După o clipă, Lena îşi făcu apariţia. Expresia ei tipică, acea combinaţie de superioritate şi plictiseală care-mi amintea aşa de mult de tine, dispăruse. O salută pe Louise cu sfială, deşi nu sunt sigură că ea observă, fiindcă ochii îi erau îndreptaţi către râul de afară sau către un loc de dincolo de el.

Lena se aşeză la masă şi ridică mâinile ca să-şi răsucească părul într-un coc la ceafă. Ridică puţin bărbia, de parcă se pregătea de ceva, de un interviu. Un interogatoriu. Parcă eram invizibilă, atâta atenţie îmi acordau, dar am rămas în încăpere. Am stat în picioare lângă blat, nu relaxată, ci ridicată pe vârfuri, gata să intervin la nevoie.

Louise clipea încet, iar privirea ei poposi în cele din urmă pe Lena, care-o susţinu o secundă, după care lăsă ochii în jos, spre masă.

— Îmi pare rău, doamnă Whittaker. Îmi pare tare rău.

Louise nu spunea nimic. Lacrimile se rostogoleau prin ridurile de pe chipul ei ca prin nişte mici albii săpate în decursul a luni de durere neostoită.

— Îmi pare tare rău, repetă Lena.

Acum plângea şi ea şi-şi desfăcu la loc părul, pe care-l răsucea pe deget ca o fetiţă.

— Mă întreb dacă ai să înţelegi vreodată cum e să-ţi dai seama că nu-ţi cunoşteai propriul copil, spuse în cele din urmă Louise.

Inspiră adânc, tremurat.

— Am toate lucrurile ei. Hainele, cărţile, muzica ei. Pozele pe care le adora. Îi cunosc prietenii şi oamenii pe care-i admira, ştiu ce iubea. Dar toate astea nu erau ea.

Fiindcă n-am ştiut *pe cine* iubea. Avea o viaţă — *o întreagă viaţă* — de care eu nu ştiam. Cea mai importantă parte din ea şi eu n-am cunoscut-o.

Lena încercă să vorbească, dar Louise continuă:

— Adevărul e, Lena, că puteai să mă ajuţi. Puteai să-mi spui. Puteai să mă previi, când ai aflat prima dată. Să fi venit să-mi spui că fata mea s-a băgat în ceva, ceva ce nu putea controla, ceva ce *ştiai, trebuie să fi ştiut,* că avea să-i facă rău în cele din urmă.

— Dar nu puteam... Nu puteam...

Din nou Lena încerca să spună ceva şi din nou Louise n-o lăsa.

— Chiar dacă erai atât de oarbă, de proastă sau de nesăbuită încât să nu-ţi dai seama în ce necaz intrase, tot puteai să mă ajuţi *pe mine*. Puteai veni la mine după ce-a murit, să-mi spui „n-are legătură cu ceva ce aţi făcut sau n-aţi făcut. Nu e vina dumneavoastră şi nu e vina soţului dumneavoastră". Puteai să nu ne laşi să-nnebunim. Dar n-ai făcut-o. Ai ales să n-o faci. În tot timpul ăsta, n-ai spus nimic. În tot timpul ăsta, ai... Şi, mai rău, mult mai rău de-atât, l-ai lăsat...

Vocea i se ridică şi dispăru în aer, ca fumul.

— Să scape basma curată? sfârşi Lena propoziţia.

Nu mai plângea şi vocea i se ridica, puternică, nu slabă.

— Da. Aşa am făcut şi mi se făcea rău când mă gândeam. Îmi venea să *vomit,* dar am făcut-o pentru ea. Tot ce-am făcut am făcut pentru Katie.

— Să nu te-aud că-i pronunţi numele-n faţa mea! şuieră Louise. Nici să nu-ndrăzneşti!

— Katie, Katie, Katie!

Lena era aproape în picioare, aplecată-n faţă, cu chipul la câţiva centimetri de nasul lui Louise.

— Doamnă Whittaker — se prăbuşi la loc în scaun — *am iubit-o*. Ştiţi cât de mult am iubit-o. Am făcut ce-a vrut ea, ce mi-a cerut.

— Lena, nu era dreptul tău să decizi să-mi ascunzi mie, mamei ei, ceva atât de important...

— Nu, nu era dreptul meu, era al ei! Credeţi că aveţi dreptul să ştiţi tot, dar nu e aşa. Nu era un copil, nu era o fetiţă.

— Era fetiţa *mea*!

Vocea lui Louise răsună ca un vaiet, ca un bocet. Mi-am dat seama că strângeam tare marginea blatului de care mă sprijineam, cu ochii în lacrimi.

Lena vorbi din nou, cu voce acum blândă, rugătoare:

— Katie a făcut o alegere. A luat o decizie şi eu i-am respectat-o.

Apoi şi mai blând, de parcă ştia că intră pe un teritoriu periculos:

— Şi nu sunt singura. La fel a făcut şi Josh.

Louise ridică mâna şi-o lovi pe Lena o singură dată, foarte tare, peste faţă. Palma răsună, stârnind ecouri între pereţi. Am sărit şi-am apucat-o de braţ pe Louise.

— Nu! am strigat. Ajunge! Ajunge!

Încercam s-o ridic în picioare.

— Trebuie să pleci.

— Las-o! mă repezi Lena.

Partea stângă a feţei era de-un roşu furios, dar chipul îi era calm.

— Nu te băga, Julia. Poate să mă lovească dacă vrea. Poate să-mi scoată ochii, să mă tragă de păr, poate să-mi facă ce vrea. Ce mai contează acum?

Gura lui Louise rămăsese deschisă şi-i simţeam respiraţia acră. I-am dat drumul.

— Josh n-a zis nimic din cauza *ta*, spuse ştergându-şi scuipatul de la gură. Fiindcă i-ai spus *tu* să nu zică nimic.

— Nu, doamnă Whittaker.

Tonul Lenei era perfect liniar în timp ce-şi punea pe obraz dosul palmei drepte, ca să ostoiască durerea.

— Nu e adevărat. Josh şi-a ţinut gura din cauza lui Katie. Fiindcă aşa l-a rugat *ea*. Mai târziu, fiindcă voia să vă protejeze pe dumneavoastră şi pe tatăl lui. Credea că v-ar fi rănit prea tare să aflaţi că fusese...

Clătină din cap.

— E mic. Credea că...

— Nu-mi spune mie ce credea fiul meu, spuse Louise. Ce încerca să facă. Să nu te-aud.

Ridică mâna la gât — un reflex. Nu, nu era un reflex: strângea între degetul mare şi arătător pasărea care atârna pe lănţişorul ei.

— Ăsta, spuse, mai mult şuierat decât vorbă. Nu l-a primit de la tine, aşa-i?

Lena ezită o clipă, apoi clătină din cap.

— A fost de la el, aşa-i? El i l-a dat.

Louise împinse în spate scaunul, care hârşâi cu zgomot pe gresie. Se ridică şi, dintr-o mişcare violentă, smulse lănţişorul de la gât şi-l trânti pe masă în faţa Lenei.

— Ăsta era de la el şi tu m-ai lăsat să-l port la gât!

Lena închise o clipă ochii, clătinând iar din cap. Fata umilă, sfioasă, care se furişase în bucătărie acum câteva minute dispăruse şi în locul ei era cineva diferit, mai matur, adultul care contrabalansa izbucnirile de copil necontrolat, disperat, ale Louisei. Deodată, mi-a revenit în minte o amintire incredibil de limpede, cu tine puţin mai mică decât Lena acum, una dintre puţinele amintiri în care îmi ţii partea. La mine în şcoală era o profesoară care mă acuzase că luasem ceva ce nu era al meu şi mi-am amintit că ai admonestat-o. Aveai privirea limpede, erai calmă şi n-ai ridicat deloc vocea când i-ai spus cât greşeşte acuzând fără dovezi, iar ea s-a simţit intimidată de tine. Mi-am amintit cât de mândră am fost atunci de tine şi acum mă simţeam la fel, aceeaşi senzaţie de căldură în piept.

Aşezându-se la loc, Louise începu iar să vorbească, cu voce foarte scăzută:

— Atunci explică-mi şi mie, dacă tot ştii atâtea. Dacă tot *înţelegi* atâtea. Dacă fiica mea l-a iubit pe bărbatul ăla şi dacă şi el a iubit-o, atunci de ce? De ce-a făcut ce-a făcut? Ce i-a făcut de-a împins-o la asta?

Lena întoarse privirea spre mine. Părea speriată, cred, sau poate doar resemnată — nu reuşeam să-i descifrez prea bine expresia. M-a privit o clipă, apoi a închis ochii, storcând lacrimi de sub pleoapele strânse. Când a vorbit iar, vocea îi era mai subţire, mai încordată decât înainte.

— N-a împins-o el la asta. Nu el.

Oftă.

— Eu şi Katie ne-am certat. Voiam să înceteze, să nu se mai vadă cu el. Nu credeam că e normal. Credeam că ea o să dea de bucluc. Credeam...

Scutură capul:

— Pur şi simplu nu voiam să se mai vadă cu el.

Înţelegerea străbătu chipul Louisei ca un fulger; în clipa aia pricepu, şi eu la fel.

— Ai ameninţat-o, am spus. Că o dai în vileag.

— Da, spuse Lena abia auzit. Asta am făcut.

Louise a plecat fără o vorbă. Lena a rămas împietrită, privind fix râul de sub fereastră, fără să plângă şi fără să vorbească. Nu aveam ce să-i spun, nu aveam cum să ajung la ea. Am recunoscut în ea ceva ce ştiu că am avut şi eu, ceva ce poate are toată lumea la vârsta aia, un fel de mister esenţial, imposibil de descifrat. M-am gândit ce ciudat era că părinţii cred că-şi cunosc copiii, că-şi *înţeleg* copiii. Oare chiar nu-şi amintesc cum era la optsprezece, la cincisprezece sau la doisprezece ani? Îmi amintesc cum erai tu la şaptesprezece ani şi eu la treisprezece şi sunt absolut sigură că părinţii noştri habar n-aveau cine eram.

— Am minţit-o.

Vocea Lenei îmi rupse şirul gândurilor. Nu se mişcase, continua să se uite la apă.

— Pe cine? Pe Katie?

Scutură din cap.

— Pe Louise? Cu ce-ai minţit-o?

— N-are sens să-i spun adevărul, zise Lena. Nu acum. N-are decât să dea vina pe mine. Măcar eu sunt aici. Are nevoie de un loc unde să descarce toată ura aia.

— Ce vrei să spui, Lena? Despre ce vorbeşti?

Îşi întoarse ochii verzi şi reci spre mine; arăta mai bătrână ca înainte. Semăna cu tine adolescentă, în dimineaţa de după ce m-ai scos din apă. Schimbată, epuizată.

— N-am ameninţat-o că spun cuiva. Nu i-aş fi făcut niciodată aşa ceva. O iubeam. Niciunul dintre voi nu pare să înţeleagă ce înseamnă asta, de parcă nu înţelegeţi deloc ce e iubirea. Aş fi făcut orice pentru ea.

— Deci, dacă tu n-ai ameninţat-o...

Cred că am ştiut răspunsul înainte să mi-l spună ea.

— Mama a făcut-o.

Jules

Încăperea era mai rece; dacă aş fi crezut în spirite, aş fi zis că te alăturaseşi conversaţiei.

— Ne-am certat, cum am zis. Nu voiam să se mai vadă cu el. A spus că nu-i păsa ce credeam eu, că nu conta. A spus că sunt imatură, că nu înţeleg cum e să ai o relaţie adevărată. Am făcut-o curvă, ea m-a făcut virgină. Genul ăla de ceartă prostească, oribilă. Când Katie a plecat, mi-am dat seama că mama era în camera ei, alături — crezusem că era plecată. Auzise tot. Mi-a spus că trebuie să vorbească despre asta cu Louise. Am implorat-o să n-o facă, i-am spus că i-ar distruge lui Katie toată viaţa. A replicat că poate cel mai bine era să vorbească cu Helen Townsend, fiindcă Mark era cel care făcea ceva rău, iar Helen e şefa lui. A spus că poate îl concediau fără să o implice pe Katie. I-am zis că-i o tâmpenie, şi ştia şi ea. Nu aveau cum să-l dea afară, pur şi simplu, trebuia s-o facă în mod oficial. Avea să se implice şi poliţia, să se ajungă la tribunal, să fie făcută publică toată chestia. Şi, chiar dacă numele lui Katie nu ajungea în ziare, părinţii ei puteau să afle, toată şcoala avea să ştie... Chestiile astea nu rămân ascunse.

Trase adânc aer în piept şi expiră încet.

— I-am zis atunci mamei: Katie ar prefera să moară decât să treacă prin aşa ceva.

Lena se aplecă şi deschise fereastra bucătăriei, scotoci prin buzunarul hanoracului şi scoase un pachet de ţigări. Aprinse una şi suflă fumul în aer.

— Am implorat-o. Pe bune, chiar am rugat-o în genunchi şi mi-a zis că trebuie să se mai gândească. A spus că trebuia s-o conving pe Katie să rupă relaţia, că era abuz de putere şi că era un lucru foarte rău. Mi-a promis că n-o să facă nimic fără să-mi dea timp s-o conving pe Katie.

Strivi ţigara abia aprinsă de pervaz şi-i dădu un bobârnac către apă.

— Am crezut-o. Am avut încredere în ea.

Se întoarse iar spre mine.

— Dar două zile mai târziu am văzut-o pe mama în parcarea şcolii, vorbind cu domnul Henderson. Nu ştiu despre ce, dar nu părea deloc o discuţie amicală, mi-am dat seama că trebuia să-i spun ceva lui Katie, pentru orice eventualitate, trebuia să ştie, să fie pregătită...

I se frânse vocea şi înghiţi greu.

— Trei zile mai târziu, era moartă.

Lena îşi trase nasul şi-l şterse cu dosul palmei.

— Când am vorbit după aia cu mama despre asta, a jurat că n-a pomenit-o nicio clipă pe Katie în discuţia cu Mark Henderson. A spus că se certau din cauza mea, din cauza problemelor pe care le aveam la ora lui.

— Deci... stai aşa, Lena, că nu pricep. Spui că *nici* maică-ta nu i-a ameninţat că-i dă în vileag?

— Nici eu n-am reuşit să pricep. A jurat că nu spusese nimic, dar se simţea aşa de *vinovată*, că se vedea de la o poştă. Ştiam că era vina mea, dar se purta de parcă era a ei. N-a mai înotat în râu şi-a devenit obsedată de *adevăr*, îi tot dădea înainte cu asta, că nu e bine să te temi să spui adevărul, iar şi iar...

(Nu eram sigură dacă era o bizarerie sau o consecvenţă absolută: tu nu spuneai adevărul, n-ai făcut-o niciodată — poveştile pe care le spuneai nu erau *adevărul*, erau adevărul *tău*, plăsmuit de tine. Ar trebui să ştiu. Aproape toată viaţa am avut parte de versiunea mizerabilă a adevărului tău.)

— Dar n-a făcut asta, aşa-i? N-a spus nimănui şi nici n-a scris despre Mark Henderson, în... *povestea* ei despre Katie nu e pomenit.

Lena scutură din cap:

— Nu, fiindcă n-am lăsat-o. Ne-am certat de o mie de ori şi îi tot spuneam că mi-ar fi plăcut la nebunie să-l văd pe nemernicul ăla după gratii, dar asta i-ar fi frânt inima lui Katie. Şi-ar fi însemnat că făcuse ce făcuse degeaba.

Înghiţi nodul din gât.

— Adică... *ştiu*. Ştiu că a fost o prostie ce-a făcut Katie, total *aiurea*, dar a murit ca să-l protejeze. Şi, dacă ne duceam la poliţie, moartea ei n-ar mai fi însemnat nimic. Dar mama continua cu adevărul şi că era iresponsabil să lăsăm lucrurile aşa. Era... nu ştiu.

Ridică spre mine o privire la fel de calmă precum cea cu care o fixase pe Louise:

— Ai fi ştiut toate astea, Julia, dacă ai fi vorbit cu ea.

— Îmi pare rău, Lena, îmi pare rău pentru asta, dar tot nu văd de ce...

— Ştii de unde ştiu că mama s-a sinucis? Ştii de ce sunt sigură?

Am clătinat din cap.

— Fiindcă în ziua în care-a murit, ne-am certat. A început din nimic, dar am ajuns să ne certăm pentru Katie, ca de obicei. Ţipam la ea, o făceam mamă denaturată şi-i spuneam că, dacă ar fi fost un părinte bun, ne-ar fi ajutat, ar fi ajutat-o pe Katie şi nimic din toate astea nu s-ar fi întâmplat. Şi mi-a zis că încercase s-o ajute pe Katie, că o văzuse într-o zi ducându-se spre casă seara târziu şi se oprise ca să se ofere s-o ducă ea. Katie era supărată rău şi nu voia să spună de ce şi mama i-a zis *Nu trebuie să treci singură prin asta.* I-a spus *Te pot ajuta.* Şi *Mama şi tatăl tău te pot ajuta şi ei.* Când am vrut să ştiu de ce nu-mi spusese niciodată, n-a răspuns. Am întrebat-o când s-a întâmplat şi a zis de solstiţiu, pe 21 iunie. În noaptea aia, Katie s-a dus la bulboană. Fără să vrea, mama a fost cea care-a ajutat-o să ia decizia.

Un val de tristeţe se prăbuşi peste mine cu atâta forţă, că am crezut c-o să mă doboare. Asta a fost, Nel? După toate astea, tu *chiar* ai sărit şi-ai făcut-o fiindcă te simţeai vinovată şi deznădăjduită. Erai disperată că nu aveai cu cine vorbi — nici cu fiica ta furioasă şi îndurerată, sigur nici cu mine, fiindcă ştiai că, dacă sunai, nu-ţi răspundeam. Te-a copleşit deznădejdea, Nel? Ai sărit?

Simţeam privirea Lenei asupra mea şi ştiam că vedea ruşinea, vedea că în sfârşit pricepeam că şi eu eram vinovată. Dar nu părea triumfătoare, nici satisfăcută, doar obosită.

— N-am spus poliţiei nimic din toate astea, fiindcă n-am vrut să ştie nimeni. N-am vrut să dea nimeni vina pe ea... oricum, nu mai mult decât o fac deja. N-a făcut-o din răutate. Şi-a suferit destul, nu? A îndurat lucruri pe care n-ar fi trebuit să le îndure, fiindcă n-a fost vina ei. N-a fost a ei şi nici a mea.

A zâmbit cu tristeţe.

— N-a fost nici vina ta. Nici a Louisei, nici a lui Josh. N-a fost vina noastră.

Am încercat să o îmbrăţişez, dar m-a respins.

— Nu. Te rog, am...

Fraza a rămas în aer. Ridică bărbia.

— Am nevoie să fiu singură. Doar puţin. Mă duc să mă plimb.

Am lăsat-o să plece.

Nickie

Nickie a făcut cum i-a spus Jeannie, s-a dus să vorbească cu Lena Abbott. Vremea se mai răcorise, un semn că toamna venea mai devreme, aşa că s-a înfăşurat în haina ei neagră, a îndesat paginile în buzunarul interior şi s-a îndreptat spre Casa Morii. Când a ajuns acolo, a descoperit că mai erau şi alţii, iar ea n-avea chef de vreo baie de mulţime. Mai ales după ce i-a spus Whittaker aia, că nu-i păsa decât de bani şi să profite de pe urma durerii oamenilor, ceea ce nu era deloc corect. Niciodată nu avusese intenţia asta — ce bine-ar fi dacă oamenii ar asculta ce avea de spus... A rămas o vreme în faţa casei, privind-o, dar o dureau picioarele şi capul îi era plin de zgomot, aşa că s-a întors acasă. În unele zile se simţea de vârsta ei, dar în altele se simţea de vârsta maică-sii.

N-avea nervi pentru ziua asta, pentru bătălia care-o aştepta. Întoarsă în camera ei, a moţăit în fotoliu, iar când s-a trezit, i s-a părut că parcă o văzuse pe Lena îndreptându-se spre bulboană, dar o fi fost un vis ori o premoniție. Mai târziu, mult mai târziu, în întuneric, era sigură că a văzut-o pe fată traversând piața ca o fantomă, una cu destinație clară, după pasul ei iute. Nickie putea simți cum despică aerul în trecerea ei, simțea energia intensă pe care-o emana până în cămăruța ei întunecată, şi asta i-a dat avânt, scuturându-i de pe umeri povara anilor. Fata aia avea o misiune. Avea un foc interior, era periculoasă. Genul cu care nu te pui.

Văzând-o pe Lena aşa, Nickie şi-a amintit cum era ea cu ani în urmă; i-a trezit pofta de dans, cheful să urle la lună. Mă rog, zilele când putea dansa erau de domeniul trecutului, dar, cu sau fără dureri, a decis ca-n noaptea aia să ajungă la râu. Voia să le simtă aproape, pe toate femeile alea nesupuse, fetele alea nesupuse, periculoase şi energice. Voia să le simtă spiritul, să se scalde în el.

Înghiți patru aspirine, îşi luă bastonul, apoi coborî scările încet, cu grijă şi ieşi pe uşa din spate, în aleea de aprovizionare a magazinelor. Traversă şontâc-şontâc piața, către pod.

Parcă-i lua o veşnicie; zilele astea totul părea să-i ia o groază de timp. Nimeni nu te avertiza în legătură cu asta când erai tânăr, nimeni nu-ți spunea cât de încet o să devii şi cât de tare o să te plictisească propria încetineală. Ar fi trebuit să prevadă, probabil, iar gândul ăsta o făcu să râdă singură în întuneric.

Nickie îşi amintea de vremurile când era iute de picior, o zvârlugă. Pe-atunci, în tinerețe, ea şi sora ei se luau la întrecere pe malul râului până departe, în aval. Goneau cu fustele îndesate-n chiloți, simțind fiecare pietricică, fiecare crăpătură din pământul tare prin tălpile subțiri ale tenişilor. Nestăvilite, aşa erau. Mai târziu, mult mai târziu, mai vârstnice şi un pic mai lente, se întâlneau în acelaşi loc, în aval, şi se plimbau împreună, uneori kilometri în şir, deseori în tăcere.

În timpul uneia dintre aceste plimbări, o zăriseră pe Lauren, şezând pe treptele casei lui Anne Ward cu o ţigară în mână şi capul lăsat pe spate, sprijinit de uşă. Jeannie a strigat-o, iar când Lauren a ridicat capul, au văzut că pe-o parte faţa ei avea toate culorile apusului.

— E o fiară ăla al ei, spusese Jeannie.

Vorbeşti de lup şi lupul la uşă. Cum stătea Nickie acolo, amintindu-şi de sora ei, cu coatele pe piatra rece a podului, bărbia pe mâini şi ochii plecaţi spre apă, l-a simţit. Înainte să-l vadă. Nu-i rostise numele, dar poate că şuşotelile lui Jeannie invocaseră fiara — Satana de provincie. Nickie întoarse capul şi iată-l, venind spre ea din partea de est a podului, cu bastonul într-o mână şi ţigara în cealaltă. Nickie scuipă pe jos, ca întotdeauna, şi-şi spuse descântecul.

De obicei, asta era tot, dar în noaptea asta — cine ştie de ce, poate fiindcă simţea spiritul Lenei, pe-al lui Libby, al lui Anne sau al lui Jeannie — strigă către el:

— Nu mai e mult! spuse.

Patrick s-a oprit. Ridică ochii, oarecum surprins s-o vadă.

— Ce? mârâi. Ce-ai zis?

— Am zis că nu mai e mult.

Patrick a făcut un pas spre ea, destul cât să-i simtă iar spiritul, de-o fierbinţeală furibundă, ridicându-se din burtă în piept şi apoi în gură:

— În ultimul timp au venit să vorbească cu mine.

Patrick a fluturat din mână spre ea, concediind-o şi a spus ceva ce ea n-a auzit. Şi-a continuat drumul, dar spiritul refuza să se lase redus la tăcere. Strigă după el:

— Sora mea! Soția ta! Şi Nel Abbott. Toate, toate vorbesc cu mine. Şi ce te-a mai citit, aşa-i? Nel Abbott?

— Tacă-ți fleanca, babă nebună! scuipă Patrick.

Se dădu înspre ea doar un pic, iar Nickie tresări. El râse şi-i întoarse iar spatele.

— Data viitoare când vorbeşti cu ea — strigă peste umăr —, chiar te rog să-i transmiți soră-tii salutările mele.

Jules

Am aşteptat-o în bucătărie pe Lena — am sunat-o pe mobil, i-am lăsat mesaje vocale. M-am agitat disperată şi în mintea mea mă certai că nu m-am dus după ea, aşa cum tu ai venit după mine. Tu şi cu mine... ce diferit ne spunem poveştile. Ştiu, pentru că ţi-am citit cuvintele: *Când aveam şaptesprezece ani, am salvat-o pe soră-mea de la înec*. Erai o eroină fără context. N-ai scris despre cum am ajuns acolo, despre meciul de fotbal sau despre sânge, ori despre Robbie.

Nici despre bulboană. *Când aveam şaptesprezece ani, am salvat-o pe soră-mea de la înec,* spui tu, dar cât de selectivă ţi-e memoria, Nel! Încă-ţi mai simt mâna pe ceafă, încă-mi mai amintesc cum mă luptam cu tine, agonia plămânilor goliţi de aer, panica rece când, chiar şi în amorţeala mea imbecilă, deznădăjduită, alcoolică, mi-am dat seama că o să mă-nec. M-ai ţinut sub apă, Nel.

Nu mult. Te-ai răzgândit. Cu braţul strâns în jurul gâtului meu, m-ai tras spre mal, dar am ştiut întotdeauna că a existat o parte din tine care a vrut să mă lase acolo.

Mi-ai spus să nu vorbesc niciodată despre asta, m-ai pus să promit, *de dragul mamei*, aşa că am îngropat-o. Presupun că mereu am crezut că într-o zi nu prea îndepărtată, când o să fim bătrâne şi tu o să fii altfel, o să-ți pară rău, aveam să dezgropăm întâmplarea. Să vorbim despre ce s-a întâmplat, despre ce-am făcut eu şi ce-ai făcut tu, despre ce ai spus şi cum am ajuns să ne urâm. Dar tu n-ai spus niciodată că regreți. Şi nu mi-ai explicat niciodată cum ai putut să te porți cu mine, sora ta mai mică, aşa cum te-ai purtat. Nu te-ai schimbat, doar te-ai dus să mori, iar eu mă simt de parcă mi-a fost smulsă inima din piept.

Îmi doresc cu disperare să te mai văd o dată.

Am aşteptat-o pe Lena până ce, doborâtă de epuizare, m-am dus, în sfârşit, să mă culc. Aveam mari probleme cu somnul aici şi acum mă ajungea oboseala. M-am prăbuşit, alunecând în şi din vise până ce-am auzit uşa de la intrare şi paşii Lenei pe scări. Am auzit-o ducându-se în camera ei şi dând drumul la muzică destul de tare încât să aud o femeie cântând.

That blue-eyed girl
said *'No more'*,
and that blue-eyed girl
became blue-eyed whore.

Am adormit încet la loc. Când m-am trezit iar, încă se mai auzea muzica, acelaşi cântec, acum şi mai tare. Voiam să se oprească, îmi doream cu disperare să se oprească, dar mi-am dat seama că nu mă puteam ridica din pat. M-am întrebat dacă eram, de fapt, trează, fiindcă, dacă eram, ce era greutatea asta de pe pieptul meu, care mă zdrobea? Nu puteam respira, nu mă puteam mişca, dar tot o auzeam pe femeie cântând.

Little fish, big fish, swimming in the water —
come back here man, gimme my daughter.

Brusc, greutatea a dispărut şi m-am dat jos din pat, furioasă. M-am poticnit în hol şi-am strigat la Lena să dea muzica mai încet. M-am repezit la clanța de la camera ei şi, cu o smucitură, am deschis uşa. Camera era goală. Luminile aprinse, ferestrele deschise, mucuri de țigară în scrumieră, un pahar lângă patul gol. Muzica părea să răsune tot mai tare, îmi bubuia capul, mă dureau maxilarele şi țipam în continuare, deşi nu era nimeni acolo. Am găsit stația de andocare a iPod-ului, am smuls-o din priză şi în sfârşit, în sfârşit nu-mi auzeam decât propria respirație şi în urechi sângele pulsând.

M-am întors la mine în cameră şi-am sunat-o iar pe Lena; când n-a răspuns, am încercat să-l sun pe Sean Townsend, dar apelul a fost redirecționat direct spre căsuța vocală. Jos, uşa de la intrare era încuiată şi toate luminile aprinse. Am mers din cameră-n cameră ca să le sting una câte una, împleticindu-mă ca beată, ca drogată. M-am întins pe bancheta de la geam — unde stăteam şi citeam cu mama, unde m-a violat iubitul tău acum douăzeci şi doi de ani — şi-am adormit iar.

Am visat că apa creştea. Eram sus, în dormitorul părinților mei. Stăteam întinsă-n pat cu Robbie lângă mine. Afară, ploaia răpăia torențial, râul se tot umfla şi cumva ştiam că la parter casa se inunda. Mai întâi încet — pe sub uşă pătrundea un firicel de apă —, apoi mai repede, când uşile şi ferestrele s-au dat în lături sub presiunea apei împuțite, care năvălea în casă și împingea primele trepte ale scărilor. Nu știu cum, dar vedeam livingul scufundat în verde mâlos, vedeam cum râul își reclama drepturile asupra casei și apa ajungea la gâtul *Câinelui* din tablou, doar că acum nu mai era un animal într-o pictură, ci era adevărat. Avea ochii albi, holbați de panică și se zbătea să rămână în viață. Am încercat să mă ridic, să cobor ca să-l salvez, dar Robbie nu voia să mă lase, mă trăgea de păr.

Am sărit din somn, panica m-a trezit din coșmar. Mi-am verificat telefonul, era trecut de trei dimineața. Auzeam ceva, pe cineva foindu-se prin casă. Lena era acasă. Slavă Domnului! Am auzit-o coborând scările, plesnind cu șlapii treptele de piatră. S-a oprit în pragul ușii, cu silueta iluminată din spate.

A pornit spre mine. Spunea ceva, dar n-o auzeam, am văzut că nu purta șlapi, ci pantofii cu toc de la înmormântare și aceeași rochie neagră, udă leoarcă. Avea părul lipit de față, pielea cenușie și buzele albastre. Era moartă.

M-am trezit gâfâind. Inima-mi bătea să-mi spargă pieptul, bancheta de sub mine era îmbibată de transpirație. M-am ridicat buimacă în capul oaselor, m-am uitat la picturile de pe peretele din față și parcă se mișcau, așa că mi-am spus *Încă dorm, nu mă pot trezi, nu mă pot trezi*. M-am ciupit cât de tare am putut, mi-am înfipt unghiile în carnea antebrațului și-am văzut urme adevărate, am simțit durere adevărată. Casa era cufundată în beznă și tăcută, cu excepția susurului șoptit al râului. Am strigat-o pe Lena.

Am alergat la etaj, am traversat coridorul în fugă; ușa de la camera ei era întredeschisă și lumina aprinsă. Încăperea era exact cum o lăsasem cu câteva ore mai devreme: paharul cu apă, patul nefăcut și scrumiera — neatinse. Lena nu era acasă. Nu fusese deloc acasă. Dispăruse.

PARTEA A TREIA

LUNI, 24 AUGUST

Mark

Când a ajuns acasă era târziu, trecuse de ora două noaptea. Zborul din Málaga avusese întârziere, apoi își pierduse tichetul de parcare și abia după patruzeci și cinci de minute își găsise mașina.

Acum își dorea să fi durat mai mult, își dorea să nu-și fi găsit mașina și să fi fost nevoit să stea la un hotel. Ar fi fost cruțat măcar încă o noapte. Când și-a dat seama, în întuneric, că toate ferestrele casei lui fuseseră sparte, a știut că n-avea să mai doarmă, nici în noaptea aia, nici în alta. Gata cu odihna, liniștea sufletească îi era distrusă. Fusese trădat.

Își mai dorea să fi fost mai calculat, mai nepăsător, să-și fi dus logodnica cu zăhărelul. Fiindcă așa, când veneau după el, putea spune: „Eu? Tocmai m-am întors din Spania. Patru zile în Andaluzia cu logodnica mea. Atrăgătoarea mea iubită, femeia de carieră în vârstă de *douăzeci și nouă de ani*".

Însă n-ar fi contat, nu? N-ar mai conta ce-a spus, ce-a făcut, cum își trăise viața: oricum aveau să-l răstignească.

N-o să conteze pentru ziare, pentru poliție, pentru școală, pentru comunitate că nu era vreun pervers, vânător de fete care aveau jumătate din vârsta lui. N-o să conteze că se îndrăgostise și că fusese iubit la rândul lui. Reciprocitatea sentimentelor avea să fie ignorată — maturitatea lui Katie, seriozitatea ei, inteligența, *alegerea* ei —, niciunul dintre aceste lucruri nu mai contează. Tot ce-aveau să vadă erau vârsta lui, douăzeci și nouă, și vârsta ei, cincisprezece, și aveau să-i distrugă viața.

Stătu pe gazon, holbându-se la ferestrele astupate cu placaj și plânse în hohote. Dac-ar mai fi rămas ceva de spart, ar fi spart el, atunci. Stătu pe gazon și-o blestemă, blestemă ziua în care o văzuse prima dată, cu mult mai frumoasă decât prietenele ei prostuțe, infatuate. Blestemă ziua în care venise încet spre catedra lui, cu șoldurile pline legănându-se ușor și un zâmbet pe buze, și întrebase: „Domnule Henderson? Puteți să mă ajutați cu ceva?“ Felul în care se aplecase spre el destul de aproape încât să-i miroasă pielea curată, neparfumată. La început fusese speriat și furios, crezuse că se juca cu el. Că-l ațâța. Nu începuse ea toată chestia asta? Și-atunci de ce să fie el cel rămas să îndure singur consecințele? Stătu pe gazon cu lacrimi în ochi, cu panica-n gât, și-o urî pe Katie, se urî pe sine și mizeria stupidă în care se băgase și din care nu mai vedea nicio ieșire.

Ce să facă? Să intre în casă, să-și împacheteze restul lucrurilor și să plece? Să fugă? Mintea i se-ncețoșă: unde să se ducă și cum? Oare îl urmăreau deja? Cu siguranță. Dacă scotea bani, oare aflau? Dacă încerca să plece iar din țară, vor fi acolo? Își imagină scena, ofițerul de la pașapoarte cercetându-i poza, apoi telefonând undeva și oameni în uniformă îl înșfacă și-l târăsc din coada de turişti care-l privesc curioşi. Oare aveau să ştie numai uitându-se la el ce era? Nu traficant de droguri, nu terorist, nu, trebuie să fie altceva. Ceva mai rău. Se uită la ferestrele oarbe şi acoperite şi-şi imagină că erau înăuntru, că-l aşteptau, că-i cotrobăiseră deja prin lucruri, prin cărţi şi hârtii, că-i răsturnaseră deja casa cu susu-n jos în căutare de dovezi ale faptei lui.

Şi n-ar fi găsit nimic. Simţi o slabă licărire de speranţă. Nu aveau ce să găsească. Nici scrisori de dragoste, nici poze în laptopul lui, nicio dovadă că ea ar fi călcat vreodată în casa lui (aşternuturile erau de mult aruncate, toată casa curăţată, frecată şi dezinfectată de orice urmă a ei). Ce dovezi puteau să aibă în afara fanteziilor unei adolescente răzbunătoare? Una care încercase şi ea să-i intre în graţii şi fusese respinsă public şi brutal. Nu ştia nimeni, nu cu adevărat, ce se petrecuse între el şi Katie şi nici nu trebuia să ştie cineva. Nel Abbott era cenuşă, iar cuvântul fiicei ei valora tot cam atât.

Strânse din dinţi şi-şi scoase cheile din buzunar, apoi ocoli casa şi deschise uşa din spate.

Se repezi la el înainte să apuce să aprindă luminile, nu tocmai fiinţă umană, toată numai o gură neagră larg căscată, dinţi şi unghii. O alungă cu lovituri oarbe, dar ea atacă din nou. Ce putea să facă? Nu i-a dat de ales, nu?

Şi-acum era sânge pe podele şi n-avea timp să-l curețe. Se lumina de ziuă. El trebuia să dispară.

Jules

M-a fulgerat brusc. O revelație. Acum eram îngrozită şi panicată, iar în clipa următoare nu mai eram, fiindcă ştiam. Nu unde era Lena, ci *cine* era. Şi, având informația asta, puteam să încep s-o caut.

Stăteam în bucătărie, amețită, năucită de şoc. Poliția plecase, se-ntorsese la râu să continue căutarea. Mi-au zis să stau pe loc, pentru orice eventualitate. Pentru eventualitatea în care s-ar întoarce acasă. Continuă s-o suni, au spus, nu închide telefonul. *OK, Julia? Să nu închizi telefonul.* Îmi vorbeau ca unui copil.

Nu-i puteam învinovăți, îmi puseseră o groază de întrebări la care n-am putut răspunde. Ştiam când o văzusem ultima dată pe Lena, dar nu şi când fusese ultima dată în casă. Nu ştiam ce purta când a plecat; nu-mi aminteam cu ce era îmbrăcată când am văzut-o ultima oară. Nu reuşeam să disting visul de realitate: muzica a fost reală sau mi-am imaginat-o? Cine a încuiat uşa, cine a aprins luminile? Detectivii m-au măsurat bănuitor, dezamăgiți: de ce-o lăsasem să plece, dacă era aşa de tulburată după confruntarea cu Louise Whittaker? Cum de n-am alergat după ea s-o consolez? Am văzut ce priviri îşi aruncau, felul în care mă judecau pe tăcute. Ce fel de tutore o să fie femeia asta?

Tu erai în mintea mea, admonestându-mă. *De ce nu te-ai dus după ea, cum am venit eu după tine? De ce n-ai salvat-o, cum te-am salvat eu? Când aveam şaptesprezece ani, am salvat-o pe soră-mea de la înec.* Nel, când aveai şaptesprezece ani, m-ai făcut să intru în râu şi-apoi m-ai ţinut cu capul sub apă. (Discuţia aia veche, acel du-te-vino: tu spui că, eu spun că... Nu mai aveam chef de ea, nu voiam s-o continui.)

Aşa eram când s-a întâmplat. În energia nervoasă a epuizării, în fiorul greţos al fricii, am văzut ceva, am prins ceva. A fost ca şi cum s-ar fi mişcat ceva, o umbră sesizată cu coada ochiului. *Fii sinceră: chiar am fost eu motivul*, ai întrebat, *care te-a făcut să intri în apă?* Să fi fost tu sau Robbie? Să fi fost o combinaţie între voi doi?

Podeaua părea să se-ncline şi m-am apucat de blatul din bucătărie ca să mă ţin pe picioare. *O combinaţie între voi doi.* Mi s-a tăiat respiraţia şi o menghină îmi încleşta pieptul, ca înaintea unui atac de panică. Am aşteptat ca lumea să devină albă, dar nu. Am rămas în picioare şi am continuat să respir. *O combinaţie.* Am alergat spre scări, le-am urcat în goană, am dat buzna în camera ta şi iată! Poza ta cu Lena, în care ea rânjeşte ca un animal de pradă — nu eşti tu, nu e zâmbetul tău. E al *lui*. Al lui Robbie Cannon. Îl văd şi acum, strălucitor, zâmbetul pe care mi l-a aruncat în timp ce e întins peste trupul tău şi-ţi împinge umerii în nisip. Asta e ea, asta e Lena. E o combinaţie între voi doi. Lena e a ta şi e a lui. Lena e fiica lui Robbie Cannon.

Jules

M-am aşezat pe pat cu poza înrămată în mână. Tu şi ea îmi zâmbeaţi, mi s-au umplut ochii de lacrimi fierbinţi şi în sfârşit am plâns după tine, cum ar fi trebuit s-o fac la înmormântare. M-am gândit la ce făcuse el în ziua aia, la cum se uitase la Lena — îi judecasem complet greşit privirea. Nu era de animal de pradă, ci de *proprietar*. Nu se uita la ea ca la o fată ce putea fi sedusă, posedată. Deja îi aparţinea. Poate venise să ia ceea ce-i aparţinea de drept?

N-a fost greu de găsit. Tatăl lui avea un lanţ strident de magazine de maşini în toată zona de nord-est. Cannon Cars se numea compania. Aia nu mai exista, dăduse faliment cu ani în urmă, dar mai rămăsese o versiune mai mică, amărâtă, ieftină, în Gateshead. Am găsit un site prost construit cu poza lui pe prima pagină, poză făcută cu ceva timp în urmă, din câte vedeam. Era mai puţin burduhănos atunci, trăsăturile încă mai aminteau de băiatul frumos şi crud.

N-am sunat la poliţie, eram sigură că n-aveau să m-asculte. Am luat cheile de la maşină şi-am plecat. La ieşirea din Beckford eram aproape mândră de mine — mă prinsesem, preluam controlul. Cu cât mă îndepărtam mai mult, cu atât mă simţeam mai puternică, cu atât mi se risipea ceaţa oboselii şi mi se relaxau membrele. Mi s-a făcut foame, o foame de lup şi am savurat senzaţia; mi-am muşcat interiorul obrazului şi-am simţit gust de fier. Ieşise la suprafaţă o mai veche parte din mine, o relicvă furioasă, neînfricată; îmi imaginam cum îmi vărs furia pe el, cum îl sfâşii cu unghiile. Mă vedeam ca o amazoană care-l face bucăţi.

Service-ul auto era într-un cartier sărăcăcios, sub podul de cale ferată. Un loc sumbru. Până să ajung, îmi dispăruse curajul. Când schimbam vitezele sau semnalizam, îmi tremurau mâinile, iar gustul din gură nu mai era de sânge, ci de suc gastric. Încercam să mă concentrez la ce aveam de făcut — s-o găsesc pe Lena, s-o văd în siguranţă —, dar toată energia îmi era secătuită de efortul pe care-l făceam ca să împing înapoi amintirile pe care le reprimasem mai bine de jumătate de viaţă, şi care acum se ridicau ca nişte buşteni la suprafaţa unei ape.

Am parcat vizavi de service. Afară era un bărbat care fuma — tânăr, nu era Cannon. M-am dat jos din maşină şi, cu picioarele tremurând, am traversat strada ca să vorbesc cu el.

— Aş vrea să vorbesc cu Robert Cannon, se poate? am spus.

— Aia-i maşina ta? spuse, arătând spre maşina din spatele meu. Poţi s-o bagi înăuntru...

— Nu, nu de-aia am venit. Trebuie să vorbesc cu... E aici?

— N-ai venit pentru maşină? E în birou, spuse arătând undeva în spatele lui. Poţi să intri, dacă vrei.

Am scrutat caverna întunecată şi mi s-a strâns stomacul.

— Nu, am spus cât am putut de ferm. Prefer să vorbesc cu el afară.

Îşi supse dinţii şi cu un bobârnac aruncă în stradă ţigara fumată pe jumătate.

— Cum vrei, spuse şi intră alene înăuntru.

Mi-am băgat mâna în buzunar şi mi-am dat seama că-mi lăsasem telefonul în geantă, care rămăsese pe scaunul din dreapta. Am dat să mă întorc, conştientă că, dacă o făceam, nu mă mai întorceam, dacă ajungeam în siguranţa maşinii, aveam să-mi pierd definitiv şi ultima urmă de curaj, o să pornesc motorul şi o să plec.

— Cu ce te-ajut?

Am îngheţat.

— Voiai ceva, păpuşă?

M-am întors şi iată-l: şi mai urât decât în ziua înmormântării. Faţa puhavă, fălcile căzute, nasul vineţiu, străbătut de vinişoare albastre, care se întindeau şi pe obraji, ca un estuar pe-o hartă. Pasul îmi era cunoscut, felul în care se înclina dintr-o parte-n alta, ca o corabie, în timp ce se apropia de mine. Mă scruta atent.

— Ne cunoaştem?

— Eşti Robert Cannon? am întrebat.

— Da, eu sunt Robbie.

Pentru o fracţiune de secundă mi-a fost milă de el. Pentru cum şi-a spus numele, folosind şi acum diminutivul. Robbie e nume de copil, nume de băieţel care aleargă prin grădină şi se caţără în copaci. Nu e nume de ratat obez, de falit cu un service dubios într-un cartier sărac. A păşit spre mine şi m-a ajuns o pală de miros: transpiraţie şi băutură. Orice urmă de milă se evaporă când trupul meu şi-l aminti pe-al lui zdrobindu-mă de nu mai puteam să respir.

— Uite ce, drăguţă, am multă treabă, spuse.

Am strâns pumnii.

— E aici? am întrebat.

— *Cine* să fie?

Se încruntă, apoi îşi dădu ochii peste cap şi-şi scoase ţigările din buzunarul blugilor.

— Hai, să fiu al naibii, nu-mi spune că eşti prietenă cu Shelley! Fiindcă, aşa cum i-am zis şi lui, n-am mai văzut-o de săptămâni bune, aşa că, dacă despre aia-i vorba, n-ai decât s-o ştergi de-aici, bine?

— Lena Abbott, am şuierat printre dinţi. E aici?

Îşi aprinse ţigara. În ochii lui căprui, inexpresivi, apăru o sclipire.

— Cauţi pe... cine? Pe fata lui Nel Abbott? Tu cine eşti?

Se uita în jur.

— De ce ai crede că e aici?

Nu se prefăcea. Era prea prost ca să se prefacă, era clar. Nu ştia unde e Lena. Nu ştia cine e. M-am întors să plec. Cu cât stăteam mai mult, cu atât avea să-şi pună mai multe întrebări, cu atât aveam să mă dau mai tare de gol.

— Stai aşa, spuse punându-mi o mână pe umăr, iar eu m-am răsucit şi l-am îmbrâncit.

— Ho! spuse ridicând mâinile şi uitându-se-n jur după întăriri.

— Care-i treaba? Eşti...?

Mă privi cu ochii mijiţi.

— Te-am văzut la înmormântare.

În sfârşit se prinse:

— *Julia?*

Un zâmbet i se lăţi pe faţă.

— Julia! Să fiu al naibii dacă te-am recunoscut data trecută...

Mă măsură din cap până-n picioare.

— Julia. De ce n-ai zis nimic?

Mă invită la o ceaşcă de ceai. Am început să râd şi nu m-am mai putut opri, am râs până mi-au şiroit lacrimile pe faţă, timp în care stătea acolo, la început chicotind şovăielnic, până ce veselia aia nesigură se topi şi rămase aşa, privindu-mă tâmp, fără să înţeleagă ce se întâmplă.

— Care-i treaba? întrebă iritat.

M-am şters la ochi cu dosul palmei.

— Lena a fugit de-acasă. Am căutat-o peste tot şi m-am gândit că poate...

— Ei, aici nu-i. De ce, Doamne iartă-mă, ai crezut c-ar putea fi aici? Nici n-o cunosc pe puştoaică, am văzut-o prima dată-n viaţa mea la înmormântare. Sincer să fiu, m-a cam băgat în sperieţi. Arată exact ca Nel.

Îşi rearanjă trăsăturile într-o imitaţie proastă de grijă:

— Mi-a părut rău să aud de cele întâmplate. Mi-a părut tare rău, Julia.

Încercă să mă atingă iar, dar m-am ferit. Veni cu un pas mai aproape.

— Nici... Nu-mi vine să cred că eşti Julia! Arăţi aşa de diferit!

Un zâmbet urât îi mânji faţa.

— Nu ştiu cum am putut să uit, spuse încet, cu voce groasă. Aşa-i, fată, că eu ţi-am spart balonul?

Începu să râdă.

— Acum mulţi ani.

Ţi-am spart cireşica. Poc! Un sunet vesel, care te trimite cu gândul la petreceri, confetti şi torturi — dulci, delicioase şi lipicioase; toate astea erau la ani-lumină distanță de limba lui cleioasă în gura mea şi degetele lui murdare deschizându-mă cu forța. Mi-a venit să vomit.

— Nu, Robbie, am spus, surprinsă să aud cât de limpede, sonoră şi calmă îmi era vocea. Nu mi-ai spart cireşica. M-ai violat.

Zâmbetul alunecă de pe mutra lui distrusă. Aruncă o privire peste umăr, după care se apropie de mine. Cu capul vâjâind de adrenalină, cu respirația accelerată, am strâns pumnii şi n-am dat înapoi.

— Ce-am făcut? şuieră. Ce dracului zici că am *făcut*? În viața mea... Nu te-am *violat*.

Şopti cuvântul *violat* de parcă se temea să nu ne audă cineva.

— Aveam treisprezece ani, am spus. Ți-am zis să te opreşti, plângeam de-mi ieşeau naibii ochii din cap, am...

A trebuit să fac o pauză, simțeam cum mi se umple gâtul de lacrimi care-mi înecau vocea şi nu voiam să plâng în fața ticălosului.

— Ai plâns fiindcă era prima dată, pentru că a durut oleacă. N-ai zis nici măcar o dată că nu voiai. N-ai zis nu, spuse încet, încercând să mă convingă.

După care mai tare, decisiv:

— A dracu' javră mincinoasă, n-ai zis nici o dată nu.

Acum începu să râdă.

— Puteam să am pe oricine, nu ții minte? Jumătate din fetele din Beckford se țineau după mine cu chiloții uzi. Am avut-o pe soră-ta, cea mai bună bucată din zonă. Chiar crezi că aveam nevoie să violez o vacă grasă ca tine?

Credea ce spunea. Clar, credea fiecare cuvânt şi atunci am fost înfrântă. În toți anii ăştia nu s-a simțit deloc vinovat. N-a avut o secundă de remuşcare, fiindcă în mintea lui, ce făcuse nu era viol. După atâția ani, tot mai credea că-i făcuse grasei o favoare.

Am plecat. În spatele meu, îl auzeam că se ținea după mine, înjurând în barbă.

— Totdeauna ai fost o javră dementă, nu? Totdeauna. Nu pot să cred c-ai venit aici ca să zici mizeriile astea, ca să zici...

M-am oprit brusc, la vreo doi metri de maşină. *Undeva, în adâncul tău, aşa-i că ți-a plăcut?* Ceva se schimbă. Dacă Robbie nu credea că m-a violat, cum ai fi putut tu să crezi asta? Despre ce vorbeai, Nel? Ce mă întrebai? În adâncul meu mi-a plăcut *ce*?

M-am răsucit. Robbie stătea în spatele meu cu mâinile atârnate ca nişte hălci de carne şi cu gura căscată.

— Ea ştia? l-am întrebat.

— Ce?

— Nel ştia? am țipat la el.

Rânji:

— Ce să ştie Nel? Că te-am futut? Cred că glumeşti. Ia închipuie-ți ce-ar fi zis dacă-i spuneam că i-am tras-o soră-sii imediat ce-am terminat în ea!

Începu să râdă.

— I-am zis prima parte, că te-ai dat la mine, erai beată praştie şi te agățai şi mă priveai cu mutra aia grasă şi tristă şi cerşeai *te rog?* Ca un cățel, aşa erai, totdeauna pe lângă noi, totdeauna cu ochii pe noi când eram cu ea, pândindu-ne, chiar şi când eram în pat îți plăcea să te uiți, nu? Credeai că nu vedeam?

Începu iar să râdă.

— Vedeam. Făceam mişto de cât de perversă erai, mica balenă tristă, neatinsă, nepupată, căreia îi plăcea să se uite cum şi-o pune bunăciunea de soră-sa.

Clătină din cap.

— *Viol?* Mă faci să râd. Voiai şi tu ce-i dădeam lui Nel şi nu te-ai ferit s-o arăţi.

M-am văzut stând sub copaci sau lângă uşa dormitorului şi privindu-i. Avea dreptate, *chiar* îi urmăream, dar nu cu poftă, nici cu invidie, ci cu un fel de fascinaţie oribilă. Mă uitam ca un copil, asta eram. Eram o fetiţă care nu voia să vadă ce i se făcea surorii ei (întotdeauna arăta de parcă cineva îţi făcea ceva), dar care nu putea să-şi ferească privirea.

— I-am zis că te-ai dat la mine, apoi ai fugit smiorcăindu-te când te-am repezit, iar ea a alergat după tine.

În mintea mea se produse deodată o avalanşă de imagini: sunetul cuvintelor tale, furia ta incandescentă, apăsarea mâinilor tale când m-ai ţinut cu capul sub apă şi-apoi m-ai apucat de păr şi m-ai tras la mal.

Vacă proastă ce eşti, ce-ai făcut? Ce încercai să faci?

Ori ai spus cumva *Vacă proastă, ce-a fost în capul tău?*

Şi-apoi *Îmi pare rău că te-a rănit, dar la ce te-aşteptai?*

Am reuşit să ajung la maşină, căutându-mi frenetic cheia, cu mâini tremurătoare. Robbie era tot în spatele meu, vorbind:

— Aşa, fugi cât te ţin picioarele, zdreanţă mincinoasă! Nici vorbă să fi crezut că fata e aici, aşa-i? A fost doar un pretext, nu? Ai venit să mă vezi. Mai voiai o porţie?

Îl auzeam râzând în timp ce se îndepărta, apoi mi-a aruncat insulta de rămas-bun de vizavi.

— Nicio şansă, păpuşă, de data asta nu. Oi fi slăbit tu ceva, dar tot hidoasă eşti.

Am pornit maşina, am intrat pe bandă şi mi-a murit motorul. Înjurând, am pornit iar motorul şi m-am îndepărtat smucit, cu pedala de acceleraţie la podea, disperată să măresc cât pot distanța dintre el şi mine şi recenta întâlnire, conştientă că ar trebui să-mi fac griji pentru Lena, dar incapabilă să mă concentrez la asta, fiindcă nu mă puteam gândi decât la un singur lucru: *N-ai ştiut.*

N-ai ştiut că m-a violat.

Când ai zis *Îmi pare rău că te-a rănit*, voiai să spui că-ți părea rău că mă simțeam respinsă. Când ai zis *La ce te-aşteptai?* voiai să spui că normal că m-a respins, eram doar un copil. Şi când m-ai întrebat *Undeva, în adâncul tău, aşa-i că ți-a plăcut?* nu vorbeai despre sex, vorbeai despre apă.

Ochelarii de cal îmi căzuseră de la ochi. Am fost oarbă şi proastă. N-ai ştiut.

Am tras pe marginea drumului şi-am început să plâng în hohote, cu trupul întreg torturat de groaznica, oribila descoperire: n-ai ştiut. Toți anii ăştia, Nel. Toți anii ăştia ți-am atribuit o cruzime malefică şi ce făcuseşi ca să o meriți? Ce-ai făcut ca să o meriți? Toți anii ăştia în care nu te-am ascultat, în care nu te ascultam niciodată. Şi-acum părea imposibil să nu fi înțeles, să nu-mi fi dat seama că atunci când m-ai întrebat *Undeva, în adâncul tău, aşa-i că ți-a plăcut?* vorbeai despre râu, despre noaptea aia de la râu. Voiai să ştii cum era să te abandonezi cu totul apei.

M-am oprit din plâns. În mintea mea, ai bombănit: *Julia, n-ai timp de asta*, iar eu am zâmbit. „Ştiu", am spus cu voce tare. „Ştiu." Nu-mi mai păsa ce credea Robbie, nu-mi păsa că toată viața lui şi-a spus că n-a făcut nimic rău; aşa fac bărbații ca el. Ce-mi păsa ce credea el? Pentru mine nu conta. Contai tu, ce ştiai şi ce nu ştiai şi faptul că te pedepsisem toată viața pentru ceva ce n-ai făcut. Şi acum nu mai aveam cum să-ți cer iertare.

Întoarsă în Beckford, am oprit maşina pe pod, am coborât treptele acoperite cu muşchi şi-am străbătut poteca de lângă râu. Era după-amiază devreme, aerul se răcorea şi se simţea briza. Nu era o zi perfectă pentru înot, dar aşteptasem atât de mult şi voiam să fiu acolo, cu tine. Acum era singura cale să mă apropii de tine, singurul lucru care-mi mai rămăsese.

Mi-am scos pantofii şi-am stat pe mal în blugi şi tricou. Am început să înaintez măsurat, un picior înaintea celuilalt. Am închis ochii şi-am icnit când picioarele mi s-au cufundat în mâlul rece, dar nu m-am oprit. Am continuat să înaintez, iar când apa mi-a ajuns peste cap, mi-am dat seama, cu toată teroarea care mă cuprinsese, că-mi plăcea senzaţia. Chiar îmi plăcea.

Mark

Prin bandajul înfăşurat pe mâna lui Mark mustea sângele. Nu reuşise să şi-l pună ca lumea şi, oricât încerca, nu se putea opri să nu strângă mult prea tare volanul. Îl înjunghia falca şi în spatele ochilor îi pulsa o durere vie, paralizantă. Menghina îşi făcuse din nou apariţia la tâmple; simţea cum sângele i se strecura cu greu prin venele de la cap şi mai că auzea cum începe să-i crape ţeasta. Fusese nevoit să oprească de două ori pe marginea drumului ca să vomite.

Habar n-avea încotro să fugă. La început o luase spre nord, către Edinburgh, dar s-a răzgândit la jumătatea drumului. Oare nu se aşteptau s-o ia într-acolo? O să găsească filtre de poliţie la intrarea în oraş, să i se pună lanterna în ochi, să fie târât din maşină de mâini nemiloase, voci calme să-i spună că era şi mai rău ce-l aştepta? Mult mai rău. Întoarse şi-o luă pe alt traseu. Nu putea gândi limpede când îi plesnea capul de durere. Trebuia să se oprească, să respire, să facă un plan. Ieşi de pe şoseaua principală şi-o luă spre coastă.

Se întâmplau toate lucrurile de care se temuse. Îşi văzu viitorul desfăşurându-se înaintea ochilor şi-l reluă la nesfârşit în minte: poliţia la uşă, ziariştii zbierând întrebări către el în timp ce era târât, cu o pătură-n cap, spre o maşină. Ferestrele reparate doar ca să fie iar sparte. Insulte abjecte pe pereţi, excremente îndesate în fanta pentru scrisori. Procesul. Dumnezeule mare, procesul! Expresia de pe chipurile părinţilor lui în timp ce Lena îşi rostea acuzaţiile, întrebările pe care avea să le pună instanţa: când, unde, de câte ori? Ruşinea. Condamnarea. Închisoarea. Toate lucrurile de care-o prevenise pe Katie, tot ce-i spusese că avea să i se întâmple. N-o să supravieţuiască. Îi spusese că n-o să supravieţuiască.

În seara aia de vineri din iunie nu se aşteptase s-o vadă. Trebuia să se ducă la o aniversare, nu se putea fofila. Îşi aminti cum a deschis uşa şi-a simţit valul ăla de plăcere care-l încerca întotdeauna când o privea, asta înainte să apuce să citească expresia de pe faţa ei. Neliniştită, bănuitoare. Fusese văzut în după-amiaza aia vorbind cu Nel Abbott în parcarea şcolii. Despre ce vorbiseră? Şi ce avea el de vorbit cu Nel?

— Am fost *văzut*? De cine?

Era amuzat, credea că e geloasă.

Katie se-ntoarse cu spatele frecându-şi ceafa cu mâna, cum făcea când era agitată sau stânjenită.

— K? Ce e?

— *Ştie*, spuse încet Katie fără să-l privească, iar pământul îi dispăru brusc de sub tălpi, azvârlindu-l în neant.

O înşfăcă de braţ şi-o răsuci spre el.

— Cred că Nel Abbott ştie.

Şi-atunci de pe buzele ei se revărsă totul, toate minciunile, tot ce-i ascunsese. Lena ştia de luni bune, la fel şi fratele lui Katie.

— Isuse Cristoase! Isuse Cristoase, Katie, cum ai putut să nu-mi spui? Cum ai putut... *Isuse*!

Nu mai ţipase niciodată la ea, vedea cât era de speriată, îngrozită şi supărată, dar nu se putu abţine.

— Tu pricepi ce-o să-mi facă? Ai idee ce înseamnă să intri în puşcărie ca pedofil?

— Dar nu eşti! ţipă ea.

O înşfăcă iar (şi acum i se aprinseră obrajii de ruşine din cauza asta):

— Ba sunt! Exact asta sunt. În asta m-ai transformat!

I-a zis să plece, dar ea a refuzat. Îl implora, se ruga de el, îi jura că Lena n-o să vorbească niciodată. *Lena mă iubeşte, nu mi-ar face niciodată rău.* Îl convinsese pe Josh că se terminase, că nu se întâmplase nimic, nu mai avea de ce să-şi facă griji, dacă spunea ceva nu reuşea decât să frângă inimile părinţilor. Dar Nel?

— Nici nu sunt sigură, de fapt, că ştie, i-a spus Katie. Lena a zis că *s-ar putea* să fi auzit ceva...

Lăsă propoziţia neterminată, iar el îşi dădu seama după privirea ei că minţea. N-o putea crede. Nu putea crede nimic din ce-i spunea. Fata asta frumoasă, care-l hipnotizase, îl vrăjise, nu trebuia crezută.

S-a terminat, i-a spus, şi a văzut cum chipul i se boţeşte, apoi s-a desprins de ea când a încercat să-l îmbrăţişeze şi a împins-o de lângă el, mai întâi cu blândeţe, apoi ferm.

— Nu, ascultă, ascultă-mă! *Nu mai pot* să mă văd cu tine, nu aşa. Niciodată, pricepi? S-a terminat. Nu s-a întâmplat niciodată. Între noi nu e nimic – n-a fost niciodată nimic.

— Mark, te implor, nu spune asta!

Hohotea aşa de tare că abia mai respira, iar inima lui se frânse.

— Te rog, nu spune asta. Te iubesc...

Simţi că se înmoaie, o lăsă să-l ia în braţe, o lăsă să-l sărute şi simţi cum îi slăbeşte hotărârea. Se lipi strâns de el şi el văzu brusc în minte imaginea clară a altui trup lipit de-al lui şi nu doar unul, ci mai multe: trupuri masculine împingându-se în corpul lui bătut, distrus, violat; imaginea îl făcu s-o respingă violent.

— Nu! Nu! Ai idee ce-ai făcut? Mi-ai distrus viaţa, pricepi? Când o să se afle, când jigodia o să se ducă la poliţie — şi *o să se ducă* —, viaţa mea se va sfârşi. Ştii ce păţesc bărbaţii ca mine în închisoare? Ştii? Crezi că o să supravieţuiesc? Nu. Viaţa mea va fi *terminată*.

Văzu frica şi durerea de pe chipul ei şi tot spuse:

— Şi-o să fie din cauza ta.

Când i-au scos trupul din bulboană, Mark s-a pedepsit. Zile în şir abia a reuşit să se dea jos din pat şi cu toate astea a trebuit să iasă din casă, să se ducă la şcoală, să se uite la locul ei gol, să dea piept cu durerea prietenilor şi a părinţilor ei fără să arate niciun strop din durerea lui. El, care o iubise cel mai mult, nu avea voie să o jelească aşa cum merita. Nu avea voie s-o jelească aşa cum merita şi el, deşi torturat de amintirea cuvintelor pe care i le spusese la mânie, ştia că, de fapt, nu era vina lui. Nimic din toate astea nu era vina lui — n-avea cum să fie. Cine poate să aleagă de cine se îndrăgosteşte?

Mark auzi o bufnitură şi tresări, trăgând de volan către mijlocul drumului, apoi prea tare în cealaltă parte, de ajuns să derapeze pe pietrişul de pe lângă şosea. Se uită în oglinda retrovizoare. Crezu că lovise ceva, dar nu se vedea nimic, doar asfalt gol. Trase adânc aer în piept şi strânse iar volanul, crispându-se când acesta se apăsă în rana de la mână. Dădu drumul la radio cu volumul la maximum.

Tot n-avea idee ce urma să facă cu Lena. Prima lui idee fusese să meargă spre nord, către Edinburgh, să abandoneze maşina într-o parcare şi-apoi să ia feribotul către continent. Aveau s-o găsească destul de repede. Mă rog, la un moment dat. S-o fi simţit el îngrozitor, dar trebuia să-şi spună continuu că nu era vina lui. *Ea* l-a atacat pe *el*, nu invers. Când a încercat să se apere, *s-o respingă*, ea a continuat să-l atace, iar şi iar, urlând şi înfigându-şi unghiile în el, ca un cocoş de luptă. Căzuse lat pe podeaua din bucătărie, iar bagajul de mână se dusese pe gresie ca pe gheaţă. Din el căzuse, ca la un semn al unei zeităţi cu un pervers simţ al umorului, brăţara. Brăţara pe care-o purta la el de când o luase din biroul lui Helen Townsend, obiectul care avea o putere pe care încă nu-şi dăduse seama cum s-o folosească, ieşise la iveală, alunecând pe podea între ei.

Lena o privi de parcă era de pe altă planetă. După expresia de pe faţa ei, ai fi zis că era o bucată luminiscentă de kriptonită[1]. Apoi confuzia i se risipi şi iar era pe el, numai că de data asta avea o foarfecă în mână şi-o repezea cu putere spre el, spre faţă, spre gât, cât se poate de hotărâtă. Ridică mâinile ca să se apere, iar ea îi despică una dintre ele. Acum îi zvâcnea cu furie, în ritm cu bătăile accelerate ale inimii.

---

[1] Kriptonita e mineralul din care era alcătuită planeta Krypton, planeta natală a lui Superman. *(N.t.)*

Bum, bum, bum. Se uită iar în oglinda retrovizoare — nimeni în spate — şi înfipse piciorul în pedala de frână. Se auzi o bufnitură oribilă, satisfăcătoare, când trupul ei se izbi de metal, apoi se lăsă iar liniştea.

Trase iar pe dreapta, de data asta nu ca să vomite, ci ca să plângă. De mila lui şi a vieţii lui distruse. Plânse cu hohote sfâşietoare de frustrare şi deznădejde, lovi volanul cu mâna dreaptă iar şi iar şi iar, până-l duru la fel de tare ca dreapta.

Katie avea cincisprezece ani şi două luni când s-a culcat cu ea prima dată. Încă zece luni şi n-ar mai fi fost ilegal. Ar fi fost de neatins — cel puţin din punct de vedere legal. Ar fi fost nevoit să-şi lase slujba şi poate că unii tot ar fi aruncat cu pietre, tot l-ar fi făcut în toate felurile, dar ar fi putut suporta. Ar fi putut suporta amândoi. Zece luni nenorocite! Ar fi trebuit să aştepte. Ar fi trebuit el să insiste să aştepte. Katie a fost cea grăbită. Katie nu putea păstra distanţa, Katie a forţat situaţia, a vrut să-l facă al ei, fără discuţie. Şi acum ea nu mai era, iar el urma să plătească pentru asta.

Nedreptatea asta supura în el ca o infecţie, îi ardea carnea ca un acid, menghina continua să se strângă tot mai tare, iar el îşi dori din toată inima să-l zdrobească odată, să-i despice capul şi, ca şi ea, ca şi Katie, să termine şi el cu tot.

Lena

M-am trezit speriată, nu ştiam unde eram. Nu vedeam nimic. Dar mi-am dat seama după zgomot, mişcare şi mirosul de benzină că eram într-o maşină. Mă durea rău capul, la fel şi gura, era prea cald, nu aveam aer şi ceva mi se înfigea dureros în spinare, ceva ca un şurub de metal. M-am chinuit să-mi duc mâna la spate ca să încerc să-l apuc, dar era bine prins.

Păcat, aveam mare nevoie de-o armă.

Eram speriată, dar nu puteam să mă las copleşită de frică. Trebuia să am mintea limpede. Limpede şi ageră, fiindcă, mai devreme sau mai târziu, maşina urma să se oprească şi-atunci avea să fie care pe care şi *în niciun caz* n-avea să ne facă el felul *şi* lui Katie *şi* mamei *şi* mie. Niciodată — niciodată. Trebuia să cred asta, să-mi spun întruna: la final, eu o să fiu vie şi el mort.

În săptămânile de după moartea lui Katie mă gândisem la o mie de feluri în care să-l fac pe Mark Henderson să plătească pentru ce făcuse, dar crima nu mi-a trecut niciodată prin cap. Mă gândisem la alte metode: să-i scriu chestii pe pereți, să-i sparg geamurile (zis şi făcut), s-o sun pe iubita lui şi să-i spun tot ce ştiam de la Katie: de câte ori, când, unde. Că-i plăcea să-i zică „protejata profesorului". M-am gândit să pun nişte băieți din anul mai mare să-i tragă o bătaie soră cu moartea. M-am gândit să-i tai penisul şi să i-l dau să-l mănânce. Dar nu m-am gândit să-l omor. Până azi.

Cum am ajuns aici? Nu pot să cred cât de tâmpită am putut să fiu să-l las să preia avantajul. N-ar fi trebuit în veci să mă duc la el acasă, aşa, fără un plan clar, fără să ştiu exact ce o să fac.

Nici măcar nu m-am gândit, doar am improvizat pe loc, de la un pas la altul. Ştiam că se întoarce din vacanță — îi auzisem pe Sean şi Erin vorbind despre asta. După tot ce-a zis Louise şi după discuția cu Julia despre faptul că n-a fost vina mea sau a mamei, mi-am zis: „Ştii ceva, a sosit momentul!" Voiam doar să stau în fața lui şi să-l fac să-şi asume măcar o parte din vină. Voiam să recunoască, să recunoască ce făcuse şi că era ceva rău. Aşa că m-am dus acolo şi, având în vedere că deja spărsesem geamul de la uşa din spate, a fost uşor să intru.

Casa mirosea a murdărie, de parcă plecase fără să ducă gunoiul sau aşa ceva. O vreme am stat în mijlocul bucătăriei şi-am folosit lanterna telefonului ca să mă uit în jur, dar apoi m-am hotărât să aprind lumina, fiindcă n-aveai cum s-o vezi din stradă şi, chiar dacă o vedeau vecinii, ar fi crezut că te-ai întors acasă.

Mirosea a murdărie, fiindcă era murdar. Dezgustător, chiar — chiuveta plină cu vase şi cutii de semipreparate cu resturi de mâncare lipite pe ele şi toate suprafețele acoperite cu un strat de slin. Şi tone de sticle goale de vin roşu în coşul de reciclate. Nu era deloc cum mă aşteptam.

După cum era la şcoală — îmbrăcat foarte îngrijit şi cu unghiile curate, tăiate scurt —, credeam că e cam fixist cu ordinea şi curăţenia.

M-am dus în living şi m-am uitat în jur, din nou cu ajutorul telefonului — n-am aprins lumina acolo, se putea vedea din stradă. Era aşa de banal! Mobilă ieftină, o mulţime de cărţi şi CD-uri, nimic pe pereţi. Banal, murdar şi trist.

Sus era şi mai rău. Dormitorul puţea de-a dreptul. Patul nefăcut, dulapurile deschise şi mirosea urât — altfel decât jos, mirosea a acru şi a transpiraţie, a animal bolnav. Am tras draperiile şi am aprins veioza de pe noptieră. Era mai urât decât la parter, arăta ca şi cum acolo locuia un bătrân — pereţi galbeni hidoşi, draperii maro şi pe jos haine şi hârtii. Am deschis un sertar şi în el erau dopuri de urechi şi o unghieră. În sertarul de jos erau prezervative, lubrifiant şi cătuşe cu puf.

Mi s-a făcut rău. M-am aşezat pe pat şi-atunci am văzut că cearşaful se trăsese puţin de pe saltea în colţul opus şi dedesubt se vedea o pată maro. Am crezut că o să vomit. Era dureros, dureros fizic să mă gândesc la Katie aici, cu el, în camera asta oribilă, în casa asta scârboasă. Mă pregăteam să plec. Oricum era o idee proastă că venisem aici fără să am un plan. Am stins lumina, am coborât la parter şi eram aproape la uşa din spate când am auzit afară un zgomot, paşi venind pe alee. Şi-apoi s-a deschis uşa şi iată-l. Arăta urât, cu faţa şi ochii roşii şi gura deschisă. Pur şi simplu m-am repezit la el. Voiam să-i scot ochii din mutra aia urâtă, voiam să-l aud ţipând.

Nu ştiu ce s-a întâmplat după aceea. A căzut, cred, şi eu eram în genunchi şi ceva a alunecat pe podea către mine. O bucată de metal, ca o cheie. M-am întins după ea şi am descoperit că nu era zimţată, ci netedă. Un cerc. Un cerc de argint cu o clemă din onix negru. Am întors-o de pe-o parte pe alta. Auzeam ticăitul sonor al ceasului din bucătărie şi respiraţia lui Mark. „Lena", a zis, iar eu m-am uitat în ochii lui şi-am văzut că îi era frică. M-am ridicat în picioare. „Lena", din nou şi a pornit spre mine. Am zâmbit, fiindcă zărisem cu coada ochiului un alt obiect argintiu, ascuţit, şi ştiam exact ce-aveam de făcut. O să trag aer în piept ca să mă calmez şi o să aştept să-mi spună numele încă o dată, apoi iau foarfeca de pe masa din bucătărie şi-aveam să i-o înfig în gât jegosului.

„Lena", a zis şi s-a întins să mă apuce şi după aia totul s-a întâmplat foarte repede. Am apucat foarfeca şi m-am repezit la el, dar e mai înalt ca mine şi avea braţele ridicate, aşa că trebuie să fi ratat, nu? Din moment ce nu e mort, ci e la volan, iar eu sunt închisă în portbagaj, cu ditamai cucuiul.

Am început să urlu ca proasta, serios, cine să mă audă? Îmi dădeam seama că maşina mergea repede, dar tot am urlat, *Dă-mi drumul, dă-mi drumul, ticălos nenorocit!* Am dat cu pumnii în capota de metal, ţipând cât de tare puteam şi-atunci, brusc, bum! Maşina s-a oprit şi m-am izbit de capătul portbagajului şi-abia atunci am început să plâng.

Nu doar de durere. Nu ştiu de ce, mă tot gândeam la ferestrele alea pe care le-am spart cu Josh şi la cât de tare s-ar fi supărat Katie. Ar detesta tot ce s-a întâmplat: că fratele ei a fost nevoit să spună adevărul după luni de minciună, că am fost rănită în halul ăsta, dar cel mai mult ar detesta geamurile alea sparte, exact de asta îi fusese cel mai groază. De ferestre sparte şi de cuvântul *pedo* scrijelit pe pereţi, de rahat împins prin fanta de scrisori şi de ziarişti pe trotuar şi de oameni care scuipă şi dau pumni.

Am plâns de durere şi de mila lui Katie, de cum i-ar fi rupt inima situaţia asta. *Dar ştii ceva, K?* M-am trezit că-i şopteam lui Katie ca o nebună, ca Julia mormăind în întuneric de una singură. *Îmi pare rău. Îmi pare tare rău, fiindcă el nu merită aşa ceva. Pot să spun asta, fiindcă te-ai dus, iar eu sunt închisă în portbagajul maşinii lui cu sânge-n gură şi capul spart, aşa că pot să spun categoric: Mark Henderson nu merită să fie hăituit sau bătut. Merită mai rău. Ştiu că l-ai iubit, dar nu ţi-a distrus doar ţie viaţa, a distrus-o şi pe-a mea. A omorât-o pe mama.*

Erin

Eram în biroul din spate cu Sean când a venit vestea. O tânără palidă, cu o expresie şocată, a băgat capul pe uşă.

— Încă una, domnule. Cineva a văzut-o de sus, de pe culme. E cineva în apă, o tânără.

Sean a făcut o mutră de-am zis că o să vomite.

— Nu se poate, am spus. Peste tot sunt poliţişti, cum să mai fie încă una?

Până să ajungem acolo, pe pod se adunase o mulţime, iar poliţiştii se străduiau să-i ţină pe oameni acolo. Sean o luase la fugă şi eu după el, gonind printre copaci. Voiam să încetinesc, să mă opresc. Ultimul lucru din lume pe care voiam să-l văd era cum o scoteau pe fata aia din apă.

Însă nu era ea, ci Jules. Când am ajuns acolo, era deja pe mal. În văzduh plutea un sunet ciudat, ca o ciondăneală de coţofene. Mi-a luat o vreme să-mi dau seama că venea de la ea, de la Jules. Era clănţănitul dinţilor ei. Tremura din tot corpul, iar hainele ude leoarcă erau lipite de trupul ei jalnic de slab, îndoit de la mijloc ca un scaun pliant. Am strigat-o şi a ridicat ochii, privirea ei trecând prin mine, de parcă nu putea focaliza, de parcă nu-şi dădea seama cine eram. Sean îşi scoase haina şi i-o puse pe umeri.

Mormăia ceva ca-n transă. Nimic inteligibil, aproape că părea să nu observe că eram acolo. Pur şi simplu tremura, uitându-se la apa neagră, iar buzele i se mişcau ca atunci când o văzuse pe soră-sa pe masa de la morgă, silențios, dar cu noimă, de parcă se certa cu un adversar nevăzut.

Uşurarea, câtă era, abia dacă a durat câteva minute, căci apăru următoarea criză. Polițiştii care se duseseră să-l întâmpine pe Mark Henderson la întoarcerea din vacanță au găsit casa goală. Şi nu doar goală, însângerată: erau semne de luptă în bucătărie, podeaua şi clanțele mânjite de sânge, iar maşina lui Henderson dispăruse.

— Ah, Dumnezeule, Lena! spuse Sean.

— Nu, am țipat, încercând să mă conving şi pe mine, nu doar pe Sean.

Mă gândeam la conversația pe care-o purtasem cu Henderson în dimineața de dinaintea plecării sale în vacanță. Avea ceva omul ăla, ceva moale, slab. Ceva ca o rană. Nimic nu-i mai periculos decât un astfel de bărbat.

— Nu. Erau polițişti la el acasă, îl aşteptau, n-avea cum....

Dar Sean mă contrazise:

— Ba nu, nu erau. Nu erau acolo. Azi-noapte a fost un accident grav pe A68 şi s-a dat adunarea generală. S-a decis redistribuirea resurselor. La casa lui Henderson n-a fost nimeni până azi-dimineață.

— Futu-i. *Futu-i!*

— Exact. Trebuie să se fi întors, să fi văzut toate geamurile sparte şi să fi tras rapid concluzia corectă. Că Lena Abbott ne-a spus ceva.

— Şi-apoi? S-a dus la ea acasă, a luat-o şi a adus-o la el?

— De unde vrei să ştiu? mă repezi Sean. E vina noastră. Ar fi trebuit să supraveghem casa, pe Lena... E vina noastră c-a dispărut.

Jules

Polițistul — unul pe care nu-l mai văzusem — a vrut să intre cu mine în casă. Era tânăr, poate douăzeci şi cinci de ani, deşi chipul lui imberb, de îngeraş, îl făcea să pară şi mai mic. Cu toate că părea tare amabil, am insistat să plece. Nu voiam să fiu singură cu un bărbat în casă, oricât de inofensiv părea.

M-am dus sus şi mi-am pregătit o baie. Apă, apă peste tot. Nu-mi venea să mă cufund iar în apă, dar nu exista metodă mai bună de a-mi scoate frigul din oase. M-am aşezat pe marginea căzii cu telefonul în mână, muşcându-mi buza ca să-mi opresc clănțănitul dinților. Sunam întruna la Lena şi de fiecare dată auzeam mesajul ei vesel, vocea ei plină de-o lumină pe care n-am auzit-o niciodată într-un dialog cu mine.

Când cada s-a umplut pe jumătate, m-am lăsat în apă cu dinții încleştați de panică şi pulsul tot mai rapid pe măsură ce mă cufundam. N-ai nimic, n-ai nimic, n-ai nimic. Tu ai spus asta. În noaptea aceea, când eram împreună aici, în baie, când ai turnat pe mine apă fierbinte, când m-ai alinat. *Eşti bine*, spuneai. *Eşti bine, Julia. Eşti bine.* Bineînţeles că nu era aşa, dar tu nu ştiai. Tot ce credeai tu că se întâmplase era că avusesem o zi oribilă, se făcuse mişto de mine, fusesem umilită, apoi respinsă de un băiat care-mi plăcea. Şi că, în cele din urmă, într-un gest exagerat de melodramatic, mă dusesem la Bulboana Înecaţilor şi mă aruncasem în apă.

Erai furioasă crezând că o făcusem ca să-ţi fac ţie rău, să te bag în belea. Să o fac pe mama să mă iubească pe mine mai mult, şi mai mult decât o făcea deja. Să o fac să te respingă. Fiindcă ar fi fost vina ta, nu? Tu mă hărţuiai şi tot tu trebuia să ai grijă de mine, iar asta se întâmplase sub ochii tăi.

Am oprit robinetul cu degetul mare de la picior şi mi-am lăsat trupul să alunece în cadă; mi se scufundară umerii, apoi gâtul, capul. Am ascultat zgomotele casei, distorsionate, înăbuşite, stranii din cauza apei prin care le auzeam. Un bubuit neaşteptat m-a făcut să sar în sus în aerul rece. Am ascultat. Nimic. Imaginaţia îmi juca feste.

Dar când am alunecat înapoi, am fost sigură că aud un scârţâit pe scări, apoi paşi lenţi şi regulaţi pe coridor. Am ţâşnit ca un arc în capul oaselor, strângând marginea căzii. Alt scârţâit. Răsucirea unei clanţe.

— Lena? am strigat cu voce copilăroasă, subţire şi slabă. Lena, tu eşti?

Tăcerea care-mi răspunse îmi răsună în urechi şi în ea mi-am imaginat că aud voci.

Vocea ta. Un alt apel de-al tău, primul. Primul după cearta noastră de la priveghi, după seara în care puseseşi întrebarea aia oribilă. Nu mult după aceea — o săptămână, poate două — ai sunat seara târziu şi mi-ai lăsat un mesaj. Erai înlăcrimată, bolboroseai cuvintele şi abia îți auzeam vocea. Mi-ai spus că te întorceai în Beckford, că te duceai să vezi un vechi prieten. Simțeai nevoia să vorbești cu cineva și eu nu eram disponibilă. La vremea aia nu m-am gândit, nu-mi păsa.

Abia acum am înțeles și m-am cutremurat, în ciuda fierbințelii apei. Toți anii ăștia te-am acuzat, dar ar fi trebuit să fie invers. Te-ai dus înapoi ca să vezi un vechi prieten. Căutai consolare, fiindcă eu te respinsesem, refuzam să vorbesc cu tine. Și te-ai dus la *el*. Te-am lăsat baltă și-am continuat să o fac. M-am ridicat, mi-am strâns tare genunchii cu brațele, iar valurile de durere continuau să mă asalteze: te-am lăsat baltă, te-am rănit, iar ce mă ucide de-a dreptul e că n-ai știut niciodată de ce. Ți-ai petrecut toată viața încercând să înțelegi de ce te uram așa de tare, când tot ce aveam de făcut era să-ți spun. Tot ce-aveam de făcut era să răspund când sunai. Și acum e prea târziu.

Se mai auzi un zgomot, mai tare — un scârțâit, un zgâriat, nu, nu-mi imaginam. Era cineva în casă. Am ieșit din cadă și m-am îmbrăcat cât de silențios am putut. *E Lena,* mi-am spus. *Sigur e ea. E Lena.* M-am furișat prin camerele de la etaj, dar acolo nu era nimeni și din fiecare oglindă, mutra mea îngrozită mă maimuțărea. *Nu e Lena. Nu e Lena.*

Trebuia să fie ea, dar unde? Poate în bucătărie, fiindcă i-ar fi foame — o să cobor și o să dau de ea acolo, cu capul în frigider. Am coborât tiptil scările, am parcurs holul trecând pe lângă ușa de la living. Și-acolo, cu coada ochiului, am văzut-o. O umbră. O siluetă. Cineva stătea pe bancheta de la fereastră.

Erin

Orice era posibil. Când auzi zgomot de copite, te uiți după cai, dar nu poți *să ignori* posibilitatea să fie zebre. Nu din start. De aceea, cât Sean s-a dus cu Callie să vadă scena crimei de la casa lui Henderson, pe mine m-a trimis să vorbesc cu Louise Whittaker despre „confruntarea“ pe care-o avusese cu Lena, înaintea dispariției fetei.

Când am ajuns la familia Whittaker, mi-a deschis Josh, care părea să fie întotdeauna de planton. Şi, ca întotdeauna, s-a alarmat când m-a văzut.

— Ce s-a întâmplat? Ați găsit-o pe Lena?

Am clătinat din cap:

— Nu încă. Dar nu te îngrijora...

Îmi întoarse spatele cu umerii căzuți. L-am urmat în casă. La capătul scărilor se întoarse cu fața la mine:

— A fugit din cauza mamei? întrebă roşind un pic.

— De ce-ai crede asta, Josh?

— Mama a făcut-o să se simtă prost, răspunse acru. Acum, că mama Lenei a murit, dă vina pe Lena pentru tot. E o tâmpenie. E la fel de mult vina mea ca a ei, dar pe ea aruncă toată vina. Iar acum Lena a dispărut, spuse cu voce gâtuită. A dispărut.

— Cu cine vorbeşti, Josh? strigă Louise de sus.

Fiul ei o ignoră, aşa că am răspuns eu:

— Cu mine, doamnă Whittaker. Sergentul Morgan. Pot să urc?

Louise purta un trening cenuşiu care văzuse şi zile mai bune. Avea părul strâns la spate şi chipul palid.

— E furios pe mine, spuse în loc de salut. Mă învinovăţeşte de fuga Lenei. Crede că eu sunt cauza.

Am urmat-o pe palier.

— El dă vina pe mine, eu dau vina pe Nel, pe Lena şi uite-aşa se-nvârte roata.

M-am oprit în pragul dormitorului. Camera era practic goală, patul desfăţat, dulapul golit. Pereţii liliachii aveau pe ei cicatrici de la piunezele smulse în grabă. Louise zâmbi obosită.

— Puteţi intra. Aproape am terminat.

Îngenunche şi se întoarse la ce făcea înainte să vin eu, adică la pusul cărţilor în cutii de carton. M-am lăsat pe vine lângă ea ca s-o ajut, dar până să iau în mână prima carte, îmi puse o mână fermă pe braţ.

— Nu, mulţumesc. Prefer să fac asta singură.

M-am ridicat.

— Nu vreau să fiu nepoliticoasă, doar că ţin să nu-i atingă alţii lucrurile. E o prostie, aşa-i? spuse uitându-se-n sus la mine cu ochi sclipitori. Dar vreau să rămână atinse doar de *ea*. Vreau să rămână ceva din ea pe copertele cărţilor, pe aşternuturi, pe peria ei de păr...

Se opri şi trase adânc aer în piept.

— Nu par să fac prea mari progrese. Să trec mai departe, să trec peste ce-a fost, cu desprinderea de trecut, în general...

— Nu cred că se aşteaptă nimeni s-o faceți, am spus blând. Nu...

— Nu încă? Asta sugerează că la un moment dat n-o să mă mai simt aşa. Dar ceea ce pare să le scape oamenilor e că nu vreau să nu mă mai simt aşa. Cum să nu mă mai simt aşa? Tristețea mea mi se pare absolut corectă. Cântăreşte... exact cât trebuie, mă zdrobeşte destul. Furia mea e pură, mă energizează. Mă rog..., oftă ea. Doar că acum fiul meu mă consideră răspunzătoare de dispariția Lenei. Uneori mă întreb dacă nu crede că am împins o pe Nel Abbott de pe faleză.

Îşi trase nasul.

— În orice caz, mă învinovățeşte că Lena a rămas aşa. Fără mamă. Singură.

Stăteam în picioare în mijlocul camerei cu brațele încrucişate cu grijă la piept, încercând să nu ating nimic. De parcă eram la scena unei crime, de parcă mă temeam să nu contaminez dovezile.

— Nu are mamă — am spus —, dar tată are? Chiar credeți că Lena *n-are idee* cine e tatăl ei? Ştiți cumva dacă a vorbit vreodată cu Katie despre asta?

Louise scutură din cap.

— Sunt sigură că nu ştie. Aşa a spus întotdeauna Nel. Mi s-a părut bizar. Ca multe dintre alegerile de părinte ale lui Nel, nu doar bizar, ci chiar iresponsabil — adică, dacă există probleme genetice, o boală, ceva? În orice caz, mi s-a părut nedrept față de Lena că nici măcar nu i-a dat copilului opțiunea de a-şi cunoaşte tatăl. Când era luată la întrebări — şi am luat-o la întrebări când ne înţelegeam mai bine —, spunea că a fost o aventură de-o noapte, cu un tip pe care l-a cunoscut când s-a mutat la New York. Susţinea că nu-i ştia nici numele de familie. Când m-am gândit la asta mai târziu, am ajuns la concluzia că trebuia să fi fost o minciună, fiindcă văzusem o poză cu Nel la mutarea în primul ei apartament din Brooklyn şi tricoul de pe ea era întins peste burta deja umflată.

Louise se opri din aranjatul cărţilor. Clătină iar din cap:

— Aşa că, din punctul ăsta de vedere, Josh are dreptate. *E* singură. Nu mai are nicio rudă în afara mătuşii. Sau niciuna de care să fi auzit vreodată. Cât despre iubiţi...

Îmi aruncă un zâmbet trist.

— Nel mi-a zis odată că se culca numai cu bărbaţi însuraţi, fiindcă erau discreţi, fără pretenţii şi-o lăsau să-şi vadă de viaţa ei. Aventurile ei erau secrete. Nu mă îndoiesc că au fost bărbaţi, dar nu făcea public nimic. Când o vedeai, era întotdeauna singură. Singură sau cu fiică-sa.

Oftă puţin.

— Singurul bărbat cu care cred c-am văzut-o pe Lena purtându-se cât de cât afectuos e Sean.

Obrajii i se îmbujorară puţin când îi rosti numele şi-şi feri chipul, de parcă spusese ceva ce nu trebuia.

— Sean Townsend? Serios?

Nu răspunse.

— Louise?

Se ridică în picioare să ia un alt teanc de cărţi de pe raft.

— Louise, ce vreţi să spuneţi? Că Sean are cu Lena o relaţie... *nepotrivită*?

— O, Doamne, nu! râse tremurat. Nu cu Lena.

— Nu cu Lena? Deci... cu Nel? Vreți să spuneți că a fost ceva între el şi Nel Abbott?

Louise țuguie buzele şi-şi întoarse fața de la mine ca să nu-i pot citi expresia.

— Fiindcă, ştiți, ar fi complet deplasat. Să investigheze moartea suspectă a cuiva cu care a avut o relație, asta ar fi...

Cum ar fi? Neprofesionist, lipsit de etică, motiv de concediere? N-ar face aşa ceva. E absolut imposibil să fi făcut asta, imposibil să fi reuşit s-o ascundă de mine. Aş fi văzut ceva, aş fi observat ceva, nu? Şi-atunci m-am gândit la cum arăta când l-am văzut prima dată, stând pe malul bulboanei cu Nel Abbott la picioarele lui, cu capul plecat, de parcă se ruga. Ochii umezi, mâinile tremurătoare, aerul absent, tristețea. Dar toate astea erau sigur legate de mama lui, nu?

Louise continuă să pună cărțile în cutii, tăcută.

— Ascultați-mă, am spus ridicând vocea, ca să-mi acorde toată atenția. Dacă ştiți că a existat vreo relație între Sean şi Nel, atunci...

— N-am spus asta, zise privindu-mă în ochi. N-am spus niciodată aşa ceva. Sean Townsend e un om bun.

Se ridică în picioare.

— Şi-acum, detectiv Morgan, am o mulțime de treabă. Cred că ar fi timpul să plecați.

Sean

Uşa din spate fusese lăsată deschisă, au spus criminaliştii. Nu doar descuiată, ci şi deschisă. Izul de fier mi se-nfipse în nări de cum am intrat. Callie Buchan era deja acolo, vorbea cu criminaliştii; mă întrebă ceva, dar nu eram prea atent la ea, fiindcă mă concentram să aud altceva — un animal, un schelălăit.

— Şşşş, am spus. Auziţi?

— Au cercetat casa, domnule, spuse Callie. Nu e nimeni aici.

— Are, cumva, câine? am întrebat-o.

Mă privi buimacă.

— E vreun câine, un animal în casă? Aţi găsit semne că ar fi unul?

— Nu, niciunul, domnule. De ce?

Am ascultat iar, dar sunetul dispăruse şi-n urma lui am rămas cu o senzaţie de déjà-vu: am mai văzut asta, am mai făcut o dată toate astea — am ascultat schelălăitul unui câine, am traversat o bucătărie plină de sânge şi-am ieşit în ploaie.

Numai că nu plouă şi nu e niciun câine.

Callie mă privea lung.

— Domnule? E ceva aici.

Arătă cu degetul spre un obiect de pe podea, o foarfecă năclăită într-o pată de sânge.

— Nu vorbim despre o ciupitură, nu? Adică, n-o fi o baltă de sânge de la o arteră, dar nici nu e un semn bun.

— Spitalele?

— Deocamdată nimic, nici urmă de vreunul dintre ei.

Îi sună telefonul şi se duse afară să răspundă.

Am rămas încremenit în bucătărie în timp ce doi criminalişti lucrau în tăcere pe lângă mine. L-am văzut pe unul culegând cu penseta un fir lung de păr blond care se prinsese în muchia mesei. M-a lovit brusc un val de greaţă şi saliva mi-a inundat gura. Nu reuşeam să mi-l explic: văzusem scene ale crimei mai cumplite ca asta — mult mai cumplite — şi-am rămas impasibil. Nu? N-am păşit în bucătării mult mai însângerate ca asta?

Mi-am atins palma de încheietură şi mi-am dat seama că sergentul Callie vorbea iar cu mine, cu capul băgat pe uşă.

— Aveţi o clipă, domnule?

Am urmat-o afară şi, cât îmi scoteam protecţiile de plastic de pe pantofi, m-a pus la curent cu ultimele noutăţi.

— Cei de la Circulaţie au găsit maşina lui Henderson. Adică, nu că au găsit-o undeva, dar au văzut Vauxhallul lui roşu de două ori pe camerele de supraveghere.

Se uită în carneţel.

— Suntem cam nedumeriţi, fiindcă prima poză, făcută după ora trei dimineaţa, îl arată pe A68, îndreptându-se spre nord, către Edinburgh, dar după vreo două ore, la cinci şi un sfert, merge spre sud pe A1, lângă Eyemouth. Aşa că poate o fi... lăsat ceva pe drum?

Vrea să spună că s-ar putea să se fi descotorosit de ceva în nord. De ceva sau de cineva.

— Sau încearcă să ne inducă în eroare?

— Ori s-a răzgândit în legătură cu locul unde vrea să fugă, am spus. Sau e panicat.

Aprobă.

— Aleargă aiurea ca o găină fără cap.

Nu-mi plăcea ideea. Nu voiam să-l ştiu — nici pe el, nici pe altcineva — fără cap. Voiam să fie calm.

— Se vede dacă era cineva în maşină, pe scaunul pasagerului?

Clătină din cap cu buzele strânse:

— Nu. Bine...

Nu mai continuă.

Bine, asta nu înseamnă că nu mai e nimeni altcineva în maşină. Înseamnă doar că cealaltă persoană nu e aşezată pe scaun.

Şi iar senzaţia aceea stranie că mai fusesem odată aici, o frântură de amintire care-mi părea străină. Dar cum putea să fie a altcuiva? Trebuie să fi făcut parte dintr-o poveste pe care mi-o spusese cineva, nu-mi amintesc cine. O femeie prăbuşită pe bancheta din spate a unei maşini, bolnavă, cu bale la gură, zgâlţâită de convulsii. Nu-i cine ştie ce poveste — nu-mi aminteam restul, ştiam doar că gândul la ea îmi făcea stomacul ghem. L-am alungat.

— Newcastle pare locul cel mai evident, spuse Callie. Dacă fuge, mă refer. Avioane, trenuri, feriboturi... lumea e a lui. Dar e ciudat că de la poza aia de la cinci dimineaţa, n-a mai apărut nicăieri, aşa că ori s-a oprit, ori a ieşit de pe drumul principal. E posibil s-o ia pe drumuri mai puțin circulate, poate chiar pe cel de pe coastă...

— Nu avea o iubită? am întrerupt-o. O femeie din Edinburgh?

— Celebra logodnică, spuse Callie ridicând sprâncenele. Păi, aici v-am luat-o înainte. Tracey McBride — aşa o cheamă — a fost ridicată azi-dimineață. Polițiştii o aduc la Beckford ca să stăm puțin de vorbă. Dar vă previn că ea zice că nu l-a mai văzut pe Mark Henderson de multă vreme. De aproape un an, chiar.

— Ce? Credeam că tocmai au fost în vacanță împreună.

— Aşa i-a zis Henderson sergentului Morgan, dar, după spusele lui Tracey, nu l-a mai văzut de când a rupt logodna, toamna trecută. Spune că i-a dat papucii din senin, se îndrăgostise lulea de altă femeie.

Tracey nu ştia cine era femeia sau cu ce se ocupa.

— Nici n-am vrut să ştiu, îmi spuse tăios.

O oră mai târziu stătea în biroul din spate al secției şi sorbea din ceai.

— Adevărul e că... am fost destul de afectată. Acum îmi caut rochie de mireasă, iar în clipa următoare îmi spune că nu poate să meargă mai departe, „pentru că şi-a întâlnit iubirea vieții".

Îmi zâmbi trist, trecându-şi degetele prin părul negru scurt.

— După aia, am tăiat orice legătură cu el. I-am şters numărul de telefon din agendă, i-am dat Unfriend pe Facebook, tot tacâmul. Puteți să-mi spuneți, vă rog, dacă a pățit ceva? Nimeni nu vrea să-mi spună ce naiba se întâmplă.

Am scuturat din cap:

— Îmi pare rău, dar deocamdată nu pot să vă spun prea multe. Dar nu credem că a fost rănit. Doar că trebuie să-l găsim, să vorbim cu el. Nu știți unde-ar putea să se ducă, nu? Dacă ar vrea să dispară o vreme. Are părinți, prieteni în zonă...?

Se încruntă:

— Are legătură cu femeia aia moartă? Am citit în ziare că a mai fost una acum o săptămână sau două. Adică... el nu... nu *aia* era femeia cu care se vedea, nu?

— Nu, nu. N-are legătură cu acel caz.

— Aha, bine, spuse ușurată. Ar fi fost cam bătrâioară pentru el, nu?

— De ce spuneți asta? Îi plăceau femeile mai tinere?

Tracey păru nedumerită:

— Nu, adică... cum adică mai *tinere?* Femeia aia avea... cât? Vreo patruzeci de ani, nu? Mark n-are nici treizeci, deci...

— Corect.

— Chiar nu puteți să-mi spuneți ce se-ntâmplă?

— Mark a fost vreodată violent cu dumneavoastră, și-a pierdut cumpătul sau ceva în genul ăsta?

— Ce? O, Doamne, nu. Niciodată.

Se lăsă pe spătar, încruntându-se.

— L-a acuzat cineva de ceva? El nu-i așa. E egoist, fără îndoială, dar nu e un om rău, nu așa.

Am condus-o la mașină, unde-o așteptau polițiștii ca s-o ducă acasă, întrebându-mă în ce feluri era Mark Henderson rău, dacă reușise să se convingă singur că faptul de a fi îndrăgostit îl absolvea de orice păcat.

— M-ați întrebat unde s-ar duce, îmi spuse Tracey la mașină. E greu de spus fără să cunosc contextul, dar îmi vine în minte un loc. Noi... mă rog, tata are o căsuță pe coastă. Eu și Mark mergeam acolo destul de des în weekenduri. E foarte izolată, nu e nimeni în jur.

Mark spunea întotdeauna că e locul perfect pentru o evadare.

— Casa e nelocuită?

— Nu prea e folosită. Lăsam de obicei o cheie în spate, sub un ghiveci, dar la începutul anului am descoperit că cineva o folosea fără permisiunea noastră — găseam căni scoase din dulapuri, gunoi în coş sau alte de-astea —, aşa că n-am mai lăsat cheia.

— Când s-a întâmplat ultima dată? Când a folosit cineva ultima dată casa fără să vă-ntrebe?

Se încruntă.

— O, Doamne. E ceva vreme de-atunci. Parcă în aprilie? Da, în aprilie. În vacanţa de Paşti.

— Şi unde anume e locul ăsta?

— În Howick, spuse. E un cătun minuscul, nu prea e mare lucru pe-acolo. Chiar mai sus de Craster.

Lena

Când mi-a dat drumul din portbagaj, şi-a cerut scuze.

— Îmi pare rău, Lena, dar ce puteam să fac?

Am început să râd, mi-a zis să tac, dar avea pumnii strânşi şi-am crezut că urma să mă pocnească iar, aşa că am tăcut.

Eram la o casă de lângă mare — doar una, solitară, chiar pe marginea falezei stâncoase —, cu grădină şi zid şi afară cu o masă ca de terasă de cârciumă. Casa părea închisă, nu era nimeni în preajmă. De unde eram nu vedeam nicio altă clădire în jur, doar un drum de ţară care trecea pe lângă casă, nici măcar unul ca lumea, asfaltat. Nu auzeam nimic, nici zgomot de trafic, nimic, doar pescăruşii şi valurile spărgându-se pe stânci.

— N-are sens să ţipi, spuse de parcă-mi citise gândurile.

Apoi mă apucă de braţ şi mă duse la masa de afară şi-mi dădu un şerveţel să mă şterg la gură.

— O să fii bine, spuse.

— O să fiu? am întrebat, dar el se mulţumi să-şi ferească privirea.

Am stat mult aşa, unul lângă altul, el cu mâna pe antebraţul meu, dar slăbind treptat strânsoarea pe măsură ce i se calma respiraţia. Nu mi-am tras braţul. N-avea rost să mă opun. Nu încă. Eram speriată, picioarele-mi tremurau ca gelatina sub masă şi nu reuşeam să le fac să se oprească. Dar adevărul era că aveam senzaţia că ăsta era un lucru bun, mă ajuta. Mă simţeam puternică, aşa cum mă simţisem când m-a găsit în casă şi ne-am luptat. OK, mă rog, a câştigat, dar numai pentru că nu m-am repezit din prima să-i dau lovitura de graţie, numai pentru că nu eram sigură ce înfruntam. Aia a fost doar prima rundă. Dacă credea că m-a învins, o să aibă parte de-o surpriză.

Dacă ar şti ce simt, prin ce am trecut, nu cred că m-ar ţine de braţ. Cred că ar fugi unde-ar vedea cu ochii, ca să scape cu viaţă.

M-am muşcat tare de buză. Am simţit sânge proaspăt pe limbă şi mi-a plăcut. Era o senzaţie plăcută. Îmi plăcea gustul metalic, îmi plăcea să simt sânge în gură, să am cu ce-l scuipa. La momentul potrivit. Aveam să-i pun o groază de-ntrebări, dar nu ştiam cu ce să-ncep, aşa că am zis:

— De ce-ai păstrat-o?

A trebuit să fac eforturi uriaşe ca să-mi păstrez vocea, să n-o las să se frângă sau să tremure sau să piară sau să-i indice că eram speriată. N-a zis nimic, aşa că am întrebat iar:

— De ce i-ai păstrat brăţara? De ce n-ai aruncat-o pur şi simplu? Sau nu i-ai lăsat-o pe mână? De ce-ai luat-o?

Îmi dădu drumul la braţ. Nu se uita la mine, privea ţintă către mare.

— Nu ştiu, spuse obosit. Sincer să fiu, habar n-am de ce-am luat-o. Ca un fel de asigurare, cred. M-am agăţat de ce-am putut. Să am ceva contra cuiva...

Se opri brusc şi închise ochii. Nu înţelegeam ce zicea, dar am simţit că se ivise o ocazie. M-am îndepărtat foarte puţin. Apoi un pic mai mult. Deschise iar ochii, dar nu făcu nimic, continua doar să se uite ţintă la apă, cu faţa lipsită de expresie. Părea epuizat. Înfrânt. De parcă nu-i mai rămăsese nimic pe lume. M-am tras înapoi pe bancă. Puteam să fug. La nevoie, sunt foarte iute. Am aruncat o privire în spate, către drumul din spatele casei. Aş avea o şansă solidă să scap de el dacă aş traversa drumul, aş sări zidul de piatră şi-aş lua-o peste câmp. Dacă aş face asta, n-ar putea să mă urmărească cu maşina şi-aş putea să scap.

N-am făcut-o. Cu toate că ştiam că putea fi ultima mea şansă, am rămas pe loc. Dacă aveam de ales, mi-am spus, mai bine mor după ce aflu ce s-a întâmplat cu mama decât să trăiesc şi să mă-ntreb tot restul vieţii, fără să ştiu vreodată. Nu cred c-aş putea îndura asta.

M-am ridicat în picioare. Nu s-a mişcat, doar m-a urmărit cum am ocolit masa şi m-am aşezat în faţa lui, obligându-l să se uite la mine.

— Ştii că am crezut că m-a părăsit? Mama. Când au găsit-o şi-au venit să-mi spună, am crezut că a fost alegerea ei. Am crezut că a ales să moară fiindcă se simţea vinovată pentru ce se întâmplase cu Katie ori fiindcă îi era ruşine din cauza asta... nu ştiu. Pur şi simplu fiindcă apa avea putere mai mare asupra ei decât mine.

Nu spuse nimic.

— Asta am crezut!

Am ţipat din toate puterile şi el a tresărit violent.

— Am crezut că m-a abandonat! Tu pricepi ce-am simţit? Şi acum descopăr că n-a fost aşa. Că n-a ales nimic. Tu ai luat-o. Tu mi-ai luat-o, aşa cum ai luat-o pe Katie.

Îmi zâmbi. Mi-am adus aminte cum credeam noi pe vremuri că era frumos şi asta mi-a întors stomacul pe dos.

— Nu ți-am luat-o pe Katie, Katie nu era a ta, Lena. Era a mea.

Îmi venea să zbier la el, să-i zgârii fața cu unghiile. *Nu era a ta! Nu era! Nu era!* Mi-am înfipt unghiile în mâini cât de tare am putut, mi-am muşcat limba până am simțit iar gust de sânge şi l-am ascultat cum se justifica.

— Niciodată nu m-am considerat genul de persoană care s-ar îndrăgosti de-o puştoaică. Niciodată. Credeam că astfel de oameni sunt ridicoli. Ratați bătrâni şi jalnici care nu puteau să aibă o femeie de vârsta lor.

Am început să râd:

— Exact, am spus. Aveai dreptate.

— Nu, nu, clătină din cap. Nu-i adevărat. Nu e. Uită-te la mine. Nu mi-a fost niciodată greu să cuceresc femei. Se dau la mine tot timpul. Te îndoieşti acum, dar ai văzut şi tu. Ce naiba, ai făcut-o şi tu.

— Ba nu!

— Lena...

— Tu chiar crezi că te-am vrut? *Visezi!* Era un joc, era...

M-am oprit. Cum să explici aşa ceva unui bărbat ca el? Cum îi explici că n-avea nicio legătură cu el, ci numai cu tine? Că — cel puțin în cazul meu — era vorba despre mine şi Katie şi despre ce puteam face împreună. Oamenii cărora le-o făceam puteau fi oricine. Nu contau.

— Tu ai idee cum e să arăți cum arăt eu? l-am întrebat. Adică, ştiu că te crezi sexy sau mai ştiu eu cum, dar habar n-ai cum e să fii ca *mine*. Ai idee cât de uşor e pentru mine să conving oamenii să facă ce vreau eu, să-i fac să se fâstâcească? Nu trebuie decât să mă uit la ei într-un anume fel sau să stau aproape de ei, ori să-mi bag degetele în gură şi să le sug şi gata, se-nroşesc sau se excită sau mai ştiu eu ce. Asta-ţi făceam şi ţie, cretinule. Făceam mişto de tine. Nu te *voiam*!

Pufni şi scoase un mic hohot de râs, şovăitor.

— Dacă zici tu, Lena. Şi-atunci *ce voiai*? Când ai ameninţat că ne trădezi, când te-ai apucat să zbieri ca să te-audă maică-ta... ce voiai?

— Voiam... voiam...

Nu-i puteam spune ce voiam, pentru că vreau ca lucrurile să fie din nou ca înainte. Voiam să ne întoarcem la vremurile când eu şi Katie eram mereu împreună, când ne petreceam aşa fiecare oră din fiecare zi, înotam în râu şi nu se uita nimeni la noi şi trupurile noastre ne aparţineau. Voiam să ne întoarcem la vremurile dinainte să inventăm jocul ăla, dinainte să ne dăm seama ce puteam face. Dar asta doream numai *eu*. Nu şi Katie. Lui Katie îi *plăcea* să fie privită. Pentru ea, jocul nu era doar joc, era mai mult. La început, când am aflat prima dată şi ne certam pe tema asta, mi-a zis: „Nu ştii ce-nseamnă, Lena. Îţi dai seama? Să ajungă cineva să te dorească aşa de mult, încât să rişte totul pentru tine — adică *totul*. Slujba, relaţia, *libertatea*. Nu înţelegi cum e".

Simţeam privirea lui Henderson şi aştepta să spun ceva. Voiam să găsesc o cale să-i spun, să-l fac să înţeleagă că pe ea o excita nu doar el, ci şi puterea pe care-o avea asupra lui. Mi-ar fi plăcut să-i pot spune asta, să-i şterg de pe mutră expresia aia care spunea că el a cunoscut-o şi eu nu, nu cu adevărat. Dar nu-mi găseam cuvintele şi oricum nu era aia realitatea, nimeni nu putea nega că-l iubise cu adevărat.

Aveam o durere în spatele ochilor, o înţepătură acută care m-a avertizat că eram cât pe ce să plâng iar, aşa că m-am uitat în pământ, fiindcă nu voiam să-mi vadă lacrimile şi-atunci am văzut pe jos, chiar între tălpile mele, un cui. Era unu' lung, de cel puțin opt-zece centimetri. Mi-am mutat uşor piciorul ca să-i acopăr vârful şi-am apăsat ca să ridic din țărână celălalt capăt.

— Te rodea gelozia, Lena, spuse Henderson. Ăsta-i adevărul, nu? Întotdeauna ai fost geloasă. Cred că erai geloasă pe amândoi, aşa-i? Pe mine, fiindcă ea m-a ales pe mine, şi pe ea, fiindcă eu am ales-o pe ea. Niciunul dintre noi nu te-a vrut. Aşa că ne-ai făcut să plătim. Tu şi maică-ta...

L-am lăsat să vorbească, l-am lăsat să-şi scuipe mizeriile halucinante şi nici nu mi-a păsat că se înşela atât de tare în legătură cu tot, fiindcă nu mă puteam concentra decât la vârful cuiului, pe care-l ridicasem cu talpa. Mi-am băgat mâna sub masă. Mark se opri din vorbă.

— N-ar fi trebuit niciodată să fii cu ea, am spus.

Mă uitam în spatele lui, peste umărul lui, încercând să-i distrag atenția.

— Ştii asta. Trebuie să ştii asta.

— M-a iubit şi am iubit-o din toată inima.

— Eşti adult! am spus cu ochii tot la spațiul din spatele lui.

Şi a mers: şi-a aruncat o secundă privirea în spate şi mi-am coborât brațul mai jos printre picioare şi-am întins degetele. Cu metalul rece în pumn m-am îndreptat de spate şi m-am pregătit.

— Chiar crezi că are vreo importanță ce simțeai pentru ea? Erai profesorul ei. Eşti de două ori mai bătrân ca ea. Tu erai cel care ar fi trebuit să se comporte corect.

— M-a iubit, spuse iar, abătut.

Patetic.

— Era prea tânără pentru tine, am spus, strângând tare cuiul în pumn. Era prea *bună* pentru tine.

M-am repezit, dar n-am fost destul de iute. Când am ţâşnit în picioare, m-am lovit cu mâna de dosul mesei, am întârziat o secundă. Mark s-a aruncat spre mine, m-a înşfăcat de braţul stâng şi l-a smucit cât a putut de tare, trăgându-mă peste masă.

— Ce faci?

Sări în picioare fără să-mi dea drumul şi mă trase-ntr-o parte ca să-mi răsucească braţul la spate. Am scos un ţipăt de durere.

— Ce faci? strigă împingându-mi braţul mai sus şi desfăcându-mi pumnul. Îmi luă cuiul din mână şi mă-mpinse-n jos, pe masă, cu mâna în părul meu, peste mine cu totul. Am simţit ascuţişul metalic cum îmi trece apăsat peste beregată şi greutatea lui peste mine, exact aşa cum trebuie s-o fi simţit ea când erau împreună. Voma mi se urca în gât. Am scuipat-o şi-am zis:

— Era prea bună pentru tine! Era prea bună pentru tine!

Am spus asta la nesfârşit, până m-a strivit, scoţându-mi tot aerul din plămâni.

Jules

Un clinchet. Clic şi şuier, clic şi şuier, apoi:

— Aha, iată-te. Am intrat singură, sper că nu te deranjează.

Bătrâna — cea cu păr mov şi dermatograf negru, care se dă clarvăzătoare, se târşâie prin oraş scuipând şi blestemând oamenii, cea pe care-o văzusem doar cu o zi mai devreme certându-se cu Louise în fața casei — stătea pe bancheta de la geam legănându-şi gleznele umflate.

— Ba mă deranjează! am spus tare, încercând să nu-i arăt că-mi fusese frică şi că — în mod absolut prostesc şi ridicol — şi acum îmi era frică de ea. Mă deranjează *rău*! Ce cauți aici?

Clic şi şuier, clic şi şuier. Bricheta — bricheta de argint gravată cu inițialele lui Libby — era la ea în mână.

— Aia-i... De unde o ai? Aia-i bricheta lui Nel!

Clătină din cap.

— Ba da! Cum ai pus mâna pe ea? Ai fost în casa asta, ai luat lucruri de aici? Ai...

Flutură spre mine o mână grasă, plină de bijuterii stridente.

— Dar, linişteşte-te, poţi?

Îmi aruncă un zâmbet maroniu, murdar.

— Ia loc. Ia loc, Julia.

Arătă către fotoliul din faţa ei:

— Vino lângă mine.

Am fost atât de uluită, că m-am supus. Am traversat încăperea şi m-am aşezat în faţa ei, în timp ce se foia pe banchetă.

— Nu-i prea confortabilă chestia asta, nu? Nu i-ar strica mai multă umplutură. Deşi unii ar zice că am eu destulă umplutură la purtător!

Chicoti la propria glumă.

— Ce vrei? am întrebat-o. De ce ai bricheta lui Nel?

— Păi nu, nu-i a lui *Nel*, vezi? Uite-aici, zise şi arătă către gravură. Vezi? *LS*.

— Da, ştiu. LS, Libby Seeton. Dar, hai să fim serioşi, n-a fost cu adevărat a lui Libby. Nu cred că produceau tipul ăla de brichetă în secolul al şaptesprezecelea.

Nickie chicoti.

— Nu-i a lu' Libby! Ai crezut că LS venea de la Libby? Nu, nu, nu. Bricheta asta era a lui Lauren. Lauren Townsend. Lauren fostă-Slater.

— Lauren Slater?

— Exact! Lauren Slater, aceeaşi cu Lauren Townsend. Bătrâna inspectorului nostru detectiv.

— Mama lui Sean?

Mă gândeam la băiatul care urca treptele, la băiatul de pe pod.

— Lauren aia din poveste e mama lui Sean Townsend?

— Corect. Isuse, eşti cam înceată, aşa-i? Şi nu e deloc o *poveste*, nu? Nu e doar o poveste. Lauren Slater s-a măritat cu Patrick Townsend. Avea un fiu pe care-l iubea ca pe ochii din cap. Toate bune şi frumoase. Numai că atunci, dacă e să ne luăm după poliţai, s-a dus şi şi-a făcut felul!

Se aplecă în faţă şi rânji la mine.

— Nu-i chiar plauzibil, aşa-i? Am zis-o atunci, normal, dar pe mine nu m-ascultă nimeni.

Să fi fost Sean cu adevărat acel băiat? Cel de pe trepte, care şi-a văzut mama căzând sau nu a văzut-o, în funcţie de sursa pe care alegeai s-o crezi? Să fi fost adevărat, nu doar o invenţie de-a ta, Nel? Lauren era cea cu adulterul, cea care bea prea mult, dezmăţata, mama denaturată. Nu asta era povestea ei? Lauren a fost cea pe pagina căreia ai scris: *Beckford nu e un epicentru al sinuciderilor. Beckford e un loc unde te descotoroseşti de femeile nesupuse.* Ce anume încercai să-mi spui?

Nickie continua să vorbească:

— Vezi, spuse împungând un deget spre mine. Asta e. Nimeni nu m-ascultă. Stai acolo, eu sunt chiar în faţa ta şi nici măcar nu mă asculţi.

— Ascult, pe cuvânt. Doar că... nu înţeleg.

Îşi drese glasul ostentativ:

— Păi, dacă ai asculta, ai înţelege. Bricheta asta — clic, şuier — a fost a lui Lauren, da? Trebuie să-ţi pui întrebarea de ce-o are soră-ta sus, printre lucrurile ei?

— Sus? Deci *ai fost* în casă! Tu ai luat-o, tu... *tu* ai fost? Ai fost în baie? Ai scris ceva pe oglindă?

— Ascultă-mă!

Se ridică greu în picioare.

— Nu-ţi bate capu' cu asta, nu contează.

Făcu un pas spre mine, aplecându-se-n faţă şi deschise iar cu un clic bricheta, şi flacăra ei licări între noi. Mirosea a cafea arsă şi trandafiri trecuţi. M-am lăsat pe spate, ca să mă-ndepărtez de mirosul ăla de femeie bătrână.

— Ştii ce-a făcut cu asta? spuse.

— Ce-a făcut cine? Sean?

— Nu, proasto!

Îşi dădu ochii peste cap şi se chinui să se cocoaţe iar pe banchetă, care pârâi dureros sub ea.

— Patrick! Bătrânul. Crede-mă că n-a folosit-o ca să-şi aprindă ţigările. După ce-a murit nevastă-sa, i-a luat toate lucrurile — toate hainele, picturile şi tot ce avea ea —, le-a dus în spatele casei şi le-a dat foc. A ars tot. Iar pe asta — păcăni bricheta ultima oară — a folosit-o ca să aprindă focul.

— Bine, am zis pierzându-mi răbdarea, dar tot nu pricep. De ce era la Nel? Şi de ce-ai luat-o tu?

— Întrebări, întrebări, spuse Nickie zâmbind. Mă rog, cât despre de ce *am* luat-o, păi aveam nevoie de ceva al ei, nu? Ca să pot vorbi ca lumea cu ea. Îi auzeam vocea limpede cristal, dar... ştii cum e. Uneori vocile sunt reduse la tăcere, nu?

— Chiar nu ştiu nimic despre asta, am spus cu răceală.

— Aaaaaa, ia uite! Nu mă crezi? Că tu n-ai vorbit niciodată cu morţii, nu?

Râse c-un aer atotştiutor şi pielea de pe cap mi se făcu de găină.

— Aveam nevoie de ceva ca s-o invoc. Ia!

Îmi întinse bricheta.

— Ia-o înapoi. Puteam s-o vând, nu? Aş fi putut să iau tot felu' de chestii şi să le mărit — soră-ta avea lucruşoare scumpe, aşa-i? Bijuterii şi alte alea? Da' n-am făcut aşa ceva.

— Eşti foarte amabilă.

Rânji.

— Întrebarea următoare: de ce era bricheta la soră-ta? Păi, nu sunt prea sigură.

Am cedat iritării care mă încerca:

— Pe bune? am mârâit. Parcă puteai vorbi cu spiritele, nu? Parcă ăsta era talentul tău.

M-am uitat prin cameră.

— E aici? De ce n-o întrebi direct?

— Crezi că-i aşa simplu? spuse, jignită. Am încercat s-o chem, dar a amuţit.

N-aş fi zis.

— Nu-i nevoie să fii fiţoasă. Încerc doar să te-ajut. Încerc doar să-ţi spun...

— Păi, *spune*, hai! am repezit-o. Spune ce-ai de spus!

— Stai cuminte, spuse cu buza de jos împinsă în afară şi guşa tremurând. *Asta* făceam, dacă ai asculta. Bricheta e a lui Lauren şi Patrick a fost ultimul care-a avut-o. Şi asta contează. Nu ştiu de ce-o avea Nel, dar faptul c-o avea, aici e şmecheria, pricepi? Poate-a luat-o de la el, poate i-a dat-o el. Oricum, asta e chestia importantă. Lauren e cea importantă. Toate astea — Nel a ta — n-au de-a face cu biata Katie Whittaker sau cu neghiobu' ăla de profesor, sau cu mama lu' Katie, cu nimic din toate astea. Au de-a face cu Lauren şi Patrick.

Mi-am muşcat buza.

— Ce are asta de-a face cu ei?

— Păi...

Se foi pe banchetă.

— Scria poveştile despre ei, nu? Şi şi-a luat povestea de la Sean Townsend, fiindcă, la urma urmelor, se presupune că el a fost martor, nu? Aşa că a crezut că spunea adevărul, n-avea de ce să nu-l creadă, nu?

— Şi de ce n-ar fi spus *el* adevărul? Adică, spui că Sean a minţit în legătură cu ce s-a întâmplat cu mama lui?

Strânse din buze.

— L-ai cunoscut pe bătrân? E un diavol, şi nu în sensul bun.

— Deci Sean a minţit despre cum a murit maică-sa, fiindcă îi e frică de taică-su?

Nickie ridică din umeri.

— Nu pot fi sigură. Dar uite ce ştiu: povestea pe care-a auzit-o Nel — prima versiune, cea în care Lauren fuge noaptea, iar soţul şi fiul aleargă după ea — nu era adevărată. I-am zis asta. Fiindcă, vezi tu, Jeannie a mea — adică soră-mea — era pe-aici la vremea aia. A fost acolo. În noaptea aia...

Brusc, îşi înfundă mâna în haină şi începu să cotrobăie pe-acolo.

— Chestia e — spuse ea — că i-am zis lui Nel a ta povestea lu' Jeannie a noastră, iar Nel a scris-o.

Scoase un snop de hârtii. Am întins mâna după ele, dar Nickie le trase spre ea.

— Stai aşa. Trebuie să înţelegi că asta — flutură paginile către mine — nu e toată povestea. Deşi i-am spus toată povestea, n-a vrut s-o scrie pe toată. Încăpăţânată femeie, soră-ta. Unul dintre motivele pentru care am plăcut-o aşa de mult. Atunci am avut noi mica noastră divergenţă.

Se sprijini de spătar bălăngănindu-şi şi mai vârtos picioarele.

— I-am zis de Jeannie, care era poliţistă când a murit Lauren.

Tuşi tare.

— Jeannie nu credea că s-a dus în apă fără să i se dea un brânci, fiindcă se mai petreceau şi multe alte lucruri, pricepi? Ştia că bărbatul lui Lauren era o bestie, o pocnea şi mânca rahat despre ea cum că se întâlnea cu nu ştiu ce ferches la casa lui Anne Ward, cu toate că nimeni nu văzuse vreodată nici picior din omu' ăla. Ăla trebuia să fie motivul, pricepi? Ăla cu care se prostea plecase și-o lăsase, iar ea, supărată din cauza asta, a sărit.

Nickie flutură o mână spre mine.

— Tâmpenii. Cu un copil de șase ani acasă? Tâmpenii.

— Păi, de fapt, cred că depresia e o problemă complicată...

— Pffffff! mă reduse la tăcere cu o nouă fluturare de mână. N-a existat niciun *ferches*. Niciunul pe care să-l fi văzut vreodată cineva de pe-aici. Ai putea s-o întrebi pe Jeannie a mea despre asta, numa' că-i moartă și-ngropată. Și știi cine i-a făcut felu', da?

Când se opri în sfârșit din vorbit, am auzit șoapta apei.

— Vrei să spui că Patrick și-a omorât nevasta și Nel știa asta? Zici că a scris asta?

Nickie țâțâi enervată:

— Nu! Asta-ți zic! A scris *niște* chestii, dar nu și *alte* chestii și aici n-am căzut de acord, fiindcă n-avea nicio problemă să scrie chestiile pe care mi le-a spus Jeannie când era încă vie, dar nu și lucrurile pe care Jeannie mi le-a spus când era moartă. N-are nicio noimă!

— Păi...

— Nicio noimă. Dar tu trebuie să asculți. Și, dacă n-o să mă asculți — spuse repezind foile către mine —, atunci ascult-o pe soră-ta. Fiindcă el le-a omorât. Într-un fel sau altul. Patrick Townsend i-a făcut felul lui Lauren și i-a făcut felul lui Jeannie a noastră și, dacă nu mă-nșel, și lui Nel, ca să știi.

Bulboana Înecaților

Lauren, din nou, 1983

Lauren ieşi din căsuța lui Anne Ward. Zilele astea se ducea acolo din ce în ce mai des — era o linişte pe care nu o mai regăsea nicăieri în Beckford. Simțea o stranie legătură cu biata Anne. Şi ea era prizonieră într-o căsnicie lipsită de iubire cu un bărbat care n-o putea suporta. Aici, Lauren putea să fumeze, să înoate şi să citească fără să fie deranjată de nimeni. De obicei.

Într-o dimineață, văzu două femei ieşite la plimbare. Le recunoscu: Jeannie, o polițistă voinică cu față rumenă, şi sora ei, Nickie, cea care vorbea cu morții. Lui Lauren îi plăcea de Nickie. Era amuzantă şi părea să fie un om bun. Chiar dacă era o escroacă.

Jeannie o strigă şi Lauren le făcu din mână fără chef, sperând că asta avea să le țină la distanță. În mod normal ar fi stat de vorbă cu ele. Dar avea fața distrusă şi n-avea niciun chef să ofere explicații.

Se duse să înoate. Era conştientă că făcea nişte lucruri pentru ultima dată: o ultimă plimbare, o ultimă țigară, un ultim sărut pe fruntea palidă a fiului ei, o ultimă baie în râu (penultima). Când alunecă sub apă se întrebă dacă aşa o să fie, dacă o să simtă ceva. Se întrebă unde-i dispăruse toată puterea de a lupta.

Jeannie a fost cea care-a ajuns prima la râu. Era la secţie şi privea furtuna când a sosit apelul: Patrick Townsend, panicat şi incoerent, urla în staţie ceva despre soţia lui. Despre soţia lui şi Bulboana Înecaţilor. Când Jeannie a ajuns acolo, băieţelul era sub copaci, cu capul pe genunchi. La început a crezut că dormea, dar când el a ridicat capul văzu că avea ochii mari şi negri.

— Sean, spuse ea, scoţându-şi haina şi înfăşurând-o în jurul lui.

Era alb-vineţiu şi tremura ca varga, cu pijamalele ude leoarcă şi picioruşele desculţe pline de noroi.

— Ce s-a întâmplat?

— Mami e în apă, spuse el. Eu trebuie să stau aici până se întoarce el.

— Cine? Tatăl tău? Unde e tata?

Sean îşi scoase din haină un braţ slăbuţ şi arătă în spatele ei, iar Jeannie îl văzu pe Patrick târându-se pe mal, cu respiraţia întretăiată de suspine şi chipul schimonosit de durere.

Jeannie se duse la el.

— Domnule, am… ambulanţa e pe drum. Ajunge în patru minute…

— Prea târziu, spuse Patrick clătinând din cap. Am ajuns prea târziu. S-a dus.

Ajunseră şi ceilalţi: paramedici, poliţişti şi unul sau doi detectivi cu experienţă. Sean se ridicase în picioare: cu haina lui Jeannie pe el ca o mantie, se agăţa de tatăl lui.

— Puteţi să-l duceţi acasă, îi spuse lui Jeannie unul dintre detectivi.

Băiețelul începu să plângă:

— Nuuu! Vă rooog! Nu vreau să mă duc!

Patrick spuse:

— Jeannie, poți să îl iei la tine, te rog? E speriat și nu vrea să se ducă acasă.

Patrick îngenunche în noroi, își luă fiul în brațe, sprijinindu-i capul în palmă și-i șopti la ureche. Când se ridică, copilul părea dintr-odată calm și docil. Își strecură mânuța în mâna lui Jeannie și merse pe lângă ea cu pași mici, fără să se mai uite înapoi.

Înapoi în apartamentul ei, Jeannie îl scoase pe Sean din hainele ude. Îl înfășură într-o pătură și-i făcu pâine prăjită cu brânză. Sean mâncă tăcut și atent, aplecându-se deasupra farfuriei ca să nu facă firimituri. Când termină, întrebă:

— Mama o să se facă bine?

Jeannie își făcu de lucru cu strânsul farfuriilor.

— Te-ai încălzit destul, Sean? îl întrebă.

— Sunt bine.

Jeannie făcu ceai și puse câte două bucăți de zahăr în fiecare cană.

— Sean, nu vrei să-mi spui ce s-a întâmplat? întrebă, iar el scutură din cap. Nu? Cum ai ajuns la râu? Erai tare plin de noroi.

— Ne-am dus cu mașina, dar am căzut pe potecă, spuse.

— Aha. Deci tata te-a dus acolo? Sau mama?

— Ne-am dus toți, împreună, spuse Sean.

— Toți trei?

Fața lui Sean se boți.

— Era furtună când m-am trezit, era mult zgomot și din bucătărie se auzeau sunete ciudate.

— Ce fel de sunete ciudate?

— Cum... cum face un câine când e trist.

— Ca un schelălăit?

Sean aprobă din cap.

— Dar nu avem câine, fiindcă n-am voie. Tata spune că n-o să am grijă ca lumea de el şi-o să fie tot treaba lui.

Sorbi din ceai şi se şterse la ochi.

— N-am vrut să fiu singur, era furtună. Aşa că tata m-a pus în maşină.

— Şi mama?

Se încruntă.

— Păi... era în râu şi eu trebuia să aştept sub copaci. N-am voie să vorbesc despre asta.

— Cum adică, Sean? Cum adică n-ai voie să vorbeşti despre asta?

A scuturat din cap, a ridicat din umeri şi n-am mai scos niciun cuvânt.

Sean

Howick. Lângă Craster. Trecutul nu neapărat se repeta, ci se juca cu mine. Nu e departe de Beckford, la puțin peste o oră cu mașina, dar nu mă duc niciodată acolo. Nu mă duc la plajă, nici la castel, nu m-am dus niciodată să mănânc vestitele scrumbii afumate de la celebra afumătoare. Era chestia mamei, dorința ei. Tata nu m-a dus niciodată și acum nu mă duc nici eu.

Când Tracey mi-a spus unde era casa, unde trebuia să mă duc, m-a tulburat. M-am simțit vinovat. M-am simțit așa cum mă simțeam de câte ori mă gândeam la promisiunea mamei pentru ziua mea, pe care-o respinsesem în favoarea Turnului Londrei. Dacă n-aș fi fost atât de nerecunoscător, dacă aș fi zis că voiam să merg cu ea la plajă, la castel, oare ar fi rămas? Lucrurile ar fi stat altfel?

Acea călătorie ce n-a fost să fie a rămas unul dintre numeroasele subiecte care mi-au ocupat mintea după moartea mamei, când toată ființa mea era mistuită de nevoia de a construi o lume nouă, o realitate alternativă în care ea nu avea de ce să moară. Dacă am fi mers la

Craster, dacă mi-aş fi făcut curat în cameră când mi se spunea, dacă nu mi-aş fi murdărit noul ghiozdan când am fost să înot în jos pe râu, dacă l-aş fi ascultat pe tata şi nu aş fi fost aşa de obraznic. Sau, mai târziu, m-am întrebat dacă poate ar fi trebuit să *nu ascult* de tata, poate ar fi trebuit să *nu fiu cuminte*, poate-ar fi trebuit să rămân treaz în noaptea aia, în loc să mă duc la culcare. Poate aş fi reuşit s-o conving să nu se ducă.

Niciunul dintre scenariile mele alternative n-a ajutat la nimic şi, în cele din urmă, nişte ani mai târziu, am ajuns să înţeleg că n-aş fi putut face nimic. Fiindcă ce voia mama nu era ca *eu* să fac ceva, ci altcineva să facă sau să nu facă ceva: voia ca bărbatul pe care-l iubea, cu care se întâlnea în secret, cel cu care-l trăda pe tata, să n-o părăsească. Bărbatul ăsta era nevăzut, nenumit. Era o fantomă, fantoma noastră — a mea şi-a tatei. El ne-a oferit motivul, ne-a uşurat puţin povara: *n-a fost vina noastră*. (Era a lui sau a ei, a lor, împreună, a mamei mele trădătoare şi a amantului ei. Noi am făcut tot ce-am putut, ea nu ne-a iubit destul.) Ne-a oferit o cale de a ne da jos din pat dimineaţa, o cale de a ne continua viaţa.

Şi-apoi a apărut Nel.

Când a venit prima dată la noi acasă, îl căuta pe tata. Voia să discute cu el despre moartea mamei. În ziua aia, niciunul nu era acasă, aşa că a vorbit cu Helen, care a expediat-o repede. Nu numai că Patrick n-o să vorbească cu tine, i-a spus Helen, dar nici n-o să fie încântat de intruziune. La fel şi Sean, ca noi toţi. E o chestiune personală, a spus Helen, şi aparţine trecutului.

Nel a ignorat-o şi l-a abordat oricum pe tata. Reacţia lui a intrigat-o. Nu s-a înfuriat, aşa cum probabil se aştepta; nu i-a spus că era un subiect prea dureros ca să-l discute, că nu putea îndura să retrăiască totul. I-a spus că nu avea despre ce discuta. Nu s-a întâmplat nimic. Asta i-a zis. Nu s-a întâmplat nimic.

Aşa că, în cele din urmă, a venit la mine. Era în toiul verii. Avusesem o şedinţă la secţia din Beckford şi când am ieşit am găsit-o rezemată de maşina mea. Era îmbrăcată cu o rochie aşa de lungă că mătura pe jos cu ea, picioarele bronzate erau încălţate în sandale din piele şi la degetele de la picioare avea o ojă albastru intens. O mai văzusem înainte prin oraş, o remarcasem — era frumoasă, era greu s-o ignori. Dar niciodată n-o văzusem de aproape. Nu-mi dădusem seama cât de verzi îi erau ochii, care îi dădeau un aer cu totul aparte. De parcă nu era de pe lumea asta, sigur nu din locul ăsta. Era, de departe, mult prea exotică.

Mi-a spus ce-i zisese tata, că *nu s-a întâmplat nimic,* apoi m-a întrebat: „Aşa consideraţi şi dumneavoastră?" I-am spus că nici el nu credea asta, n-a vrut să spună că nu se întâmplase nimic. Voia doar să spună că noi nu vorbim despre asta, că făcea parte din trecut. Lăsasem trecutul în urmă.

— Păi, normal, a spus zâmbindu-mi. Şi înţeleg, dar vedeţi, lucrez la un proiect, o carte şi poate şi o expoziţie şi am...

— Nu, i-am spus. Adică, ştiu ce faceţi, dar eu... noi nu putem să ne asociem cu aşa ceva. E ruşinos.

S-a tras puţin înapoi, dar nu i-a dispărut zâmbetul.

— *Ruşinos?* Ce epitet bizar! Ce anume e aşa de ruşinos?

— E ruşinos pentru noi, am zis. Pentru el.

(Pentru noi sau pentru el, nu-mi mai amintesc exact cum am zis.)

— Ah.

Zâmbetul i s-a topit şi părea alarmată, îngrijorată.

— Nu. Nu e... nu. Nu e ruşinos. Nu cred că mai gândeşte cineva aşa în zilele noastre, nu?

— *El*, da.

— Vă rog, nu vreţi să vorbiţi cu mine?

Probabil că i-am întors spatele, căci şi-a pus mâna pe braţul meu. M-am uitat în jos şi i-am văzut inelele de argint de pe degete, brăţara de la încheietură şi oja albastră sărită de pe unghii.

— Vă rog, domnule Townsend. Sean. Îmi doresc de foarte mult timp să vorbim despre asta.

Zâmbea din nou. După cum mi s-a adresat, direct şi intim, mi-a fost imposibil s-o refuz. Atunci am ştiut că am dat de belea, că *ea* era aceea, genul de belea pe care-o aşteptasem toată viaţa.

Am fost de acord să-i spun ce-mi aminteam despre noaptea în care murise mama. I-am spus că ne vedem la ea, la Casa Morii. Am rugat-o să păstreze discreţia asupra întâlnirii, fiindcă s-ar supăra tata şi soţia mea. A tresărit puţin la partea cu *soţia*, apoi a zâmbit iar şi în clipa aceea am ştiut amândoi ce va urma. Prima dată când m-am dus să vorbesc cu ea, n-am vorbit deloc.

Aşa că a trebuit să mă întorc. Mă tot duceam înapoi la ea şi tot nu vorbeam. Petreceam cu ea o oră sau două, dar când plecam parcă trecuseră zile. Uneori îmi făceam griji că m-a luat valul şi-am pierdut noţiunea timpului. Mi se mai întâmplă uneori. Tata spune că *mă absentez*, de parcă ar fi ceva ce fac cu bună ştiinţă, ceva ce pot controla, dar nu-i aşa. Am făcut asta dintotdeauna, din copilărie: acum sunt prezent, în clipa următoare nu mai sunt. Nu o fac dinadins. Uneori îmi dau seama când alunec din realitate şi reuşesc să mă trag înapoi — m-am învăţat acum în urmă cu mulți ani: îmi ating cicatricea de la încheietură. De obicei funcționează. Nu întotdeauna.

N-am apucat să-i spun povestea, nu la început. Insista, dar am descoperit cu mare încântare cât de uşor era de distras de la subiect. Îmi imaginam că se îndrăgostea de mine şi că am putea pleca, ea cu Lena şi cu mine, să ne dezrădăcinăm din locul acela, să plecăm din țară. Îmi imaginam că o să am, în sfârşit, voie să uit. Îmi imaginam că Helen n-o să plângă după mine, că avea să treacă repede la cineva care să se potrivească mai bine cu virtutea ei de nezdruncinat. Îmi imaginam că tata o să moară în somn.

A scos de la mine povestea, puțin câte puțin, fir cu fir, şi mi-a fost clar că era dezamăgită. Nu era povestea pe care voia s-o audă. Voia mitul, povestea de groază, îl voia pe băiețelul care-a văzut. Atunci mi-am dat seama că abordarea tatei a fost pentru ea aperitivul. Eu trebuia să fiu felul principal. Eu urma să fiu sufletul proiectului ei, fiindcă pentru ea aşa începuse: cu Libby, apoi cu mine.

M-a făcut să-i spun lucruri pe care nu voiam să i le spun. Ştiam că ar trebui să mă opresc, dar nu puteam. Ştiam că eram înghițit de ceva din care n-aveam să pot ieşi. Ştiam că deveneam nesăbuit. Nu ne-am mai întâlnit la Casa Morii, începea vacanța şcolară şi Lena era deseori acasă. Ne duceam la căsuță, ştiam că era riscant, dar nu existau camere de hotel pe care să le putem închiria, şi unde altundeva ne-am fi putut duce? Nu mi-a trecut nicio clipă prin minte că ar trebui să nu mă mai văd cu ea; pe atunci mi se părea imposibil.

Tata îşi face plimbarea în zori, habar n-am de era acolo în după-amiaza aia. Mi-a văzut maşina; a aşteptat printre copaci până a plecat Nel, apoi m-a bătut. Mi-a dat pumni până am căzut pe jos, apoi mi-a dat şuturi în piept şi umăr. M-am făcut ghem, protejându-mi capul, cum fusesem învăţat. N-am ripostat, ştiam că o să se oprească atunci când se sătura şi era sigur că nu mai puteam îndura.

După aceea, mi-a luat cheile şi m-a dus acasă. Helen a luat foc: mai întâi şi-a îndreptat furia spre tata, pentru bătaie, apoi spre mine, când el i-a explicat motivul. N-o mai văzusem niciodată furioasă, nu aşa. Abia când am fost martorul mâniei ei, reci şi înfricoşătoare, abia atunci am început să-mi imaginez de ce-ar fi în stare, cum s-ar răzbuna. Mi-o imaginam făcându-şi bagajele şi plecând, dându-şi demisia de la şcoală, scandalul public, furia tatălui meu. Acela era genul de răzbunare de care-o credeam capabilă. Dar m-am înşelat.

Lena

Am icnit. Am inhalat cât de mult aer am putut şi i-am înfipt cotul în coaste. Se crispă, fără să-şi slăbească strânsoarea cu care mă ţinea jos. Îi simţeam respiraţia fierbinte în faţă şi-mi venea să vomit.

— Prea bună pentru tine — ziceam în continuare —, era prea bună pentru tine, prea bună ca s-o atingă unul ca tine, prea bună ca să i-o tragi tu... Ai costat-o *viaţa*, rahatule ce eşti. Nu ştiu cum poţi, cum te trezeşti în fiecare zi, cum te duci la muncă şi cum te uiţi în ochii maică-sii...

Trecu acel cui pe gâtul meu, apăsând tare; am închis ochii, pregătindu-mă.

— Habar n-ai cât am suferit, habar n-ai, a spus.

Mă apucă zdravăn de păr şi-mi smuci capul pe spate, apoi îmi dădu drumul brusc, de m-am izbit cu forţă cu capul de masă şi nu m-am mai putut abţine. Am început să plâng.

Mark mă eliberă şi se ridică. Făcu vreo câţiva paşi în spate şi apoi ocoli masa ca să mă vadă mai bine. Stătu acolo, privindu-mă, iar eu îmi doream mai mult decât orice să se despice pământul şi să mă înghită. Orice, numai să nu mă mai vadă plângând. M-am ridicat în picioare. Hohoteam ca un bebeluş care şi-a pierdut suzeta, iar el a început să spună:

— Termină! Termină, Lena, nu mai plânge-aşa! Nu mai plânge-aşa!

Şi era ciudat, fiindcă apoi a început şi el să plângă şi tot zicea:

— Nu mai plânge, Lena, nu mai plânge.

M-am oprit. Ne uitam unul la altul, amândoi cu lacrimi şi muci pe faţă, el tot cu cuiul în mână şi-a zis:

— N-am făcut-o eu. Ce crezi tu că am făcut. Nu m-am atins de maică-ta. M-am gândit la asta, m-am gândit să-i fac tot felul de lucruri, dar nu i-am făcut nimic.

— Ba da, am zis. Brăţara ei e la tine, tu...

— A venit să vorbim, după ce-a murit Katie. Mi-a spus că trebuia să spun adevărul. De dragul Louisei!

A râs.

— De parcă-i păsa de Louise. De parcă dădea ea doi bani pe cineva! Ştiu de ce voia să vorbesc. Se simţea *vinovată* că-i băgase idei în cap lui Katie, se simţea vinovată şi voia să preia altcineva povara asta. Voia să pună totul în cârca mea, javra egoistă.

Mă uitam cum răsucea cuiul în mâini şi mi-am imaginat cum mă reped la el, îl înşfac şi i-l înfig în ochi. Aveam gura uscată. Mi-am lins buzele şi-aveau gust sărat.

Continua să vorbească.

— Am rugat-o să-mi dea un răgaz. I-am spus că o să vorbesc eu cu Louise, dar aveam nevoie de timp ca să decid ce-i spun, cum să-i explic. Am convins-o.

Se uită la cuiul din mâinile lui, apoi din nou la mine.

— Vezi tu, Lena, nu era nevoie să-i fac ceva. Cea mai bună abordare pentru astfel de femei — ca maică-ta — nu e violența, ci vanitatea lor. Am mai cunoscut femei ca ea, femei mai în vârstă, trecute de treizeci şi cinci de ani, a căror frumusețe începe să se ofilească. Vor să se simtă dorite. Duhnesc a disperare de la o poştă. Ştiam ce trebuie să fac, cu toate că mi se strângea carnea pe mine numai cât mă gândeam. Trebuia s-o aduc de partea mea. S-o farmec. S-o seduc.

Se opri să-şi frece gura cu dosul mâinii.

— M-am gândit că poate-o să-i fac şi nişte poze. S-o compromit. S-o amenint că o s-o umilesc public. M-am gândit că poate-atunci o să mă lase-n pace, să jelesc în linişte.

Ridică puțin bărbia.

— Ăsta era planul meu. Dar a intervenit Helen Townsend şi n-a mai fost nevoie să fac eu nimic.

Aruncase cuiul într-o parte. M-am uitat cum a săltat în iarbă şi-a aterizat lângă zid.

— Cum adică? am spus. Ce vrei să spui?

— Îți spun. Jur. Doar că...

Oftă.

— Lena, ştii că nu vreau să-ți fac rău. N-am vrut asta niciodată. Am fost nevoit să te lovesc când te-ai repezit la mine, în casă: ce puteam să fac? Dar n-o s-o mai fac. Decât dacă mă obligi. OK?

N-am zis nimic.

— Uite ce vreau să faci. Vreau să te întorci în Beckford, să spui polițiştilor că ai fugit, ai făcut autostopul, treaba ta. Nu mă interesează ce le spui, dar trebuie să le fie clar că ai mințit în privința mea. Că ai inventat totul. Spune-le că erai geloasă, erai scoasă din minți de durere, ori ai inventat totul poate pentru că eşti, pur şi simplu, o curviştină ranchiunoasă, disperată după atenție, nu-mi pasă ce le spui. Bine? Câtă vreme îi asiguri că ai mințit.

L-am privit cu ochii mijiți.

— Şi de ce crezi că aş face aşa ceva? Pe bune! Ce morții mă-sii m-ar convinge vreodată să fac una ca asta? Şi oricum, e prea târziu. Josh a vorbit cu ei, nu eu am fost aia care...

— Atunci spune-le că Josh a mințit. Spune-le că tu i-ai zis lui Josh să mintă. Spune-i lui Josh că trebuie să-şi retracteze declarațiile, fiindcă, dacă faci asta, nu numai că o să te las să pleci, dar — băgă mâna în buzunarul blugilor şi scoase brățara — o să-ți spun ce vrei să ştii. Fă chestia asta pentru mine şi-ți spun ce vrei să ştii.

M-am dus la zid. Eram cu spatele la el şi tremuram, ştiam că putea să mă atace, mă putea anihila dacă voia. Dar nu credeam că voia, de fapt. Vedeam pe fața lui. Voia să fugă. Am mişcat cuiul cu vârful pantofului. Singura întrebare care conta era: aveam de gând să-l las?

M-am întors către el, cu spatele la zid. M-am gândit la toate greşelile tâmpite pe care le făcusem până aici şi n-aveam de gând să mai fac încă una. M-am prefăcut speriată, apoi recunoscătoare.

— Promiți?... Mă laşi să mă întorc la Beckford?... Te rog, Mark, promiți?

Am făcut-o pe uşurata, pe disperata, pe spăsita. L-am păcălit.

S-a aşezat şi a pus brățara în fața lui, în mijlocul mesei.

— Am găsit-o, spuse direct, iar eu am început să râd.

— Ai *găsit-o*? Cum adică? Aşa... în râu, unde polițiştii au căutat *zile* în şir? Hai, las-o naibii.

Tăcu o secundă, apoi mă privi de parcă mă ura mai mult decât pe oricine pe lume. Ceea ce probabil că era adevărat.

— Mă asculți sau nu?

M-am sprijinit de zid.

— Te-ascult.

— M-am dus în biroul lui Helen Townsend, spuse. Căutam...

Părea jenat.

— Ceva de-al ei. De-al lui Katie. Voiam... ceva. Ceva ce puteam păstra...

Încerca să-mi stârnească mila. Fără succes.

— Şi?

— Căutam cheia de la fişet. M-am uitat în sertarul de la biroul lui Helen şi-am găsit-o.

— Ai găsit brățara mamei în biroul doamnei Townsend?

A încuviințat.

— Nu mă întreba cum a ajuns acolo. Dar dacă o purta în ziua aia, atunci...

— Doamna Townsend, am repetat ca proasta.

— Ştiu că n-are niciun sens.

Numai că avea. Sau putea să aibă. Cu mult efort de imaginație. Nici prin cap nu mi-ar fi trecut că era capabilă de aşa ceva. E o cățea bătrână şi înțepată, ştiu, dar nu mi-aş fi imaginat-o niciodată capabilă să facă rău fizic cuiva.

Mark se uita fix la mine.

— Îmi scapă ceva, aşa-i? Ce i-a făcut? Lui Helen? Ce i-a făcut maică-ta lui Helen?

N-am spus nimic. Mi-am întors fața. Un nor trecu prin fața soarelui şi mi s-a făcut la fel de frig ca în casa lui în dimineața aia, mi-era frig şi pe dinafară, şi pe dinăuntru, până-n măduva oaselor. M-am dus la masă şi-am luat brățara şi mi-am pus-o la încheietură.

— Poftim, acum ți-am spus. Te-am ajutat, nu? E rândul tău.

Rândul meu. M-am întors la zid, m-am lăsat pe vine şi-am luat cuiul, apoi cu faţa la el.

— Lena, spuse şi mi-am dat seama după cum mi-a pronunţat numele, după cum respira, scurt şi repede, că îi era frică. Te-am ajutat. Ţi-am...

— Katie s-a înecat, fiindcă se temea că o s-o trădez sau că o s-o trădeze mama — fiindcă cineva o să vă trădeze pe amândoi şi-apoi afla toată lumea, ea o să fie-n belea până-n gât şi părinţii ei distruşi, asta crezi? Dar tu ştii că nu de asta a făcut-o *de fapt*, nu?

Îşi plecă fruntea şi-şi încleştă mâinile de marginea mesei.

— Tu ştii că nu ăsta a fost motivul adevărat. Motivul a fost că se temea de ce ţi s-ar putea întâmpla ţie.

Continua să fixeze masa, nemişcat.

— A făcut-o pentru tine. S-a sinucis pentru tine. Şi tu ce-ai făcut pentru ea?

Începeau să i se zgâlţâie umerii.

— Tu ce-ai făcut? Ai minţit şi iar ai minţit, ai renegat-o complet, de parcă n-a însemnat nimic pentru tine, de parcă nu era nimic pentru tine. Nu crezi că merita mai mult?

Cu cuiul în mână, m-am dus lângă masă. Îl auzeam bolborosind că-i pare rău.

— Îmi pare rău, îmi pare rău, îmi pare rău. Iartă-mă. Doamne, iartă-mă.

— Cam târziu pentru asta, am spus. Nu crezi?

Sean

Eram pe la jumătatea drumului când a început să plouă, o ploicică uşoară, care s-a transformat dintr-odată într-un potop. Vizibilitatea era ca şi inexistentă, a trebuit să încetinesc, abia mă târam. A sunat unul dintre poliţiştii trimişi la casa din Howick şi l-am pus pe difuzor.

— Nu-i nimic aici, spuse printre distorsiunile conexiunii proaste.

— Nimic?

— Nu-i nimeni aici. E o maşină — un Vauxhall roşu —, dar nici urmă de suspect.

— Şi Lena?

— Nimeni. Casa e încuiată. Mai căutăm. O să mai căutăm...

Maşina e acolo, dar ei nu. Trebuie să se fi dus undeva pe jos, dar de ce pe jos? S-a stricat maşina? Dacă a ajuns la casă şi-a descoperit că nu putea intra, nu se putea ascunde acolo — de ce n-a spart uşa? Cu siguranţă e o soluţie mai bună decât *fuga*, nu? Doar dacă nu i-a luat cineva... Cine? Un prieten? Cineva care-l ajută? Poate că l-ar ajuta cineva să iasă dintr-o belea, dar vorbeam aici de un profesor, nu de un recidivist — nu-mi puteam imagina că avea prieteni care s-ar implica într-o răpire.

Şi nu eram sigur dacă asta mă făcea să mă simt mai bine sau mai rău. Dacă Lena nu era cu el, habar n-am unde ar putea fi. N-o văzuse nimeni de aproape douăzeci şi patru de ore. M-am panicat numai la gândul ăsta. Trebuia să o protejez. La urma urmelor, pe maică-sa o dezamăgisem cumplit.

După incidentul cu tata, am încetat să mă mai văd cu Nel. De fapt, nu am mai petrecut nicio clipă singur cu ea până după moartea lui Katie Whittaker, şi atunci n-am avut de ales. A trebuit s-o interoghez, dată fiind legătura cu Katie, prin intermediul fiicei sale, şi acuzațiile pe care le arunca Louise în stânga şi-n dreapta.

Am interogat-o ca martor. Neprofesionist, clar — descrierea se potriveşte unei bune părți din comportamentul meu din ultimul an —, dar odată ce mă încurcasem cu Nel, părea să fie inevitabil. Nu aveam ce face în privința asta.

Când am văzut-o din nou, m-a cuprins o jale cumplită, fiindcă am simțit aproape imediat că Nel cea dinainte, cea care zâmbea aşa de sincer, cea care mă apucase de braț, care mă vrăjise, nu mai era prezentă. Nu dispăruse, neapărat, mai degrabă se micşorase, se retrăsese într-un alt sine, pe care nu-l cunoşteam. Visurile mele cu ochii deschişi — o viață nouă, alături de ea şi Lena, Helen lăsată în urmă confortabil — păreau jenant de puerile. Nel cea care mi-a deschis uşa în ziua aceea era o altă femeie, stranie şi intangibilă.

Vinovăția se revărsa din ea în valuri în timpul interogatoriului, dar era o vinovăție amorfă, vagă. Nel continua să fie dedicată muncii ei, insista că proiectul Bulboana Înecaților n-avea nicio legătură cu tragedia lui Katie, dar emana culpabilitate şi toate propozițiile începeau cu *Ar fi trebuit* ori cu *Am fi putut să* sau cu *Nu mi-am dat seama*. Dar, cumva, n-am reuşit să discutăm despre *ce* ar fi trebuit să facă sau *de ce* nu şi-a dat seama. Ştiind ce ştiu acum, nu-mi pot imagina decât că vinovăția ei era legată de Henderson, că trebuie să fi ştiut sau să fi bănuit ceva şi totuşi nu făcuse nimic.

După interogatoriu, am lăsat-o la Casa Morii şi m-am dus la căsuță. Am aşteptat-o, mai mult sperând decât aşteptându-mă să apară. Trecuse de miezul nopții când a apărut: nu tocmai trează, plânsă, cu nervii întinşi la maximum. După aceea, în zori, când terminaserăm, în sfârşit, unul cu altul, ne-am dus pe malul râului.

Nel era exaltată, aproape maniacală. Vorbea cu fanatism despre adevăr, că se săturase să spună poveşti, nu mai voia decât adevărul. Adevărul, tot adevărul şi numai adevărul. I-am spus:

— Ştii că bați câmpii, nu? Uneori, când e vorba de astfel de lucruri, nu e niciun adevăr de descoperit. N-o să ştim vreodată ce era în mintea lui Katie.

A clătinat din cap:

— Nu despre asta, nu numai despre asta, nu numai...

Mă apucase strâns de mână cu stânga, iar cu dreapta trasa cercuri pe pământ.

— De ce — şopti fără să se uite la mine — întreține tatăl tău casa asta? De ce-i poartă atâta de grijă?

— Fiindcă...

— Dacă ăsta e locul unde venea mama ta, dacă ăsta e locul unde l-a înşelat, de ce, Sean? N-are nicio logică.

— Nu ştiu, am spus.

Mă întrebasem şi eu acelaşi lucru, dar nu-l întrebasem pe el niciodată. Noi nu vorbim despre asta.

— Şi bărbatul ăla, *amantul* ăla, de ce nu ştie nimeni cum îl cheamă? De ce nu l-a văzut nimeni niciodată?

— Nimeni? Nel, doar pentru că nu l-am văzut *eu*...

— Nickie Sage mi-a spus că nu ştia nimeni cine era bărbatul ăla.

— Nickie?

Nu m-am putut abţine, am început să râd.

— Cu Nickie ţi-ai găsit să vorbeşti? Pe Nickie o *asculţi*?

— De ce ignoră toată lumea ce spune? mă repezi. Fiindcă e bătrână? Fiindcă e urâtă?

— Fiindcă e *nebună*.

— Corect, murmură ca pentru sine. Muierile-s nebune.

— Ei, haide, Nel? E o şarlatancă! Susţine că vorbeşte cu morţii.

— Da.

Degetele i se afundară şi mai tare în pământ.

— Da, e o escroacă, dar asta nu înseamnă că tot ce zice e minciună. Ai fi surprins, Sean, cât de mult din ce spune sună a adevăr.

— Te citeşte, Nel. Şi în cazul tău nici nu are nevoie s-o facă. Ştie exact ce vrei de la ea, ce vrei să auzi.

S-a cufundat în tăcere. Degetele i s-au oprit şi-apoi, cu o şoaptă şuierată:

— De ce şi-ar închipui Nickie că vreau să aud că mama ta a fost omorâtă?

Lena

Nu era loc de vinovăție. Tot spațiul era ocupat de uşurare, durere, de senzația aia ciudată de eliberare pe care-o ai când te trezeşti dintr-un coşmar şi-ți dai seama că ai visat. Dar asta... nici măcar nu era adevărat, coşmarul era tot real. Mama nu era mai puțin dispărută. Dar măcar n-a fost alegerea ei. N-a ales să mă părăsească. Cineva mi-a răpit-o — şi asta era mare lucru, fiindcă însemna că puteam face ceva în privința asta pentru ea, dar şi pentru mine. Puteam face orice era nevoie ca să mă asigur că Helen Townsend plătea.

Alergam pe poteca de pe coastă, cu o mână încleştată pe brățara mamei. Eram îngrozită că o s-o scap şi-o să alunece printre stânci până-n mare. Îmi venea s-o pun în gură ca s-o ştiu în siguranță, cum fac crocodilii cu puii lor.

Alergarea pe cărarea aceea părea periculoasă, aş fi putut să cad, dar în acelaşi timp mă simțeam în siguranță — vizibilitatea era foarte bună în orice direcție, aşa că ştiam că nu era nimeni în spatele meu. Sigur că nu era nimeni în spate. Nu avea cine să vină.

Nu venea nimeni după mine — nici ca să mă prindă, nici ca să mă ajute. Şi nu aveam telefonul şi nici măcar nu ştiam pe unde era — acasă la Mark, în maşina lui sau poate-l luase şi-l aruncase, iar acum nu mai puteam să-l întreb, nu?

Nu aveam timp de vinovăție. Trebuia să mă concentrez. La cine puteam să apelez? Cine să m-ajute?

Se vedeau nişte clădiri un pic mai în față şi am început să alerg mai tare, cât de repede puteam. Am îndrăznit să-mi imaginez că cineva de acolo avea să ştie ce e de făcut, că ar putea avea toate răspunsurile.

Sean

Telefonul îmi sună în suportul de pe bord, smulgându-mă din trecut.

— Domnule?

Era Erin.

— Unde sunteți?

— În drum spre coastă. Tu unde ești? Ce-a avut de zis Louise?

A urmat o pauză lungă, atât de lungă că am crezut că poate nu mă auzise.

— A zis Louise ceva despre Lena?

— Ăăă... nu.

Nu părea convinsă.

— Ce e?

— Uitați ce e: trebuie să vorbim, dar nu la telefon...

— Ce-i? E vorba de Lena? Spune-mi acum, Erin, lasă prostiile.

— Nu e urgent. Nu-i despre Lena. E...

— Hai, dă-o dracului! De ce mă suni dacă nu-i urgent?

— Trebuie să vorbim în clipa în care vă întoarceți în Beckford, spuse pe ton rece, mânios. Ați înțeles?

Închise telefonul.

Potopul se mai potolise, aşa că am accelerat, şerpuind pe drumuri înguste, flancate de garduri verzi înalte. Şi iar am avut senzația aceea amețitoare de parcă eram într-un montagne russe care gonea prea repede, zăpăcit de adrenalină. Am gonit pe sub o arcadă îngustă de piatră şi-n jos pe-o pantă, apoi iar în sus când şoseaua urcă peste culmea unui deal şi iată-l: un mic port, cu bărci pescăreşti legănate de fluxul nerăbdător.

Satul era tăcut, probabil din cauza vremii mizerabile. Deci ăsta era Craster. Maşina a încetinit fără măcar să-mi dau seama că frânam. Am parcat lângă trotuarul pe care câțiva plimbăreți temerari, purtând hanorace ca nişte corturi, înfruntau băltoacele. M-am luat după un cuplu de tineri care alergau ca să se adăpostească şi-am descoperit în cafenea un grup de pensionari înghesuiți în jurul cănilor cu ceai. Le-am arătat poze cu Lena şi Mark, dar nu-i văzuseră. Au spus că îi mai întrebase o dată un polițai în uniformă, acum nici jumătate de oră.

Întorcându-mă la maşină, am trecut chiar pe lângă afumătoarea la care promisese mama să mă ducă să mâncăm scrumbii. Am încercat să-mi amintesc chipul ei, aşa cum mai făceam uneori, dar nu reuşeam niciodată. Cred că voiam să retrăiesc dezamăgirea ei când i-am spus că nu voiam să vin aici. Voiam să simt durerea, durerea ei de atunci, durerea mea de acum. Dar amintirea era prea tulbure.

Am condus încă vreo jumătate de milă până la Howick. Casa era destul de uşor de găsit — era singura de acolo, ridicată în echilibru precar pe faleza stâncoasă, cu vedere spre mare. Cum mă aşteptam, Vauxhallul roşu era parcat în spate. Avea portbagajul deschis.

Când am coborât lent din maşină, cu picioarele îngreunate de teamă, unul dintre poliţişti a venit să mă pună la curent cu situaţia — unde căutau, ce găsiseră. Vorbeau cu paza de coastă.

— Marea e foarte agitată, aşa că, dacă oricare dintre ei a ajuns în apă, e posibil să fi fost dus foarte departe de curenţi, într-un timp foarte scurt. Sigur, nu ştim când au ajuns aici, sau...

Mă conduse la maşina profesorului şi m-am uitat în portbagaj.

— După cum vedeţi, se pare că a fost cineva înăuntru, spuse el.

Arătă spre sângele de pe covoraş şi spre cel de pe lunetă. O şuviţă de păr blond era agăţată în mecanismul încuietorii, precum cea găsită în bucătărie.

Îmi arătă restul scenei: sânge pe masa din grădină, pe zid, pe un cui ruginit. O lăsasem de izbelişte, la fel ca pe mama. Nu — pe mama *ei*. O lăsasem de izbelişte, cum o lăsasem şi pe mama ei. Simţeam că încep iar să alunec din realitate, senzaţia aia că pierd legătura cu prezentul şi-atunci:

— Domnule? Am primit un apel. Ne-a sunat proprietarul unui magazin din satul vecin, mai sus pe coastă. Zice că are o fată udă leoarcă şi se vede c-a fost bătută, nu ştie unde e şi l-a rugat să sune la poliţie.

În faţa magazinului era o bancă, iar ea stătea acolo, cu capul lăsat pe spate şi ochii închişi. Era înfăşurată într-o jachetă verde-închis, prea mare pentru ea. Când am oprit maşina, a deschis ochii.

— Lena!

Am sărit din maşină şi am alergat spre ea.

— Lena!

Era albă ca varul, cu excepţia petei de sânge roşu aprins de pe obraz. N-a spus nimic, doar s-a ghemuit mai tare pe bancă, de parcă nu mă recunoştea, n-avea idee cine eram.

— Lena, sunt eu. Lena. Linişteşte-te, sunt eu.

Când expresia nu i s-a schimbat, când i-am întins mâna şi s-a ferit şi mai tare, mi-am dat seama că ceva nu era în regulă. Mă vedea foarte bine — nu era în şoc, ştia cine eram. Ştia cine sunt şi îi era frică de mine.

Asta mi-a readus în minte, cu claritate dureroasă, expresia pe care-o văzusem pe chipul mamei ei odată, şi pe chipul poliţistei, al lui Jeannie, când m-a dus acasă. Nu doar frică, mai mult de-atât. Frică şi perplexitate, teamă şi groază. Mi-a amintit de expresia cu care mă privesc uneori, când fac greşeala să-mi înfrunt imaginea din oglindă.

Jules

După plecarea lui Nickie m-am dus sus, în dormitorul tău. Patul era dezgolit până la saltea, aşa că m-am dus la dulap şi-am scos una dintre hainele tale, din caşmir caramel, mai moale şi mai senzuală decât orice-aş fi visat eu vreodată să am. M-am înfăşurat în ea şi chiar şi-aşa mi-era mai frig decât îmi fusese în apă. Am stat mult timp întinsă în patul tău, prea înţepenită şi prea obosită ca să mă mişc, parcă aşteptam să mi se încălzească oasele, să-mi circule din nou sângele, să înceapă iar să-mi bată inima. Aşteptam să-ţi aud vocea în mintea mea, dar erai tăcută.

Te rog, Nel, am spus în gând, *vorbeşte cu mine, te rog.* Ţi-am spus că-mi părea rău.

Mi-am imaginat replica ta glacială: *Toţi anii ăştia, Julia. Nu voiam decât să vorbesc cu tine.* Şi: *Cum ai putut să crezi aşa ceva despre mine? Cum ai putut să crezi că aş fi ignorat, pur şi simplu, un viol, că te-aş fi luat peste picior pe tema asta?*

Nu ştiu, Nel. Iartă-mă.

Când tot nu ți-am auzit vocea, am schimbat tactica. Atunci spune-mi despre Lauren. Spune-mi despre toate acele femei nesupuse. Spune-mi despre Patrick Townsend. Spune-mi ce-ai încercat să-mi spui înainte. Dar n-ai spus o vorbă. Aproape că simțeam cum te bosumfli.

Mi-a sunat telefonul şi pe ecranul albastru am văzut numele sergentului Morgan. O secundă n-am îndrăznit să răspund. Ce-o să mă fac dacă Lena a pățit ceva? Cum puteam să-mi ispăşesc vreodată toate păcatele dacă se ducea şi ea? Cu mâini tremurătoare, am răspuns. Şi iată! Inima începu iar să bată, împingând sânge cald către extremități. Era în siguranță! Lena era în siguranță. Era cu ei. O aduceau acasă.

Parcă a durat o eternitate, ore nesfârşite, până am auzit cum se trânteşte o portieră şi-am fost în stare să mă ridic, să sar din pat, să-ți arunc haina şi să cobor în goană scările. Erin era deja acolo, la piciorul scării, privind cum Sean o ajuta pe Lena să coboare din maşină.

Avea pe umeri o jachetă bărbătească, iar chipul îi era palid şi murdar. Dar era întreagă, în siguranță. Nu pățise nimic. Abia când a ridicat capul şi s-a uitat în ochii mei mi-am dat seama că era o minciună.

Păşea cu grijă, punându-şi tălpile pe pământ cu atenție, ştiam cum se simțea. Avea brațele strânse protector în jurul trupului; când Sean a întins un braț ca s-o conducă în casă, s-a crispat. M-am gândit la bărbatul care-o luase, la înclinațiile lui. Mi s-a întors stomacul pe dos şi am simțit în gură gustul dulceag de vodcă cu portocale, am simțit suflarea fierbinte pe față şi apăsarea degetelor insistente pe carnea moale.

— Lena, am spus şi ea şi-a înclinat capul spre mine.

Am văzut că ceea ce luasem drept murdărie pe fața ei era sânge, care se uscase şi se desprindea în solzi din jurul gurii şi de pe bărbie. Am dat s-o iau de mână, dar şi-a strâns şi mai tare trupul în brațe, aşa că am urmat-o la etaj. În hol, am stat față în față. Cu o ridicare din umeri se descotorosi de jachetă, care căzu pe podea. M-am aplecat după ea, dar Erin a fost mai iute. O luă şi i-o dădu lui Sean şi între ei se petrecu ceva — îi aruncă o privire pe care n-am reuşit s-o descifrez, foarte aproape de furie.

— Unde e? am şuierat către Sean.

Lena era aplecată deasupra chiuvetei, bea apă direct de la robinet.

— Unde-i Henderson?

Simțeam o nevoie primordială, sălbatică să-i provoc durere acestui bărbat care ocupase o poziție ce inspira încredere şi apoi abuzase de ea. Voiam să-l înşfac de unde trebuia, să răsucesc şi să smulg, să-i fac ce merită bărbații de felul ăsta.

— Îl căutăm, spuse el. Avem oameni trimişi în căutare.

— Cum adică *îl căutați*? N-a fost cu el?

— Ba da, dar...

Lena era tot la chiuvetă, bând înghițituri mari de apă.

— Ați dus-o la spital? l-am întrebat pe Sean.

Clătină din cap.

— Încă nu. Lena ne-a spus cât se poate de clar că nu vrea să meargă.

Pe chipul lui era ceva ce nu-mi plăcea, ceva ascuns.

— Dar...

— Nu-i nevoie să merg la spital, spuse Lena ridicându-se şi ştergându-se la gură. Nu sunt rănită. Sunt bine.

Mințea. Ştiam exact ce fel de minciună era asta, spusesem şi eu aceleaşi minciuni. Pentru prima dată m-am văzut pe mine în ea, nu pe tine. Avea o expresie de frică şi sfidare; o vedeam cum ţine strâns secretul, ca pe-un scut. Crezi că durerea va fi mai mică, umilinţa mai suportabilă, dacă nu ştie nimeni.

Sean mă luă de braţ şi mă scoase din încăpere. Foarte încet, spuse:

— A insistat să vină mai întâi acasă. N-o putem obliga să se lase examinată dacă nu vrea. Dar trebuie s-o duci tu. Cât se poate de repede.

— Da, sigur că o s-o duc. Dar tot nu pricep de ce nu l-aţi prins. Unde e? Unde-i Henderson?

— S-a dus, spuse Lena, apărută brusc lângă mine.

Degetele ei le atinseră în treacăt pe ale mele; erau la fel de reci ca ale mamei ei ultima oară când i le atinsesem.

— Unde s-a dus? am întrebat. Cum adică *s-a dus*?

Nu se uită la mine.

— Aşa. S-a dus.

Townsend ridică o sprânceană.

— Avem poliţişti în teren, care-l caută. Maşina lui e tot acolo, n-avea cum să ajungă prea departe.

— Lena, unde crezi că s-a dus? am întrebat încercând să-i prind privirea, dar ea se tot ferea.

Sean clătină din cap mâhnit.

— Am încercat, spuse încet. Nu vrea să vorbească. Cred că e pur şi simplu epuizată.

Degetele Lenei le cuprinseră pe ale mele şi scăpă un oftat adânc.

— Aşa e. Nu vreau decât să dorm. Sean, nu putem să continuăm mâine? Abia-mi mai ţin ochii deschişi.

Detectivii au plecat, asigurându-ne că vor reveni; Lena trebuia să dea o declaraţie oficială. I-am privit îndreptându-se către maşina lui Sean. Când Erin s-a aşezat pe locul din stânga, a trântit portiera atât de tare, că m-am mirat că geamul nu s-a făcut ţăndări.

Lena mă strigă din bucătărie.

— Mi-e o foame de lup, spuse. Poţi să faci iar spaghete Bolognese, ca data trecută?

Tonul, blândeţea din vocea ei erau ceva nou; la fel de surprinzătoare ca atingerea mâinii ei.

— Sigur că da, am spus. Mă apuc acum.

— Mulţumesc. Mă duc sus, să fac un duş.

I-am pus mâna pe braţ.

— Nu, Lena, nu se poate. Trebuie să mergi mai întâi la spital.

Clătină din cap:

— Nu, chiar nu-i nevoie. N-am nimic.

— Lena...

N-am putut să mă uit în ochii ei când am spus-o:

— Trebuie să fii examinată înainte să faci duş.

Câteva clipe păru nedumerită, apoi umerii îi căzură, clătină din cap şi păşi spre mine. Fără să vreau, am început să plâng. Mă luă în braţe.

— Nu-i nimic, spuse. Nu-i nimic, nu-i nimic.

Exact cum ai făcut tu în noaptea aia, după ce-am fost în apă.

— N-a făcut nimic de genul ăla. N-a fost cum crezi. Nu înţelegi, el nu era vreun prădător sexual monstruos. Era doar un trist.

— Vai, slavă Domnului! am spus. Lena, slavă Domnului!

Am stat îmbrăţişate până m-am oprit eu din plâns şi-a început ea. Hohotea ca un copil şi trupul ei slăbuţ îmi alunecă din braţe, pe podea. M-am lăsat lângă ea şi-am încercat s-o iau de mână, dar era strânsă tare într-un pumn.

— O să fie bine, i-am spus. Cumva, o să fie. O să am grijă de tine.

Mă privi fără cuvinte; parcă nu putea să vorbească. În schimb, întinse mâna şi degetele i se deschiseră, dezvăluind comoara din pumn — o mică brăţară din argint, cu clemă din onix — şi-atunci îşi regăsi vocea.

— N-a sărit, spuse cu ochi sclipitori.

Parcă temperatura din cameră plonjă într-o clipă până la îngheţ.

— Mama nu m-a părăsit. N-a sărit.

Lena

Am stat mult timp sub duş, cât am putut îndura fierbinţeala apei. Voiam să-mi opăresc pielea, voiam să curăţ de pe mine toată ziua, toată noaptea, toată săptămâna şi toată luna trecută. Voiam să-l curăţ pe *el* de pe mine, casa lui împuţită, pumnii şi duhoarea, respiraţia, sângele lui.

Când am ajuns acasă, Julia s-a purtat frumos cu mine. Nu se prefăcea, era clar bucuroasă că m-am întors, fusese îngrijorată pentru mine. Părea să creadă că Mark mă *agresase*, de parcă îl credea un fel de pervers care nu se putea abţine să atingă adolescente. Trebuie să recunosc: avea dreptate în privinţa asta — oamenii nu înţeleg ce-a fost între el şi K şi n-o să înţeleagă niciodată.

(O părticică sucită din mine aproape că şi-ar dori să cred în viaţa de apoi şi că ei doi ar putea să-şi continue povestea acolo şi poate că le-ar merge bine şi Katie ar fi fericită. Oricât de tare l-aş urî, aş vrea să cred că ea ar putea fi, cumva, fericită.)

Când m-am simţit curată sau măcar pe cât de curată credeam că pot fi, m-am dus în camera mea şi m-am aşezat pe pervaz, fiindcă acolo gândesc cel mai bine. Mi-am aprins o ţigară şi-am încercat să mă hotărăsc ce-ar trebui să fac. Voiam s-o întreb pe mama, voiam din tot sufletul s-o întreb, dar nu mă puteam gândi la asta, fiindcă m-aş fi pus iar pe plâns şi la ce-ar fi ajutat-o? Nu ştiam dacă să-i spun Juliei ce aflasem de la Mark. Dacă puteam să mă bazez pe ea că va face ce trebuie.

Poate. Când i-am spus Juliei că mama nu a sărit, mă aşteptam să-mi spună că mă înşel sau că sunt nebună ori ceva, dar a acceptat, pur şi simplu, ce spuneam. Fără ezitare. De parcă ştia deja. De parcă ştiuse întotdeauna.

Nici nu ştiu dacă e adevărat ce mi-a zis Mark, dar ar fi chiar ciudat să inventezi aşa ceva. De ce să o arăţi cu degetul pe doamna Townsend când poţi învinui persoane evident suspecte? Ca Louise, de exemplu. Dar poate că, după câte le-a făcut, se simte şi-aşa destul de vinovat faţă de familia Whittaker.

Nu ştiu dacă minţea sau spunea adevărul, în orice caz a meritat ce i-am spus, ce-am făcut. A meritat tot ce-a păţit.

Jules

Când Lena a coborât în bucătărie, cu fața și mâinile curate, s-a așezat la masă și-a înfulecat pe nerăsuflate. După aceea, când a zâmbit și-a spus mulțumesc, m-a trecut un fior, fiindcă acum, că l-am văzut, nu mai pot să-l ignor. Are zâmbetul tatălui ei.

(Oare ce, m-am întrebat, a mai moștenit de la el?)

— Ce e? întrebă Lena din senin. Te holbezi la mine.

— Iartă-mă, am spus, înroșindu-mă. Doar că... mă bucur că ești acasă. Mă bucur că ești în siguranță.

— Și eu.

Am ezitat o clipă înainte să continui:

— Știu că ești obosită, Lena, dar trebuie să te întreb ce s-a întâmplat azi. Ce e cu brățara?

Își feri fața, întorcând capul spre fereastră.

— Mda... Știu.

— Era la Mark?

Aprobă.

— Și tu i-ai luat-o?

Oftă:

— Mi-a dat-o.

— De ce ți-a dat-o? Şi de ce era la el?

— Nu ştiu.

Întoarse capul spre mine şi mă privi cu ochi inexpresivi, de parcă trăsese obloanele.

— Mi-a zis că a găsit-o.

— A găsit-o? Unde?

Nu răspunse.

— Lena, trebuie să mergem la poliție, să le spunem.

Se ridică şi-şi duse farfuria la chiuvetă. Cu spatele la mine, spuse:

— Am făcut un pact.

— Pact?

— Că-mi dă brățara mamei şi mă lasă să plec acasă, dacă spun polițiştilor că am mințit despre el şi Katie, continuă pe un ton nepotrivit gravității vorbelor, în timp ce-şi făcea de lucru cu vasele.

— Şi el a crezut că o să faci aşa ceva?

Ridică din umerii slăbănogi.

— Lena. Spune-mi adevărul. Crezi... tu crezi că Mark Henderson e ucigaşul maică-tii?

Se întoarse să mă privească:

— Îți spun adevărul. Şi nu ştiu. El mi-a zis că a luat brățara din biroul doamnei Townsend.

— Al lui Helen Townsend?

Lena aprobă.

— Nevasta lui Sean? Directoarea şcolii tale? Dar de ce-ar fi fost brățara la ea? Nu pricep...

— Nici eu, spuse încet. Nu prea.

Am făcut ceai şi-am stat împreună la masa din bucătărie, sorbind în tăcere din căni. Țineam în mână brățara lui Nel. Lena stătea relaxată, cu capul plecat, tot mai terminată. Am întins mâna şi mi-am trecut degetele peste ale ei.

— Eşti epuizată, am spus. Ar trebui să mergi la culcare.

Încuviinţă şi mă privi pe sub pleoapele căzute.

— Vii cu mine, te rog? Nu vreau să fiu singură.

Am urmat-o în sus pe scări, în camera ta, nu într-a ei. S-a urcat în patul tău şi şi-a pus capul pe pernă, bătând cu palma locul de lângă ea.

— Când ne-am mutat aici, nu puteam dormi singură.

— Din cauza zgomotelor? am întrebat, urcând în pat lângă ea şi acoperindu-ne cu haina ta.

Încuviinţă.

— Toate scârţâielile şi gemetele...

— Şi poveştile de groază ale maică-tii?

— Exact. Veneam tot timpul aici ca să dorm cu mama.

Aveam un nod în gât, ca o pietricică. Nu puteam înghiţi.

— Şi eu făceam la fel cu mama.

Adormise. Am rămas lângă ea, privindu-i chipul, care în repaus era *exact* chipul tău. Îmi venea s-o ating, să o mângâi pe păr, să fac un gest matern, dar nu voiam s-o trezesc sau s-o sperii ori să greşesc cu ceva. Habar n-am cum să fiu mamă. În viaţa mea n-am avut grijă de-un copil. Îmi doream să vorbeşti, să-mi spui ce să fac, ce să simt. Cu ea dormind lângă mine, cred că am simţit tandreţe, dar pentru tine şi pentru mama noastră, iar în secunda în care ochii ei verzi s-au deschis cu o fluturare de gene şi s-au fixat într-ai mei, m-am înfiorat.

— De ce te uiţi întotdeauna aşa la mine? şopti cu o urmă de zâmbet. E ciudat rău.

— Iartă-mă, am spus şi m-am rostogolit pe spate.

Îşi strecură degetele într-ale mele.

— Nu-i nimic, spuse. Ciudat e OK. Ciudat poate fi un lucru bun.

Am stat aşa, lungite, cu degetele împletite. Am ascultat cum îi încetineşte respiraţia, apoi se accelerează şi iar încetineşte.

— Ştii ce nu înţeleg? şopti ea. De ce-ai urât-o aşa de tare?

— N-am...

— Nici ea n-a înţeles.

— Ştiu, am spus. Ştiu că n-a înţeles.

— Plângi, şopti întinzând mâna ca să-mi atingă faţa.

Îmi şterse lacrimile de pe obraz.

I-am spus. Toate lucrurile pe care ar fi trebuit să ţi le spun ţie i le-am spus fiicei tale. I-am spus cum te lăsasem de izbelişte, cum am crezut despre tine tot ce putea fi mai rău, cum îmi permisesem să dau vina pe tine.

— Dar de ce nu i-ai spus şi gata? De ce nu i-ai spus ce s-a întâmplat cu adevărat?

— Era complicat, am spus şi-am simţit cum se încorda lângă mine.

— Cum complicat? Cât de complicat putea să fie?

— Mama noastră era pe moarte. Părinţii noştri erau la pământ şi nu voiam să înrăutăţesc lucrurile.

— Dar... dar te-a *violat*, spuse ea. Ar fi trebuit să ajungă la închisoare.

— Eu nu vedeam aşa lucrurile. Eram foarte tânără. Eram mai tânără decât eşti tu acum şi nu mă refer doar la numărul anilor, deşi eram mai mică şi în sensul ăla. Dar eu eram naivă, complet lipsită de experienţă, n-aveam habar de nimic. Noi nu vorbeam despre consimţământ aşa cum vorbiţi voi, fetele, acum. Am crezut...

— Ai crezut că era normal ce-a făcut?

— Nu, dar nu cred că am văzut fapta drept ceea ce era. Drept ce era cu adevărat. Credeam că violul era ceva ce-ți făcea un bărbat rău, care sărea la tine pe o alee în toiul nopții, care-ți punea cuțitul la gât. Nu credeam că și băieții fac asta. Nu liceenii ca Robbie, nu băieții arătoși, cei care ies cu cea mai frumoasă fată. Nu credeam că-ți fac asta în propriul living, nu credeam că după aia vorbesc cu tine și te întreabă dacă ți-a plăcut. Am crezut că am făcut eu ceva ce nu trebuia, că nu i-am spus destul de clar că nu voiam.

Lena tăcu o vreme, dar când vorbi din nou, vocea îi era mai ridicată, mai insistentă.

— Bine, poate că atunci n-ai vrut să spui nimic, dar mai târziu? De ce nu i-ai explicat mai târziu?

— Fiindcă am înțeles-o aiurea, am spus. Am judecat-o complet greșit. Am crezut că a știut ce se întâmplase în noaptea aia.

— Ai crezut că a știut și n-a făcut *nimic*? Cum ai putut să crezi așa ceva despre ea?

Cum puteam să-i explic? Că am pus cap la cap vorbele tale — cele din noaptea aia și vorbele pe care mi le-ai spus mai târziu, *Undeva, în adâncul tău, așa-i că ți-a plăcut?* — și mi-am spus o poveste despre tine care să aibă sens pentru mine, să-mi permită să-mi văd de viață fără să fiu nevoită vreodată să mă confrunt cu ce se întâmplase cu adevărat.

— Am crezut că a ales să-l protejeze pe el, am șoptit. Am crezut că, dintre noi doi, l-a ales pe el. Nu-l puteam învinovăți, fiindcă nici nu mă puteam *gândi* la el. Dacă l-aș fi învinovățit și m-aș fi gândit la el, totul ar fi devenit real. Așa că... în loc de asta, m-am gândit la Nel.

Vocea Lenei deveni rece:

— Nu te înțeleg. Nu-i înțeleg pe cei ca tine, care preferă întotdeauna să dea vina pe femeie. Dacă doi oameni fac ceva rău şi unul din ei e fată, atunci sigur e vina ei, nu?

— Nu, Lena, nu-i aşa, nu-i...

— Ba da. E ca atunci când cineva are o relație extraconjugală — de ce o urăşte nevasta întotdeauna pe cealaltă femeie? De ce nu-şi urăşte soțul? *El* e cel care-a înşelat-o, *el* e cel care-a jurat să o iubească şi să-i rămână alături, bla-bla pentru totdeauna. De ce nu e *el* cel care-i împins de pe-o nenorocită de stâncă?

MARȚI, 25 AUGUST

Erin

Am plecat devreme din căsuță, ca să alerg în amonte. Voiam să evadez din Beckford, să-mi limpezesc puțin gândurile, dar, cu toate că aerul fusese împrospătat de ploaie şi cerul era de-un albastru-pal perfect, ceața din capul meu se îndesea şi mai tare, devenea şi mai apăsătoare. În locul ăsta nimic n-are sens.

Până să plec ieri cu Sean de la Casa Morii, mă ambalasem zdravăn şi eram atât de supărată pe el că am spus-o pur şi simplu, chiar acolo, în maşină:

— Ce anume era între dumneavoastră şi Nel Abbott?

A apăsat piciorul pe frână aşa de tare, că am zis că ies prin parbriz. Ne opriserăm în mijlocul drumului, dar lui nu părea să-i pese.

— Ce-ai spus?

— Nu vreți să trageți pe marginea drumului? am întrebat uitându-mă în oglinda retrovizoare, dar nu voia.

M-am simțit ca o tâmpită că am lăsat întrebarea să-mi iasă aşa, pe negândite, fără să conduc discuția către ea, fără să testez un pic apele.

— Îmi pui la îndoială integritatea?

Pe chip avea o expresie pe care nu i-o mai văzusem, o asprime cu care nu mă mai confruntasem.

— Ei? Asta faci?

— Mi-a sugerat cineva — am spus, păstrându-mi tonul egal — mi-a dat de înțeles că...

— *De înțeles*?

Parcă nu-i venea să creadă. În spatele nostru claxonă o maşină şi Sean puse piciorul înapoi pe accelerație.

— Cineva ți-a dat de înțeles, zici? Şi ai crezut că s-ar cuveni să mă iei la întrebări?

— Domnule, am...

Ajunseserăm la parcarea de lângă biserică. Opri maşina, se aplecă peste mine şi-mi deschise portiera.

— Tu mi-ai văzut dosarul de serviciu, Erin? întrebă. Că eu l-am văzut pe-al tău.

— Domnule, n-am vrut să vă jignesc, dar...

— Dă-te jos din maşină!

Abia am avut timp să închid portiera că s-a şi îndepărtat în viteză.

Până am ajuns în vârful dealului aflat la nord de căsuță, rămăsesem fără suflu; m-am oprit pe culme ca să-mi revin. Era încă devreme — nici şapte —, toată valea era a mea. Perfectă, liniştită, a mea. Mi-am încălzit picioarele şi m-am pregătit pentru coborâre. Simțeam nevoia să sprintez, să zbor, să mai eliberez din energie. Nu aşa ajungi să vezi lucrurile cu claritate?

Sean a reacționat ca un om vinovat. Sau ca unul ofensat. Un om care-a crezut că integritatea îi era pusă la îndoială fără dovezi. Am grăbit pasul. Când m-a repezit cu privire la dosarele noastre de serviciu, avea dreptate.

Al lui e impecabil; eu am scăpat ca prin urechile acului să nu fiu dată afară fiindcă mă culcasem cu cineva mai tânăr, din poliție. De-acum sprintam, gonind în jos pe deal ca un tren scăpat de sub control, cu ochii lipiți de potecă şi grozama de-o parte şi de alta a potecii — doar o ceață la periferia câmpului meu vizual. Are o listă de arestări impresionantă, e extrem de respectat de colegi. E, cum spunea şi Louise, un om bun. Piciorul drept mi se poticni într-o piatră de pe potecă şi-am zburat cu capul înainte. Am zăcut în țărână, chinuindu-mă să respir, cu plămânii complet goliți de aer. Sean Townsend e un om bun.

Sunt mulți de-ăştia prin jur. Tata era un om bun. Un ofițer respectat. Asta nu-l împiedica să ne bată crunt pe mine şi pe frații mei când îşi pierdea cumpătul, dar chiar şi-aşa. Când mama s-a plâns unuia dintre colegii lui, după ce tata i-a spart nasul fratelui meu mai mic, colegul a zis: „Păpuşă, noi, polițiştii, suntem linia albastră subțire care separă ordinea de haos. Din păcate pentru tine, nimeni nu se pune de-a curmezişul ei".

M-am ridicat şi m-am scuturat de praf. Nu puteam să spun nimic. Puteam să stau cuminte de partea potrivită a liniei albastre subțiri, puteam să ignor aluziile şi apropourile Louisei, puteam să ignor potențiala legătură personală a lui Sean cu Nel Abbott. Dar, dacă făceam asta, aş fi ignorat faptul că unde e sex, e şi motiv de crimă. Avea motiv să scape de Nel, la fel şi nevastă-sa. M-am gândit la mutra ei din ziua în care am vorbit la şcoală, la cum vorbea despre Nel, despre Lena. Ce zicea că o dezgustă? *Exprimările insistente, obositoare ale disponibilității sexuale?*

Am ajuns la poalele pantei şi-am ocolit tufele de grozamă; căsuța era la vreo două sute de metri mai încolo şi-am văzut că era cineva afară. O siluetă corpolentă şi cocârjată, într-o haină neagră. Nu Patrick, nici Sean. Când m-am apropiat, mi-am dat seama că era bătrâna goth, *clarvăzătoarea*, Nickie Sage cea-nebună-de-legat.

Se sprijinea de peretele căsuţei, vişinie la faţă. Parcă era în pragul unui atac de cord.

— Doamnă Sage! am strigat. Vă simţiţi bine?

Ridică ochii spre mine, gâfâind din greu şi-şi împinse de pe frunte pălăria pleoştită din catifea.

— N-am nimic, cu toate că a trecut ceva vreme de când n-am mai venit aşa departe, spuse.

Mă măsura din cap până-n picioare.

— Arăţi de parcă te-ai tăvălit în noroi.

— A, da, am zis, încercând fără prea mare succes să scutur de pe mine restul de pământ. M-am dat puţin de-a berbeleacul.

Aprobă. Când s-a îndreptat de spate, am auzit şuieratul care-i însoţea respiraţia.

— Vreţi să intraţi să staţi puţin jos?

— Acolo? arătă cu capul în spate, către căsuţă. N-aş prea crede.

Se îndepărtă câţiva paşi de uşa de la intrare.

— Ştii ce s-a întâmplat acolo? Ştii ce-a făcut Anne Ward?

— Şi-a omorât soţul, am răspuns. Şi-apoi s-a înecat în râu chiar aici.

Nickie ridică din umeri şi se-ndepărtă legănându-se către malul râului. M-am dus după ea.

— Mai mult exorcism decât crimă, dacă mă-ntrebi pe mine. Voia să scape de spiritul malefic care pusese stăpânire pe bărbatul ăla. A ieşit din el, dar n-a ieşit din casă, nu-i aşa? Nu prea poţi să dormi acolo, nu?

— Păi...

— Nu mă miră. Nu mă miră deloc. Ţi-aş fi putut spune asta — nu că m-ai fi ascultat. Locul ăla e îmbibat de rău. De ce crezi că a pus stăpânire pe el Townsend şi-l îngrijeşte de parcă e cine ştie ce loc special?

— Habar n-am, am spus. Credeam că-l foloseşte drept cabană de pescuit.

— Pescuit! exclamă ea, de parcă nu auzise în viaţa ei ceva atât de ridicol. Pescuit!

— Păi, eu chiar l-am văzut pescuind pe-aici, aşa că...

Nickie mormăi şi alungă ideea cu o fluturare din mână. Eram la malul apei. Trăgând cu vârful picioarelor de călcâiul pantofilor, Nickie îşi scotea labele umflate, marmorate de vinişoare, din pantofii fără şiret. Băgă un deget în apă şi scoase un chicotit satisfăcut.

— Apa-i rece aici, aşa-i? Curată.

Până la glezne în râu, întrebă:

— Te-ai dus să vorbeşti cu el? Cu Townsend? L-ai întrebat de nevastă-sa?

— De Helen?

Se întoarse şi mă privi dispreţuitoare.

— Nevasta lui Sean? Helen, cu faţa aia de fund plesnit zdravăn? Ce treabă are ea cu asta? E interesantă ca varul uscându-se pe-un perete într-o zi umedă. Nu, cea care ar trebui să te intereseze e nevasta lui Patrick. Lauren.

— Lauren? Lauren aia moartă acum treizeci de ani?

— Da, Lauren aia! Crezi că morţii nu contează? Că morţii nu vorbesc? Dac-ai auzi ce au de zis...!

Păşi un pic mai departe în râu şi se aplecă să-şi ude mâinile.

— Chiar aici, în locul ăsta a venit Annie să se spele pe mâini, exact aşa, vezi? Numai că ea a continuat să înainteze...

Începeam să mă plictisesc.

— Trebuie să plec, Nickie. Trebuie să fac un duş şi să mă apuc de treabă. Îmi pare bine că am stat de vorbă, am spus dând să plec.

Eram la jumătatea drumului spre căsuţă când am auzit-o strigând:

— Crezi că morţii nu vorbesc? Ar trebui să asculţi, s-ar putea să auzi câte ceva. Lauren e cea pe care-o cauţi, de la ea a pornit totul!

Am lăsat-o la râu. Aveam de gând să-l prind pe Sean devreme; m-am gândit că, dacă m-aş duce la el acasă şi l-aş lua la secţie, aş avea la dispoziţie cel puţin un sfert de oră. N-ar putea să plece, nici să mă dea afară din maşină. Era mai bine decât să-l înfrunt la secţie, unde-ar fi fost şi alţii în jur.

Casa familiei Townsend nu e departe de căsuţă. Pe lângă râu sunt probabil vreo cinci kilometri, dar nu există drum direct, trebuie să te duci până-n oraş şi-apoi să ieşi iar, aşa că era trecut de ora opt când am ajuns acolo. Întârziasem. În curte nu era nicio maşină — plecase deja. Cel mai de bun simţ lucru pe care-l puteam face — ştiam asta — era să întorc maşina şi să mă duc la birou, dar îmi răsunau în cap vocile lui Nickie şi Louise şi m-am gândit să văd doar dacă nu cumva, cine ştie, Helen era acasă.

Nu era. Am bătut de câteva ori la uşă şi n-a răspuns nimeni. Mă întorceam la maşină când mi-am zis că aş putea să încerc alături, la casa lui Patrick Townsend. Nici acolo n-a răspuns nimeni. M-am uitat pe fereastra din faţă, dar n-am reuşit să văd mare lucru, doar o cameră întunecată şi aparent goală. M-am întors la uşa de la intrare şi-am bătut iar. Nimic. Dar când am încercat clanţa, uşa s-a dat de perete şi mi-a părut o invitaţie la fel de valabilă ca oricare alta.

— Hei? am strigat. Domnule Townsend? E cineva aici?

Niciun răspuns. Am intrat în sufragerie, o încăpere spartană, cu podele din lemn închis la culoare şi pereţi goi; singura concesie făcută conceptului de decoraţiune era un şir de fotografii înrămate pe şemineu. Patrick Townsend în uniformă — mai întâi de armată, apoi de poliţie — şi mai multe poze cu Sean în copilărie, apoi în adolescenţă, surâzând crispat către obiectiv, în aceeaşi poziţie şi cu aceeaşi expresie. Mai era o fotografie cu Sean şi Helen în ziua nunţii, în faţa bisericii din Beckford. Sean arăta tânăr, frumos şi nefericit. Helen arăta cam ca acum — poate un pic mai slabă. Însă părea mai fericită, zâmbind timid către cameră, în ciuda rochiei urâte.

Pe un bufet de lemn din faţa ferestrei era un rând de diplome, premii, certificate, un monument al realizărilor tatălui şi fiului. Din câte vedeam, nu existau poze cu mama lui Sean.

Am ieşit din living şi-am strigat iar:

— Domnule Townsend?

Ecoul vocii mele se întoarse în hol. Casa avea un aer abandonat şi, cu toate astea, era impecabil de curată, fără niciun fir de praf pe plinte sau pe balustradă. Am urcat scările şi-am înaintat pe coridor. Erau două dormitoare alăturate, la fel de sumar mobilate ca livingul de jos, dar locuite. Amândouă, din câte vedeam. În dormitorul principal, cu o fereastră mare care dădea spre vale şi râu, erau lucrurile lui Patrick: pantofii negri lustruiţi aliniaţi la perete, costumele atârnate în dulap. În camera de alături, lângă un pat de o persoană făcut la dungă, era un scaun pe care atârna un taior, pe care l-am recunoscut ca fiind cel pe care-l purta Helen când am intervievat-o la şcoală. În dulap erau alte haine de-ale ei, negre şi gri, şi bleumarin, şi fără formă.

Telefonul meu scoase un bip de-a dreptul asurzitor în tăcerea de morgă a casei. Aveam un mesaj vocal, un apel ratat. Era Jules. „Doamnă sergent Morgan“, spunea pe ton solemn, „trebuie să vorbim. E foarte urgent. Vin la dumneavoastră. E... ăăă... trebuie să vorbim între patru ochi. Ne vedem la secţie.“

Mi-am lăsat telefonul să alunece la loc în buzunar. M-am întors în camera lui Patrick şi m-am mai uitat o dată rapid în jur, la cărţile de pe rafturi, în sertarul de lângă pat. Şi acolo erau fotografii, vechi, cu Sean şi Helen împreună, la pescuit lângă căsuţă, sprijinindu-se mândri de o maşină nouă, Helen în faţa şcolii, fericită şi jenată în acelaşi timp, Helen în curte, cu o pisică în braţe, Helen, Helen, Helen.

Am auzit un zgomot, un clic, sunetul făcut de-un zăvor care se ridica şi apoi un scârţâit de podele. Am pus iute la loc fotografiile şi am închis sertarul, apoi am ieşit cât de silenţios am putut pe coridor. Şi-atunci am înlemnit. Helen stătea la picioarele scării uitându-se în sus la mine. Ţinea în mâna stângă un cuţitaş pentru curăţat legume şi-i strângea aşa de tare lama, că picura sânge pe podea.

Helen

Helen n-avea nici cea mai vagă idee de ce umbla Erin Morgan prin casa lui Patrick ca la ea acasă, dar deocamdată era mai îngrijorată de sângele de pe podea. Lui Patrick îi plăcea să aibă casa curată. Aduse din bucătărie o cârpă şi începu să cureţe sângele, ca să descopere că îi curgea şi mai mult din tăietura adâncă ce-i brăzda palma.

— Tăiam ceapă, spuse detectivului drept explicaţie. M-aţi speriat.

Ceea ce nu era tocmai adevărat, fiindcă încetase să mai taie ceapă de când văzuse maşina oprind în faţa casei. Cu cuţitul în mână rămăsese perfect nemişcată, ca o stâncă, în timp ce Erin bătea la uşă, apoi o urmărise cum se ducea către casa lui Patrick. Ştia că nu era acasă, aşa că presupusese că detectivul o să plece şi gata. Apoi şi-a amintit că nu încuiase uşa când plecase de dimineaţă. Aşa că, tot cu cuţitul în mână, traversase curtea ca să verifice.

— E foarte adâncă, spuse Erin. Trebuie s-o curăţaţi şi s-o bandajaţi ca lumea.

Erin coborâse şi stătea în picioare lângă Helen, uitându-se cum curăţa podeaua. Stătea aşa, în casa lui Patrick, de parcă avea tot dreptul să fie acolo.

— O să fie furibund dacă vede asta, spuse Helen. Îi place să fie casa curată. Întotdeauna a fost aşa.

— Şi dumneavoastră... îi *ţineţi casa*?

Helen îi aruncă lui Erin o privire tăioasă.

— Îl ajut. Cele mai multe treburi le face singur, dar îmbătrâneşte. Şi-i place ca lucrurile să fie exact cum vrea el. Răposata lui nevastă — spuse ridicând ochii la Erin — era o *îngălată*. Aşa-i zice el. Un cuvânt de modă veche. Nu mai ai voie să zici *ştoarfă*, nu? E discriminatoriu şi sexist.

Se ridică în picioare faţă în faţă cu Erin, ţinând cârpa plină de sânge. Durerea de la mână era fierbinte şi ascuţită, aproape ca o arsură, cu acelaşi efect cauterizant. Nu mai ştia prea bine de cine să se teamă sau pentru ce să se simtă vinovată, dar simţea c-ar trebui s-o ţină aici pe Erin, ca să afle ce voia. S-o reţină o vreme, până ce, cu puţin noroc, se întorcea Patrick, fiindcă era sigură că el ar vrea să-i vorbească.

Helen şterse cu cârpa mânerul cuţitului.

— Vreţi o ceaşcă de ceai, doamnă detectiv? întrebă ea.

— Minunat, răspunse Erin, dar zâmbetul vesel i se ofili când o văzu pe Helen că încuie uşa de la intrare şi pune cheia în buzunar înainte să se ducă în bucătărie.

— Doamnă Townsend... dădu să zică Erin.

— Vreţi şi zahăr? o întrerupse Helen.

Cel mai bun lucru pe care poţi să-l faci în astfel de situaţii e să debusolezi cealaltă persoană. Helen învăţase asta în anii de politică de sector public. Să nu faci ce se aşteaptă ceilalţi să faci, asta-i destabilizează imediat şi măcar câştigi timp. Aşa că, în loc să fie furioasă, revoltată că femeia asta intrase în casa lor fără permisiune, Helen era politicoasă.

— L-aţi găsit? o întrebă pe Erin întinzându-i cana cu ceai. Pe Mark Henderson? A apărut?

— Nu, încă nu, răspunse Erin.

— Maşina lăsată pe faleză şi nici urmă de el nicăieri.

Oftă.

— Sinuciderea poate fi considerată o recunoaştere a vinovăţiei, nu? Sigur aşa o să pară. Ce situaţie!

Erin aprobă. Helen îşi dădea seama că era neliniştită, se tot uita în spate, la uşă şi îşi făcea de lucru prin buzunar.

— O să fie groaznic pentru şcoală, pentru reputaţia noastră. Reputaţia întregului oraş, pătată din nou...

— De aceea o detestaţi aşa de tare pe Nel Abbott? întrebă Erin. Păta reputaţia oraşului cu proiectul ei?

Helen se încruntă.

— Păi, e unul dintre motive. Era o mamă denaturată, după cum v-am spus, nu mă respecta nici pe mine, nici tradiţiile şi regulile şcolii.

— Era o ştoarfă? întrebă Erin.

Helen râse, surprinsă.

— Pardon?

— Mă întrebam dacă vi se pare că Nel Abbott era o ştoarfă, ca să folosesc termenul dumneavoastră sexist? Am auzit că a avut aventuri cu unii dintre bărbaţii din oraş...

— Nu ştiu nimic despre asta, spuse Helen, dar faţa îi ardea şi simţea că şi-a pierdut avantajul.

Se ridică, se duse la blatul de lucru şi-şi luă cuţitul de legume. Se duse la chiuvetă şi spălă sângele de pe lamă.

— Nu susţin că ştiu ceva despre viaţa intimă a lui Nel Abbott, spuse încet.

Simțea privirea detectivului asupra ei, scrutându-i fața, urmărindu-i mâinile. Simțea cum roșeața i se răspândea pe gât și pe piept și că trupul ei o dădea de gol. Încercă să-și păstreze tonul firesc:

— Însă n-aș fi deloc surprinsă dacă era promiscuă. Era disperată după atenție.

Voia să se încheie această conversație. Voia ca detectivul să plece din casă, voia să fie aici Sean și Patrick. Simțea un impuls să-și pună toate cărțile pe masă, să-și mărturisească păcatele și să le ceară și lor să le mărturisească pe ale lor. Greșiseră, trebuia să recunoască, dar familia Townsend era o familie bună. Erau oameni buni. Nu aveau de ce să se teamă. Se întoarse cu fața la detectiv, cu bărbia ridicată și cu o expresie cât putu ea de superioară, dar mâinile-i tremurau așa de tare că fu cât pe ce să scape cuțitul. Sigur n-avea de ce să se teamă?

Jules

Dimineață am lăsat-o pe Lena cuibărită în patul maică-sii, dormind tun. I-am scris un bilet în care-i spuneam că o aştept la secția de poliție la ora unsprezece pentru declarația oficială. Aveam de făcut mai întâi câteva lucruri, aveam de purtat nişte conversații doar pentru adulți. Acum trebuia să gândesc ca un părinte, ca o mamă. Trebuia s-o protejez, s-o țin la distanță de orice putea să-i facă şi mai rău.

M-am dus către secție, oprindu-mă pe drum s-o sun pe Erin, s-o anunț că vin. Voiam să mă asigur că aveam să vorbesc cu Erin şi că puteam discuta între patru ochi.

„De ce nu e *el* cei care-i împins de pe-o nenorocită de stâncă?“

Lena vorbise aseară despre Sean Townsend. Ieşise totul la iveală, cum se îndrăgostise Sean de Nel şi — credea Lena — Nel se îndrăgostise puțin de Sean. Se terminase cu ceva vreme în urmă — Nel spusese că „s-a sfârşit de la sine“, deşi Lena n-a prea crezut-o. În orice caz, Helen trebuie să fi aflat, trebuie să se fi răzbunat. A fost rândul meu să mă revolt: de ce nu spusese Lena nimic mai devreme? El conducea investigația în cazul morții lui Nel, era complet deplasat.

— A iubit-o, spuse Lena. Nu înseamnă că e un om bun dacă a încercat să afle ce s-a întâmplat cu ea?

— Dar Lena, nu pricepi că...?

— E un om bun, Julia. Cum puteam să zic ceva? Ar fi dat de necaz și nu merită așa ceva. E un om bun.

Erin n-a răspuns la telefon, așa că i-am lăsat un mesaj și mi-am văzut de drum spre secție. Am parcat în față și-am sunat iar, dar tot n-a răspuns, așa că am hotărât s-o aștept. După jumătate de oră am decis să intru, oricum. Dacă Sean era acolo, aveam să inventez un pretext, să mă prefac că am crezut că declarația Lenei era la nouă, nu la unsprezece. Îmi venea mie o idee.

S-a dovedit că nici el nu era. Niciunul dintre ei nu era acolo. Polițistul de la recepție mi-a spus că inspectorul Townsend era în Newcastle toată ziua și că nu știa prea bine unde era sergentul Morgan, dar nu se îndoia că urma să apară dintr-o clipă-n alta.

M-am întors la mașină. Am scos din buzunar brățara ta — o pusesem într-o pungută de plastic, s-o protejez. Să protejez tot ce era pe ea. Șansele să aibă pe ea vreo amprentă sau urme de ADN printre zale erau foarte mici, dar tot era ceva. Foarte mici însemna că exista o posibilitate. Foarte mici însemna o șansă să aflăm un răspuns. Nickie spunea că ai murit după ce ai descoperit ceva despre Patrick Townsend; Lena spunea că ai murit fiindcă te-ai îndrăgostit de Sean și el de tine și Helen, geloasa, răzbunătoarea Helen, n-a suportat așa ceva. Unde mă duceam, unde mă-ntorceam, dădeam de câte-un Townsend.

La figurat, că la propriu am dat de Nickie Sage, mare cât casa în oglinda retrovizoare. Îşi târşâia picioarele prin parcare, dureros de încet, cu faţa roz-aprins sub o pălărie mare, cu boruri pleoştite. Ajunsă în spatele maşinii mele, se sprijinea de ea, iar prin geamul deschis îi auzeam respiraţia anevoioasă.

— Nickie.

M-am dat jos din maşină.

— Ţi-e rău?

N-a răspuns.

— Nickie?

De aproape, părea cu un picior în groapă.

— Am nevoie să ajung acasă, gâfâi ea. Sunt în picioare de ore în şir.

Am ajutat-o să urce în maşină. Avea hainele leoarcă de transpiraţie.

— Unde ai fost, Nickie? Ce-ai făcut?

— Am mers, şuieră. Până la căsuţa familiei Ward. Ca să ascult râul.

— Îţi dai seama că râul trece fix prin faţa casei tale, da?

Clătină din cap.

— Nu-i acelaşi râu. Crezi că e tot acelaşi, dar se schimbă. Acolo sus are alt spirit. Uneori trebuie să faci cale lungă ca să-i auzi vocea.

Am făcut stânga chiar înainte de podul care duce spre piaţă.

— Pe-aici, da?

Încuviinţă, trăgând şi acum disperată aer în piept.

— Poate-ar trebui să rogi pe cineva să te ia cu maşina data viitoare când îţi vine cheful să călătoreşti.

Se lăsă pe spătar şi închise ochii.

— Te oferi? Nu mi-am închipuit c-o să rămâi pe-aici.

Când am ajuns la apartamentul ei, am rămas o vreme în maşină. Nu m-a lăsat inima s-o pun imediat să se dea jos şi să urce la etaj, aşa că am stat şi-am ascultat-o cum îmi spunea de ce-ar trebui să rămân în Beckford, de ce-ar fi bine pentru Lena să rămână lângă apă, de ce n-aş mai auzi niciodată vocea soră-mii dacă aş pleca.

— Nu cred în chestiile astea, Nickie, am spus.

— Sigur că crezi, spuse iritată.

— Bine.

N-aveam de gând să mă cert cu ea.

— Aşadar, ai fost sus, la căsuța familiei Ward? Acolo stă Erin Morgan, nu? Nu cumva ai văzut-o?

— Ba da. Fusese la alergat pe undeva. Apoi se grăbea în altă parte, probabil pe-o pistă falsă. Îi tot dădea înainte cu Helen Townsend, când eu i-am zis că nu cu Helen ar trebui să-şi bată capul. Nimeni nu m-ascultă. *Lauren*, am zis, nu *Helen*. Dar nu m-ascultă nimeni niciodată.

Mi-a dat adresa familiei Townsend. Adresa şi-un avertisment:

— Dacă bătrânul crede că ştii ceva, o să-ți facă rău. Trebuie să fii deşteaptă.

Nu i-am zis de brățară, nici că ea era cea care alerga pe-o pistă falsă, nu Erin.

Erin

Helen se tot uita pe geam, de parcă aştepta să apară cineva.

— Aşteptaţi să se întoarcă Sean, aşa-i? am întrebat-o.

Clătină din cap:

— Nu. De ce s-ar întoarce? E în Newcastle, să vorbească cu şefii despre nebunia cu Henderson. Nu se poate să nu fi ştiut.

— Nu mi-a zis, am spus. Probabil că a uitat.

Ridică sprâncenele a neîncredere.

— Tare absent mai poate să fie uneori, aşa-i? am continuat.

Sprâncenele i se ridicară şi mai tare.

— Vreau să spun, nu că i-ar afecta munca sau ceva de genul ăsta, dar uneori...

— Ţineţi-vă gura! mă repezi.

Îmi era imposibil s-o descifrez, trecea brusc de la politeţe la exasperare, de la timiditate la agresivitate; acum era furioasă, apoi speriată. Asta îmi dădea o stare de nelinişte cruntă. Femeia asta mică, modestă, insignifiantă, din faţa mea mă înspăimânta, fiindcă *n-aveam idee* ce o să facă în clipa următoare — să-mi ofere încă o cană cu ceai sau să mă atace cu cuțitul.

Își împinse brusc scaunul în spate, care scârțâi strident când picioarele se frecară de gresie, se ridică în picioare și se duse la fereastră.

— E plecat de-o veșnicie, spuse încet.

— Cine? Patrick?

Mă ignoră:

— Se plimbă dimineața, dar de obicei nu durează așa mult. Nu se simte bine. Am...

— Vreți să vă duceți să-l căutați? am întrebat. Aș putea să vin cu dumneavoastră, dacă vreți.

— Se duce aproape în fiecare zi la căsuța aia, spuse vorbind de parcă nu eram acolo, de parcă nu mă auzea. Nu știu de ce. Acolo o ducea Sean pe ea. Acolo ei... Of, cine știe? Nu știu ce să fac. Nici măcar nu mai știu ce e corect și ce nu.

Strânse pumnul drept, pe bandajul ei imaculat înflorea o pată roșie.

— Am fost așa de fericită când a murit Nel Abbott, spuse. Toți am fost fericiți. A fost o ușurare nespusă! Dar de scurtă durată. Scurtă durată. Fiindcă acum nu pot să nu mă-ntreb dacă asta nu ne-a provocat necazuri și mai mari.

În sfârșit se întoarse către mine.

— De ce sunteți aici? Și vă rog să nu mințiți, fiindcă azi n-am chef de-așa ceva.

Ridică mâna la față și, când se șterse la gură, se mânji pe buze cu sânge roșu-aprins.

Am băgat mâna în buzunar după telefon și l-am scos.

— Cred că poate e cazul să plec, am spus ridicându-mă încet. Am venit aici ca să vorbesc cu Sean, dar dacă nu-i acasă...

— Nu e absent, să ştiţi, spuse făcând un pas la stânga ca să-mi blocheze drumul spre uşă. Are perioade de absenţă, dar asta e altceva. Nu, dacă nu v-a spus că se duce la Newcastle înseamnă că nu are încredere în dumneavoastră, iar dacă el n-are, nu prea cred că eu ar trebui să am. O să mai întreb o singură dată de ce sunteţi aici, spuse.

Am plecat uşor capul, făcând un efort conştient să-mi las umerii în jos, să rămân relaxată.

— Cum spuneam, voiam să vorbesc cu Sean.

— Despre?

— Despre o posibilă acuzaţie de comportament nepotrivit, am spus. Despre relaţia lui cu Nel Abbott.

Helen păşi spre mine şi-am simţit în stomac zvâcnetul greţos de ascuţit al adrenalinei.

— O să aibă consecinţe, aşa-i? spuse cu un surâs trist pe chip. Cum ne-am putut imagina că n-o să fie?

— Helen — am spus — vreau doar să ştiu...

Am auzit trântindu-se uşa de la intrare şi, când Patrick a intrat în încăpere, am dat rapid înapoi, ca să pun ceva distanţă între noi.

O clipă, niciunul dintre noi n-a spus nimic. Mă privea fix, cu ochii înfipţi într-ai mei, încleştând fălcile, timp în care-şi scoase haina şi-o aruncă pe spătarul unui scaun. Apoi îşi îndreptă atenţia spre Helen. Observă mâna însângerată şi se animă imediat.

— Ce s-a întâmplat? Ţi-a făcut ceva? Scumpa mea...

Helen se înroşi şi undeva în stomacul meu se răsuci ceva.

— N-am nimic, spuse ea repede. N-am nimic. Nu-i de la ea. Mi-a alunecat mâna când tăiam ceapă...

Patrick se uită la cealaltă mână a ei, la cuțitul pe care încă-l ținea. I-l luă cu blândețe.

— Ce caută aici? întrebă fără să mă privească.

Helen își lăsă capul pe-o parte, ca să se uite de la socru-său la mine și-apoi iar la el.

— Pune întrebări despre Nel Abbott.

Înghiți în sec.

— Despre Sean. Despre conduita lui profesională.

— Trebuie doar să clarific ceva, e o chestiune de procedură, legată de felul în care-a fost condusă investigația.

Patrick nu părea interesat. Se așezase la masa din bucătărie fără să se uite la mine, vorbind cu Helen:

— Știi de ce-au mutat-o aici? M-am interesat — încă mai cunosc niște oameni, normal, așa că am vorbit cu unul dintre foștii mei colegi din Londra, care mi-a spus că detectivul ăsta vajnic, aici de față, a fost îndepărtat din postul din poliția metropolitană fiindcă a sedus un polițist mai tânăr. Și nu orice polițist, o femeie! Îți dai seama?

Râsul lui sec se pierdu într-o tuse tabagică persistentă.

— Uite-o cum e pe urmele domnului tău Henderson când ea e vinovată de exact același lucru. Abuz de putere în scopul propriei satisfacții sexuale. Și încă mai are slujbă.

Își aprinse o țigară.

— Apoi vine aici și zice că vrea să vorbească despre comportamentul profesional al lui fi-miu!

În sfârșit se uită la mine.

— Ar fi trebuit să fii azvârlită cu totul afară din poliție, dar fiindcă ești femeie, fiindcă ești *lesbi*, ți se dă voie să scapi basma curată. Asta numesc ei *egalitate*.

Pufni disprețuitor.

— Îți închipui ce-ar fi pățit dacă era bărbat? Dacă Sean ar fi prins că se culcă cu una dintre subalternele lui, ar fi dat afară cu șuturi în fund.

Am strâns pumnii ca să nu-mi mai tremure mâinile.

— Dar dacă Sean s-ar culca cu o femeie care apoi ar fi găsită moartă? am întrebat. Ce crezi c-ar păți atunci?

Se mişcă repede pentru un moşneag. În mai puțin de-o secundă era în picioare, scaunul căzut în spate şi el cu mâna-n gâtul meu.

— Vezi cum vorbeşti, javră împuțită! şopti, suflându-mi fum acru în față.

L-am izbit zdravăn în piept şi-mi dădu drumul.

Făcu un pas înapoi cu brațele pe lângă corp şi pumnii încleştați:

— Fi-meu n-a făcut nimic rău, spuse încet. Aşa că, fetițo, dacă-i faci necazuri, o să-ți fac şi eu ție. Pricepi? O să ți-o iei înapoi cu vârf şi-ndesat.

— Tată, spuse Helen. Ajunge! O sperii.

Se întoarse, zâmbind spre noră-sa:

— Ştiu, scumpo. Asta şi vreau.

Se uită iar spre mine, zâmbind din nou.

— Unele nu înțeleg decât de frică.

Jules

Am lăsat maşina la marginea aleii care duce la casa familiei Townsend. Nu era nevoie, era destul loc ca să parchez la ei în curte, dar aşa mi s-a părut corect. Simţeam că trebuie să fie o misiune-fulger, să-i iau prin surprindere. Umbra neînfricată, cea care apăruse în ziua în care mi-am înfruntat violatorul, se întorsese. Cu brăţara în buzunar, am intrat cu paşi mari în curtea scăldată în soare, dârză, cu spatele drept şi fruntea sus. Venisem în numele surorii mele, ca să îi fac dreptate. Eram hotărâtă. Eram neînfricată.

Am fost neînfricată până mi-a deschis uşa Patrick Townsend, cu faţa vânătă de furie şi un cuţit în mână.

— Ce vrei? se răsti.

M-am dat vreo doi paşi înapoi.

— Am...

Era cât pe ce să-mi trântească uşa-n nas şi eu eram prea înspăimântată ca să spun ce aveam de spus. *I-a făcut de petrecanie nevesti-sii,* îmi spusese Nickie, *şi i-a făcut de petrecanie şi soră-tii.*

— Am vrut...

— Jules? strigă o voce din casă. Tu eşti?

Era o scenă de coşmar. Helen era acolo, cu sânge pe mână şi pe faţă, şi Erin era şi ea acolo, străduindu-se fără prea mare succes să arate că are situaţia sub control. Mă întâmpină cu un surâs vesel:

— Ce te-aduce aici? Trebuia să ne vedem la secţie.

— Da, ştiu, am...

— Zi odată! bombăni Patrick.

Pielea îmi fu cuprinsă de furnicături fierbinţi şi-am început să respir sacadat.

— Voi, ăştia, din familia Abbott! Doamne, ce mai familie!

Ridică vocea şi trânti cuţitul pe masă.

— Să ştii că te ţin minte. Obeză, aşa-i, în copilărie?

Se întoarse spre Helen:

— Un munte scârbos de slană, aşa era. Şi părinţii! Vai de capul lor.

Îmi tremurau mâinile, iar el se întoarse să se uite la mine:

— Să zicem că mama avea o scuză, că era pe moarte, dar cineva ar fi trebuit să pună şaua pe ele. Aţi zburdat de capul vostru, tu cu soră-ta, aşa-i? Şi uite ce s-a ales de voi! Ea era labilă psihic, iar tu... poftim. Simpluţă.

— Ajunge, domnule Townsend! spuse Erin luându-mă de braţ. Hai să mergem la secţie. Trebuie să luăm declaraţia Lenei.

— A, da, fata. Aia o să ajungă ca maică-sa. Are acelaşi aer vulgar, aceeaşi gură spurcată, aceeaşi faţă de-ţi vine s-o pocneşti...

— Petreceți mult timp gândindu-vă ce i-ați face nepoatei mele adolescente, aşa-i? am spus tare. Vi se pare normal?

Furia mea îşi arăta din nou colții şi Patrick nu era pregătit pentru asta.

— Ei? N-aveți niciun răspuns? Moş scârbos!

M-am întors spre Erin.

— Dar mă bucur că eşti aici, Erin, e cum nu se poate mai potrivit, fiindcă n-am venit aici să vorbesc cu *ăsta* — am smucit capul în direcția lui Patrick —, ci cu *ea*. Cu dumneavoastră, doamnă Townsend.

Cu mâna tremurătoare, am scos punguța de plastic din buzunar şi-am pus-o pe masă, lângă cuțit.

— Voiam să vă întreb când ați luat brățara asta de la mâna surorii mele?

Helen holbă ochii şi-am ştiut pe loc că era vinovată.

— De unde a apărut brățara, Jules? întrebă Erin.

— De la Lena. Care-o are de la Mark Henderson. Care-a luat-o de la Helen. Care, după mutra ei vinovată ca naiba, a luat-o de la soră-mea, înainte s-o omoare.

Patrick începu să râdă cu hohote sonore, false, ca un lătrat.

— A luat-o de la Lena, care-a luat-o de la Mark, care-a luat-o de la Helen, care-a luat-o de la zâna din vârful bradului de Crăciun. Îmi pare rău, drăguță — îi ceru scuze lui Helen — pentru limbaj, dar ce rahat mănâncă asta!

— O aveați în birou, Helen?

M-am uitat la Erin.

— O să găsim pe ea amprente, ADN, nu?

Patrick chicoti iar, dar Helen părea în stare de şoc.

— Nu, am... spuse în cele din urmă cu ochii când la mine, când la Erin, când la socru-său. Era... Nu.

Trase adânc aer în piept.

— Am găsit-o, spuse. Dar n-am ştiut... n-am ştiut că era a ei. Pur şi simplu... am păstrat-o. Voiam s-o dau la Obiecte pierdute.

— Unde aţi găsit-o, Helen? întrebă Erin. La şcoală?

Helen îi aruncă o privire lui Patrick, apoi se uită iar la detectiv, de parcă încerca să-şi dea seama dacă o să înghită minciuna.

— Cred că... da, la şcoală. Şi... ăăăă... n-am ştiut a cui era, aşa că...

— Sora mea purta brăţara asta tot timpul, am spus. Are pe ea iniţialele mamei. Mi-e cam greu să cred că nu v-aţi dat seama ce era sau cât de importantă era.

— N-am ştiut, spuse Helen, dar vocea ei era pierită şi faţa tot mai roşie.

— Normal că n-a ştiut! zbieră deodată Patrick. Normal că n-a ştiut a cui era şi de unde apăruse.

Se duse repede lângă ea şi-i puse mâna pe umăr.

— Brăţara era la Helen fiindcă am lăsat-o eu la ea în maşină. Am fost neglijent. Voiam s-o arunc, aşa aveam de gând, dar... în ultimul timp am devenit cam uituc. Aşa-i că am devenit uituc, scumpo?

Helen nu spuse nimic şi nu se clinti.

— Am lăsat-o în maşină, repetă el.

— OK, spuse Erin. Şi *dumneavoastră* de unde-o aveaţi?

Se uită drept în ochii mei şi-i răspunse:

— De unde crezi c-o am, idioato? Am smuls-o de la mâna târfei ăleia înainte s-o arunc de pe stâncă.

Patrick

O iubea de multă vreme, dar niciodată atât de mult ca în clipa în care i-a sărit în apărare.

— Nu-i adevărat, n-a fost aşa! sări Helen în picioare. Nu-i... Nu! Să nu-ţi treacă prin cap să iei asupra ta vina pentru asta, tată, fiindcă *n-a* fost aşa. N-ai... nici măcar n-ai...

Patrick îi zâmbi şi-i întinse mâna. Ea i-o luă, iar el o trase mai aproape. Era moale, dar nu neputincioasă, modestia, simplitatea ei senină erau mai tulburătoare pentru el decât orice frumuseţe superficială. Îl mişcau chiar şi acum — simţi cum începe să-i alerge sângele prin vene şi cum bătrâna inimă slăbită începe să pompeze cu putere.

Nimeni nu scoase o vorbă. Jules plângea mocnit, mormăind ininteligibil. Detectivul se uita la Helen cu o expresie de înţelegere pe chip.

— Vreţi să... ?

Scutură capul, rămasă fără cuvinte.

— Domnule Townsend, sunt...

— Hai, odată!

Deveni brusc iritat, disperat să se îndepărteze de jalea cât se poate de evidentă a femeii.

— Ce dracu', eşti poliţist, fă-ţi treaba!

Erin trase adânc aer în piept şi păşi spre el.

— Patrick Townsend, te arestez ca suspect pentru uciderea lui Danielle Abbott. Nu eşti obligat să spui nimic...

— Da, da, bine, spuse el obosit. Ştiu toate astea. Dumnezeule! Femeile ca tine nu ştiu niciodată când să termine cu vorba.

Apoi se întoarse spre Helen:

— Dar tu, scumpo, tu ştii când să vorbeşti şi când să taci. Tu spui adevărul, fetiţa mea.

Ea începu să plângă, iar el îşi dori mai mult decât orice pe lume să stea lângă ea în camera de sus, o ultimă dată, înainte să-i fie luat. O sărută pe frunte şi, înainte să iasă pe uşă după detectiv, îşi luă rămas-bun.

Patrick nu dăduse niciodată doi bani pe misticism, impulsuri şi presimţiri, dar dacă era să fie sincer, simţise apropiindu-se momentul în care avea să dea socoteală. Sfârşitul jocului. Simţise asta cu mult timp înainte să scoată cadavrul rece al lui Nel Abbott din apă, doar că ignorase presentimentul ca pe-un simptom al bătrâneţii. În ultimul timp, mintea îi juca o groază de feste, intensificând culorile şi sunetele amintirilor vechi şi înceţoşând contururile celor recente. Ştia că ăsta era începutul lungului rămas-bun, că avea să fie devorat dinăuntru spre în afară, de la miez către coajă. Măcar putea să fie recunoscător că mai avea timp să rezolve chestiunile neterminate, să preia controlul. Era — îşi dădea acum seama — singura cale să mai salveze ceva din viaţa pe care o construiseră, cu toate că ştia că nu puteau fi toţi cruţaţi.

Când l-au aşezat pe scaunul din camera de interogatoriu din secţia de poliţie Beckford, la început a crezut că nu va putea îndura umilinţa, dar a îndurat-o. Descoperi că surprinzătoarea senzaţie de uşurare l-a ajutat să îndure. Voia să-şi spună povestea. Dacă tot era să iasă la iveală, atunci el era cel care trebuia s-o spună, cât mai avea timp, cât mai deţinea controlul asupra propriei minţi. Dar mai puternică decât uşurarea, era mândria. Toată viaţa îşi dorise, în adâncul inimii, să spună ce se întâmplase în noaptea morţii lui Lauren, dar nu putuse. Se înfrânase din dragoste pentru fiul lui.

Vorbi în propoziţii scurte, simple, clare. Îşi exprimă intenţia să facă o mărturisire completă despre uciderea lui Lauren Slater în 1983 şi cea a lui Danielle Abbott în 2015.

Cu Lauren a fost mai uşor, desigur. Era o poveste simplă. Se certaseră acasă. Ea îl atacase, el s-a apărat, iar în timpul acelei apărări, ea a fost grav rănită, prea grav ca să mai poată fi salvată. Aşa că, în efortul de a-şi proteja fiul de adevăr şi — recunoscu el — ca să scape de închisoare, o dusese cu maşina la râu, îi cărase trupul până în vârful falezei şi-o aruncase, moartă deja, în apă.

Sergentul Morgan îl asculta politicoasă, dar aici îl opri.

— Domnule Townsend, fiul dumneavoastră era prezent în acel moment? întrebă ea.

— N-a văzut nimic, răspunse Patrick. Era prea mic şi prea speriat ca să înţeleagă ce se întâmpla. N-a văzut când a fost rănită maică-sa şi n-a văzut-o căzând.

— Nu v-a văzut cum o aruncaţi de pe faleză?

A avut nevoie de fiecare strop de stăpânire de sine ca să nu sară peste masă şi s-o pocnească.

— N-a văzut *nimic*. Am fost nevoit să-l iau în maşină fiindcă nu puteam lăsa singur acasă un copil de şase ani, pe timp de furtună. Dacă ai avea copii, ai înțelege. N-a văzut nimic. Era confuz, aşa că i-am spus... o versiune a adevărului care să aibă sens pentru el. Pe care s-o poată pricepe.

— O versiune a adevărului?

— I-am spus o poveste — aşa faci cu copiii când e vorba de lucruri pe care nu le pot pricepe. I-am spus o poveste pe care s-o poată accepta, care să-i facă viața suportabilă. Nu pricepi?

Oricât încerca, nu reuşea să nu ridice tonul.

— Doar n-aveam să-l las singur, nu? Maică-sa nu mai era şi dacă eu ajungeam la închisoare, ce s-ar fi ales de el? Ce viață l-ar fi aşteptat? Ar fi fost dat în grija statului. Am văzut ce se-ntâmplă cu copiii crescuți de stat, nu e unul care să nu iasă de acolo traumatizat şi pervertit. L-am protejat toată viața lui, spuse Patrick cu pieptul umflat de mândrie.

Povestea lui Nel Abbott a fost, inevitabil, mai dificil de spus. Când a descoperit că vorbise cu Nickie Sage şi că luase în serios acuzațiile ei legate de Lauren, a început să se îngrijoreze. Nu că Nel o să se ducă la poliție, nu. N-o interesa să facă dreptate sau ceva de genul ăsta, voia doar să adauge cât mai mult senzațional la arta ei de doi bani. Ce îl îngrijora pe el era că ea putea să-i spună lui Sean ceva ce l-ar fi putut tulbura. Din nou, îşi proteja fiul.

— Asta fac tații, sublinie el. Deşi s-ar putea să-ți fie străin conceptul. Am auzit că al tău era un bețiv.

Îi zâmbi lui Erin Morgan şi-o urmări cum tresare la primirea acelei lovituri în plex.

— Am auzit că era şi cam iute la mânie.

A continuat apoi confesiunea: a aranjat o întâlnire cu Nel Abbott seara târziu, ca să discute despre acuzații.

— Şi ea a venit să se-ntâlnească cu dumneavoastră pe culmea falezei? întrebă neîncrezătoare Erin.

Patrick zâmbi.

— N-ai cunoscut-o. Nu-ți poți închipui cât de vanitoasă era, cât de plină de sine. N-a trebuit decât să-i dau de înțeles că aveam să-i spun, pas cu pas, tot ce se întâmplase între mine și Lauren. Că o să-i arăt cum se derulaseră evenimentele groaznice din noaptea aia chiar acolo, în locul în care s-au petrecut. Urma să aibă povestea așa cum nu mai fusese spusă niciodată și ea avea să fie prima care s-o audă. Apoi, odată ce am adus-o acolo, a fost simplu. Băuse, se clătina pe picioare.

— Și brățara?

Patrick se foi în scaun și se forță să se uite drept în ochii sergentului Morgan:

— A avut loc o mică altercație și-am apucat-o de braț când încerca să scape. Brățara i-a ieșit de pe mână.

— I-ați smuls-o — așa mi-ați spus mai devreme, nu?

Se uită în jos, la notițe.

— Ați „smuls-o de la mâna târfei ăleia"?

Patrick încuviință:

— Da. Eram furios, recunosc. Eram furios că se dăduse-n bărci cu fi-miu, punându-i în pericol căsnicia. L-a sedus. Chiar și cei mai puternici și mai morali bărbați pot fi vrăjiți de o femeie care se oferă așa...

— Așa cum?

Patrick scrâșni din dinți.

— Care oferă un fel de abandon sexual pe care poate el nu-l are acasă. E trist, știu. Dar se întâmplă. De-asta eram furios. Căsnicia fiului meu e foarte solidă.

Patrick o văzu pe Morgan ridicând din sprâncene și din nou fu nevoit să strângă din dinți ca să se controleze.

— De aceea eram furios. I-am smuls brățara de la mână. Am împins-o.

PARTEA A PATRA

SEPTEMBRIE

Lena

Am crezut că n-o să vreau să plec, dar nu mă pot uita în fiecare zi la râu, nu-l pot trece în fiecare zi în drum spre şcoală. Nici măcar nu mai vreau să înot acolo. Oricum apa e prea rece acum. Mâine plecăm la Londra, aproape am terminat de împachetat.

O să închiriem casa. Eu n-am vrut. N-am vrut să locuiască alţi oameni în camerele noastre, să ne umple spaţiile, dar Jules a spus că, dacă nu închiriem, riscăm să ne trezim că se instalează ilegal în ea cine ştie ce vagabond sau că încep să se strice lucrurile prin casă şi n-o să fie nimeni să le repare şi nu mi-a plăcut nici gândul ăsta. Aşa că am acceptat.

Tot a mea e. Mama mi-a lăsat-o mie, aşa că, atunci când o să fac optsprezece ani (sau douăzeci şi unu, ceva în genul ăsta), o să fie a mea pe bune. Şi o să locuiesc iar aici. Ştiu sigur. O să mă întorc când n-o să mai fie atât de dureros şi n-o s-o mai văd peste tot.

Mă sperie mutarea la Londra, dar acum parcă sunt mai împăcată decât la început. Jules (nu Julia) e chiar ciudată şi o să fie întotdeauna aşa, are avarii majore. Dar şi eu sunt cam ciudată şi defectă, aşa că poate o să ne fie bine. Sunt chestii care-mi plac la ea. Găteşte şi se agită în jurul meu, mă ceartă că fumez şi mă pune să-i spun unde mă duc şi când mă întorc. Aşa cum fac mamele altora.

Oricum, mă bucur că o să fim doar noi două, fără soţ şi bănuiesc că fără iubiţi sau ceva, şi măcar când o să merg la şcoala nouă n-o să ştie nimeni despre mine, cine sunt. Poţi să te reinventezi, a zis Jules, ceea ce mi s-a părut cam aiurea, adică, e ceva în neregulă cu mine? Dar ştiu ce-a vrut să spună. Mi-am tăiat părul şi-acum arăt altfel, iar când o să mă duc la şcoala nouă din Londra n-o să mai fiu fata frumuşică pe care n-o place nimeni, o să fiu o fată oarecare.

Josh

A trecut pe la noi Lena, ca să-şi ia rămas-bun. Şi-a tăiat părul. E tot drăguță, dar nu ca înainte. I-am zis că-mi plăcea mai mult cu părul lung, a râs şi a spus că o să crească la loc. A zis că data viitoare când ne vedem o să fie iar lung, iar asta m-a făcut să mă simt mai bine, măcar crede că o să ne mai vedem, eu nu eram sigur, ea o să fie la Londra, iar noi ne mutăm în Devon, care nu-i tocmai la o aruncătură de băț. Dar ea a spus că nu-i chiar aşa departe, doar la vreo cinci ore cu maşina şi în câțiva ani o să-şi ia carnet şi-o să vină să mă ia, ca să vedem în ce belele ne putem băga.

Am stat un pic la mine-n cameră. A fost cam aiurea, nu ştiam ce să ne spunem. Am întrebat-o dacă mai are noutăți şi părea cam în ceață, şi-am zis despre domnul Henderson, iar ea a clătinat din cap. Au fost o groază de zvonuri — la şcoală se spune că l-a omorât şi l-a împins în mare. Cred că-i o tâmpenie, dar chiar dacă nu e, n-aş putea s-o condamn.

Katie ar fi fost tare tristă dacă domnul Henderson ar fi păţit ceva, dar ea nu ştie, corect? Nu există viaţa de apoi. Contează numai oamenii care-au rămas şi cred că lucrurile stau acum mai bine. Mama şi tata nu sunt fericiţi, dar sunt mai bine, sunt altfel decât înainte. Uşuraţi, poate? Ca şi cum nu mai trebuie să se întrebe de ce. Acum pot să arate către ceva şi să spună uite, ăla e motivul. *Ceva de care să se lege,* a spus cineva şi înţeleg, deşi cred că pentru mine nimic din ce s-a întâmplat nu va avea vreodată sens.

Louise

Valizele erau în maşină, cutiile erau etichetate şi fix înainte de prânz vor preda cheile. Josh şi Alec făceau un tur rapid al Beckfordului ca să-şi ia rămas-bun, dar ea rămăsese acasă.

Unele zile erau mai bune decât altele.

Louise voia să-şi ia rămas-bun de la casa în care trăise fiica ei, singurul cămin pe care-l cunoscuse. Trebuia să-şi ia rămas-bun de la graficul cu înălţimile copiilor din debaraua de sub scări, de la treapta de piatră din grădină, unde căzuse Katie şi-şi tăiase genunchiul şi pentru prima dată Louise fusese nevoită să se împace cu gândul că fiica ei nu avea să fie perfectă, ci avea să aibă un cusur, o cicatrice. Trebuia să-şi ia rămas-bun de la dormitorul ei, în care ea şi fata ei stătuseră de vorbă în timp ce Katie îşi usca părul, se dădea cu ruj şi spunea că se duce mai încolo la Lena, avea voie să rămână peste noapte? De câte ori — se întrebă — fusese asta o minciună?

(Chestia care n-o lăsa să doarmă noaptea — una dintre ele — era ziua aceea la râu, când fusese atât de emoționată și de mișcată să vadă lacrimi în ochii lui Mark Henderson, când îi spusese condoleanțe.)

Lena venise să-și ia la revedere și adusese cu ea manuscrisul lui Nel, pozele, notițele, un stick de memorie cu toate fișierele din calculator. „Faceți ce vreți cu ele", a spus. „Dați-le foc, dacă vreți. Nu vreau să le mai văd niciodată." Louise era bucuroasă că Lena venise, dar și mai bucuroasă că n-avea s-o mai vadă. „Credeți că mă puteți ierta?" a întrebat Lena. „O să mă iertați vreodată?" Și Louise i-a spus că o iertase deja, ceea ce era o minciună rostită din bunătate.

Bunătatea era noul ei proiect. Spera să aibă efecte mai blânde asupra sufletului decât furia. Și în orice caz, cu toate că știa că n-ar putea-o ierta niciodată pe Lena — pentru că le ascunsese lucruri, pentru că ținuse secrete, pentru că *exista*, pur și simplu, iar fiica ei, nu — nici n-o putea urî. Căci dacă un lucru era clar între toate, dacă în toată oroarea asta era ceva sigur și fără nicio umbră de îndoială, era dragostea Lenei pentru Katie.

DECEMBRIE

Nickie

Nickie avea bagajul făcut.

Treburile se potoliseră în oraş. Întotdeauna era aşa înainte de sosirea iernii, dar mai conta şi faptul că mulţi oameni plecaseră. Patrick Townsend putrezea în celula lui (ha!), iar fi-său fugise să-şi caute liniştea. Mult succes cu asta. Casa Morii era goală, cu Lena Abbott şi mătuşă-sa plecate la Londra. Plecase şi familia Whittaker — casa a fost pe piaţă mai puţin de-o săptămână până să-şi facă apariţia nişte oameni cu Range Rover, trei copii şi un câine.

Şi în capul ei era mai linişte. Jeannie nu mai vorbea atât de tare ca înainte, iar când o făcea, era mai mult o invitaţie la palavre decât o tiradă. Zilele asta, Nickie se trezea că petrece mai puţin timp lângă fereastră şi mai mult în pat. Se simţea tare obosită şi o dureau picioarele mai tare ca oricând.

Dimineaţă pleca în Spania, ca să petreacă două săptămâni la soare. Odihnă şi relaxare, de asta avea nevoie. Banii au fost o surpriză: zece mii de lire din averea lui

Nel Abbott, lăsați moștenire unei anume Nicola Sage, de pe strada Marsh, Beckford. Cine-ar fi crezut? Poate că Nickie n-ar fi trebuit să fie surprinsă, fiindcă Nel era de fapt singura care ascultase vreodată ce avea de spus. Bietul suflet. Mult a ajutat-o.

Erin

M-am întors acolo înainte de Crăciun. Nu ştiu exact de ce, doar că visasem râul aproape în fiecare noapte şi-am zis că un drum la Beckford ar exorciza demonul.

Am lăsat maşina lângă biserică şi-am mers pe jos de la bulboană până sus pe faleză, trecând pe lângă câteva buchete de flori ofilindu-se în celofan. M-am dus până la căsuţă. Era cocoşată şi amărâtă, cu perdelele trase şi vopsea roşie împroşcată pe uşă. Am încercat clanţa, dar era încuiat, aşa că m-am întors şi, păşind pe iarba îngheţată care-mi pârâia sub tălpi, m-am îndreptat spre râul albastru-deschis şi tăcut. Din el se înălţa ceaţa, ca o fantomă. Respiraţia îmi rămânea suspendată, albă în faţa gurii şi urechile îmi erau bocnă. Ar fi trebuit să-mi pun o căciulă.

Am venit la râu fiindcă nu aveam unde să mă duc, nu aveam cu cine vorbi. Sean era cel cu care îmi doream din suflet să vorbesc, dar nu l-am găsit. Mi se spusese că s-a mutat într-un loc numit Pity Me[1] din comitatul

---

[1] *Pity me* (în engleză) — plângeţi-mi de milă. *(N.t.)*

Durham — ştiu, sună de zici că e inventat, dar nu e. Orăşelul e acolo, dar el nu. Adresa pe care-o primisem s-a dovedit a fi o casă goală cu un afiş DE ÎNCHIRIAT pe faţadă. Am contactat chiar şi închisoarea Frankland, unde Patrick îşi va petrece restul zilelor, dar au spus că bătrânul nu avusese niciun vizitator.

Voiam să-l întreb pe Sean care era adevărul. Am crezut că era posibil să-mi spună, acum că nu mai e în poliţie. Am crezut că ar putea să-mi explice cum îşi trăise viaţa aşa şi dacă, în timp ce se prefăcea că investighează moartea lui Nel, ştiuse de la început ce făcuse taică-su. N-ar fi cine ştie ce surpriză. La urma urmelor, îşi protejase tatăl toată viaţa.

Râul în sine nu-mi oferea niciun răspuns. Când, în urmă cu o lună, un pescar a scos un telefon mobil din noroiul în care i se înfipseseră cizmele de cauciuc, mi-am făcut speranţe. Dar telefonul lui Nel Abbott nu ne-a spus nimic nou faţă de ce ne dezvăluise lista convorbirilor ei. Dacă existau în el fotografii incriminatorii, imagini care-ar fi explicat tot ce rămăsese incert, n-aveam cum să le accesăm — telefonul n-a putut fi nici măcar deschis, era mort, cu măruntaiele înfundate şi erodate de mâl şi apă.

După plecarea lui Sean m-am confruntat cu un munte de hârţogăraie, o anchetă, întrebări rămase fără răspuns legate de ce anume şi când ar fi aflat el şi de ce a fost gestionată atât de prost toată situaţia. Şi nu numai cazul lui Nel, ci şi al lui Henderson: cum a fost posibil să dispară fără urmă chiar de sub nasul poliţiei?

Cât despre mine, am tot reluat ultimul interogatoriu cu Patrick, povestea pe care ne-a spus-o. Brăţara lui Nel smulsă de la mână, Patrick înşfăcând-o de braţ. Lupta dată sus pe faleză, înainte s-o împingă. Dar nu era nicio vânătaie pe mâna ei, unde spunea el c-o apucase, niciun semn pe încheietura de unde i-ar fi smuls brățara, nici urmă de luptă, de niciun fel. Şi clema brățării era intactă.

La momentul respectiv am atras atenția asupra acestor lucruri, dar după tot ce se întâmplase, după confesiunea lui Patrick, demisia lui Sean şi tot iureşul general de acoperire de funduri şi pasat responsabilitatea, nimeni n-avea chef să m-asculte.

Am stat pe malul râului şi am simțit ce simțeam de ceva vreme: că toate astea, povestea lui Nel, a lui Lauren şi a lui Katie, totul era incomplet, neterminat. N-am văzut, dc fapt, niciodată tabloul complet.

Helen

Helen avea o mătuşă care locuia lângă Pity Me, la nord de Durham. Avea o fermă şi Helen îşi amintea că o vizitase într-o vară, când dăduse bucăţele de morcov măgăruşilor şi culesese mure. Mătuşa nu mai era acolo; Helen nu ştia sigur ce se alesese de fermă. Orăşelul era mai ponosit şi mai sărman decât şi-l amintea şi nu mai avea niciun măgăruş, dar era mic şi anonim şi n-o băga nimeni în seamă.

Îşi găsise o slujbă mult sub nivelul ei de calificare şi un apartament micuţ la parter, cu o curte în spate, unde bătea soarele după-amiaza. Când au ajuns în orăşel, au închiriat o casă, dar a durat doar câteva săptămâni, după care s-a trezit într-o dimineaţă că Sean nu mai era, aşa că a înapoiat cheile proprietarului şi a început să caute altă locuinţă.

Nu încercase să-l sune. Ştia că nu se mai întorcea. Familia lor era destrămată, urma să se destrame oricum fără Patrick, el era cel care-i ţinea împreună.

Inima ei era zdrobită în moduri la care prefera să nu se gândească. Nu se dusese să-l viziteze pe Patrick. Ştia că n-ar trebui nici măcar să-i fie milă de el — recunoscuse că-şi omorâse soţia şi o ucisese cu sânge-rece pe Nel Abbott.

Nu cu sânge-rece, nu. Nu-i corect. Helen înţelegea că Patrick vedea lucrurile doar în alb şi negru şi el credea, din toată inima, că Nel Abbott era o ameninţare pentru familia lor, pentru legăturile dintre ei. Era. Aşa că a acţionat. A făcut-o pentru Sean şi a făcut-o pentru ea. Asta nu-i tocmai o acţiune cu sânge-rece, nu?

Dar în fiecare noapte avea acelaşi coşmar: Patrick ţinându-i pisica sub apă. În vis, el avea ochii închişi, pleoapele lipite, dar ochii pisicii erau deschişi, iar când animalul care se zbătea întorcea capul către ea, vedea că are ochii de un verde-intens, exact ca ai lui Nel Abbott.

Dormea prost şi se simţea singură. Cu câteva zile în urmă, făcuse un drum de treizeci şi cinci de kilometri până la cel mai apropiat magazin de grădinărit, ca să cumpere o tufă de rozmarin. Iar azi, puţin mai târziu, se ducea la adăpostul de animale din Chester-le-Street, ca să-şi aleagă pisica potrivită.

IANUARIE

Jules

E tare bizar să stau în fiecare dimineață la micul dejun față în față cu tine la cincisprezece ani. Are aceleaşi proaste maniere la masă ca tine şi îşi dă ochii peste cap la fel de des ca tine, când i se atrage atenția. Stă la masă cu picioarele sub ea şi cu genunchii ciolănoşi împinşi de-o parte şi de alta, exact cum făceai şi tu. Adoptă aceeaşi expresie visătoare când e pierdută în muzică sau în gânduri. Nu ascultă. E voluntară şi enervantă. Cântă, întruna şi fals, exact cum făcea mama. Are râsul tatălui nostru. Mă sărută pe obraz în fiecare dimineață înainte să plece la şcoală.

Nu pot să mă revanşez față de tine pentru greşelile făcute — pentru refuzul de a te asculta, pentru graba cu care-am crezut ce era mai rău despre tine, pentru că nu te-am ajutat când erai deznădăjduită, pentru că nici măcar n-am vrut să încerc să te iubesc. Dacă pentru tine nu pot face nimic, va trebui să ispăşesc printr-un act matern. Multe acte materne. N-am putut să-ți fiu soră, dar voi încerca să fiu mamă pentru copilul tău.

În apartamentul meu minuscul, ordonat, din Stoke Newington, face în fiecare zi un iureş de nedescris. E nevoie de-un imens efort de voinţă să nu mă panichez din cauza haosului. Dar încerc. Îmi amintesc de versiunea mea neînfricată, care-a ieşit la suprafaţă în ziua în care l-am înfruntat pe tatăl Lenei; mi-aş dori ca femeia aia să se întoarcă. Mi-ar plăcea să am în mine mai mult din femeia aia, mai mult din tine, mai mult din Lena. (Când Sean Townsend m-a adus acasă după înmormântare, mi-a spus că semăn cu tine, iar eu am negat, am spus că sunt opusul lui Nel. Cândva mă mândream cu asta. Acum nu.)

Fiindcă e singura familie pe care-o am, pe care-o voi avea vreodată, încerc să mă bucur de viaţa pe care-o duc alături de fiica ta. Mă bucur de ea şi mă consolez cu gândul ăsta: bărbatul care te-a ucis va muri în puşcărie nu peste multă vreme. Plăteşte pentru ce i-a făcut soţiei sale, fiului lui şi ţie.

Patrick

Patrick nu-şi mai visa nevasta. În perioada asta avea alt vis, în care ziua aia de la el de-acasă se desfăşura altfel. În loc să mărturisească detectivului, lua cuţitul de legume de pe masă şi i-l înfigea în inimă şi, când termina cu ea, trecea la sora lui Nel Abbott. Excitarea pe care i-o provoca fapta creştea tot mai tare până ce, în sfârşit satisfăcut, scotea cuţitul din pieptul surorii, ridica ochii şi-o vedea pe Helen cum se uită la el cu şiroaie de lacrimi pe faţă şi sânge picurându-i din mâini.

— Tată, nu! spunea ea. O sperii.

Când se trezea, în minte îi stăruia întotdeauna chipul lui Helen, expresia ei şocată când le-a spus ce făcuse. Era recunoscător că n-a fost nevoit să vadă reacţia lui Sean. Până să se întoarcă fiul lui în Beckford în seara aia, Patrick mărturisise tot. Sean a venit să-l viziteze o singură dată în arest. Patrick se îndoia că avea să mai vină, ceea ce-i rupea inima, fiindcă tot ce făcuse, poveştile pe care le spusese şi viaţa pe care o construise, totul fusese pentru Sean.

Sean

Nu sunt ce cred eu că sunt.

Nu eram cine credeam că sunt.

Când lucrurile au început să se fisureze, când am început eu să mă fisurez, cu Nel care spunea lucruri pe care n-ar fi trebuit să le spună, mi-am ținut lumea laolaltă repetându-mi: *Lucrurile sunt cum sunt, aşa cum au fost întotdeauna. Nu pot fi altfel.*

Eram fiul unei mame sinucigaşe şi al unui om bun. Când eram fiul unei mame sinucigaşe şi al unui om bun, m-am făcut polițist; m-am însurat cu o femeie decentă şi responsabilă şi-am dus o viață decentă şi responsabilă. Era simplu şi clar.

Au existat îndoieli, desigur. Tata mi-a spus că, după moartea mamei, n-am vorbit trei zile. Dar aveam o amintire — credeam eu că era o amintire — în care vorbeam cu blânda, buna Jeannie Sage. În noaptea aia m-a luat la ea acasă, nu? N-am stat amândoi şi-am mâncat pâine prăjită cu brânză? Nu i-am spus că ne-am dus împreună cu maşina la râu? *Împreună?* m-a întrebat. *Toți trei?* Şi-atunci mi-am zis că-i mai bine să nu mai vorbesc deloc, fiindcă nu voiam să spun ceva ce nu era adevărat.

Credeam că îmi amintesc de noi trei în maşină, dar tata mi-a spus că ăla a fost un coşmar. În coşmar, nu furtuna m-a trezit, ci ţipetele tatei. Şi ale mamei, îşi spuneau lucruri urâte. Ea: *ratatule, brută;* el: *ştoarfă, curvă, mamă denaturată.* Am auzit un zgomot ascuţit, o palmă. Apoi alte zgomote. Apoi niciun zgomot.

Doar ploaia, furtuna.

Pe urmă un scaun împins pe podea, uşa din spate deschizându-se. În coşmar, am coborât pe furiş scările şi-am rămas în faţa uşii de la bucătărie ţinându-mi respiraţia. Am auzit iar vocea tatei, mai încet, bombănind. Încă ceva: un câine care scheuna. Dar noi nu aveam câine. (În vis, m-am întrebat dacă nu cumva părinţii mei se certau fiindcă mama adusese acasă un câine vagabond. Ar fi fost tipic pentru ea.)

Tot în coşmar, când mi-am dat seama că rămân singur în casă, am fugit afară şi amândoi părinţii mei erau acolo, urcau în maşină. Mă părăseau, mă abandonau. Am intrat în panică, am alergat ţipând la maşină şi-am urcat pe bancheta din spate. Tata m-a scos cu forţa, urlând şi înjurând. M-am agăţat de mânerul uşii, am dat din picioare, am scuipat şi l-am muşcat de mână.

În coşmar, eram trei în maşină: tata la volan, eu în spate şi mama pe locul pasagerului, dar nu stătea dreaptă în scaun, ci era lăsată pe portieră. La o curbă mai strânsă s-a mişcat, capul i s-a rostogolit spre dreapta, aşa că o vedeam, îi vedeam sângele de la cap şi de pe-o parte a feţei. Vedeam că încerca să vorbească, dar nu înţelegeam ce spunea, fiindcă vorbele sunau ciudat, de parcă erau într-o limbă pe care nu o pricepeam. Şi faţa ei arăta ciudat, strâmbă, cu gura într-o parte şi ochii albi, daţi peste cap. Limba-i atârna ca la câini; de la colţul gurii se scurgea salivă roz, ca o spumă. În coşmar, s-a întins spre mine şi mi-a atins mâna, iar eu m-am speriat de moarte şi m-am înghesuit în scaun cât de tare am putut, agăţându-mă de portieră, încercând să mă îndepărtez de ea cât de mult puteam.

Tata a spus: „Mama ta întinsă să te apuce, ăla fost un coşmar, Sean. N-a fost adevărat. E ca atunci când ai spus că îţi aminteşti că ai mâncat scrumbii la Craster cu mine şi cu mama, dar aveai doar trei luni atunci. Ai spus că-ţi aminteşti afumătoarea, dar de fapt văzuseşi o poză. Aşa şi acum".

Avea sens. Nu părea să fie aşa, dar măcar avea sens.

La doisprezece ani, mi-am mai amintit ceva: furtuna, fuga în ploaie, dar de data asta tata nu urca în maşină, ci o punea pe mama în maşină. O ajuta să urce pe scaunul din stânga. Imaginea mi-a apărut cu mare claritate, nu părea să fie parte din coşmar, calitatea amintirii părea diferită. În ea, eram speriat, dar era alt fel de groază, mai puţin viscerală decât cea pe care-am simţit-o când s-a întins mama după mine. M-a tulburat amintirea aceea, aşa că l-am întrebat pe tata.

Mi-a dislocat umărul când m-a izbit de perete, dar ce s-a întâmplat după aia mi-a rămas întipărit în memorie pentru totdeauna. A spus că trebuia să-mi dea o lecţie, aşa că a luat cuţitul de filetat peşte şi m-a tăiat de-a latul încheieturii mâinii. A fost un avertisment. „Ca să ţii minte", a spus. „Ca să nu uiţi niciodată. Dacă o să uiţi, data viitoare o să fie altfel. O să tai în cealaltă direcţie." A aşezat vârful lamei pe încheietura dreaptă, la baza palmei şi l-a tras încet spre cot. „Aşa. Nu vreau să mai avem discuţia asta, Sean. Ştii bine. Am vorbit destul despre asta. Nu pomenim de maică-ta. Ce-a făcut ne-a acoperit de ruşine."

Mi-a povestit de al şaptelea cerc al iadului, unde sinucigaşii sunt transformaţi în tufe de spini din care se hrănesc harpiile. L-am întrebat ce era o harpie şi a spus că maică-mea era una de-asta. Eram nedumerit: ori era tufa de spini, ori era harpia? M-am gândit la coşmar, la ea în maşină, întinzându-se spre mine, cu gura deschisă din care picurau bale însângerate. Nu voiam să se hrănească cu mine.

Când mi s-a vindecat încheietura, am descoperit că cicatricea era foarte sensibilă şi deosebit de utilă. Când mă surprindeam alunecând din realitate, o atingeam şi, de obicei, mă readucea cu picioarele pe pământ.

Întotdeauna a existat acolo, în mine, o linie de demarcaţie între felul în care înţelegeam eu ce ştiam că se întâmplase, ce ştiam că sunt eu şi ce ştiam că e tata şi senzaţia stranie, alunecoasă, de fals, de ceva în neregulă. Ca absenţa dinozaurilor din Biblie — era ceva ce nu avea logică şi totuşi ştiam că aşa trebuia să fie. Aşa trebuia să fie, mi se spusese că aceste lucruri erau adevărate, atât Adam şi Eva, cât *şi* brontozaurii. De-a lungul anilor au avut loc mişcări tectonice ocazionale şi-am simţit cum vibra pământul deasupra liniei de demarcaţie, dar cutremurul n-a venit până n-am cunoscut-o pe Nel.

Nu de la început. La început era vorba despre ea, despre noi doi, împreună. A acceptat, oarecum dezamăgită, povestea pe care i-am spus-o, cea despre care ştiam eu că era adevărată. Dar după ce-a murit Katie, Nel s-a schimbat. Moartea lui Katie a făcut-o să fie altfel. A început să vorbească tot mai mult cu Nickie Sage şi nu mai credea ce-i spusesem eu. Povestea lui Nickie se potrivea mult mai bine cu ideea lui Nel despre Bulboana Înecaților, cu imaginea ei despre loc, unul al femeilor persecutate, intruse şi inadaptate care s-au pus de-a curmezişul edictelor patriarhale, iar tatăl meu era însăşi întruchiparea acestor edicte. Mi-a spus că ea credea că tata o omorâse pe mama şi linia de demarcație s-a lărgit; totul începuse să se mişte din loc şi cu cât se mişca mai mult, cu atât mai multe viziuni bizare îmi reveneau în minte, mai întâi sub formă de coşmaruri, apoi sub formă de amintiri.

O să te facă de râs, a spus tata când a aflat de mine şi Nel. A făcut mai mult decât atât. M-a sfărâmat. Dacă o ascultam pe ea, dacă îi credeam povestea, nu mai eram fiul tragic al unei mame sinucigaşe şi al unui familist cumsecade, eram fiul unui monstru. Şi mai mult, şi mai rău: eram băiatul care a privit cum îi murea mama şi n-a spus nimic. Eram băiatul, adolescentul, bărbatul care l-a protejat pe ucigaşul ei, a trăit cu ucigaşul ei şi l-a iubit.

Era cumplit să fiu bărbatul ăla.

În noaptea în care a murit, ne-am întâlnit la căsuță, ca pe vremuri. M-am pierdut cu totul. Îşi dorea nespus să ajung la adevăr, spunea că m-ar elibera din mine însumi, dintr-o viață pe care n-o voiam. Dar se gândea şi la ea, la lucrurile pe care le descoperise şi ce-ar putea însemna pentru ea, pentru proiectul ei, pentru viața, pentru locul ei. Asta, mai presus de toate: locul ei preferat nu mai era un loc al sinucigaşilor. Era un loc unde erau aduse femeile nesupuse.

Am mers împreună pe jos spre oraş. Făcusem asta deseori şi înainte — de când ne găsise tata la căsuță, nu mai parcam maşina acolo, o lăsam în oraş. Ea era îmbătată de alcool şi sex şi entuziasm reîmprospătat. Trebuie să-ți amintești, mi-a spus. Trebuie să stai în locul ăla, să te uiți și să-ți amintești, Sean. Așa cum s-a întâmplat. Acum. Noaptea.

Ploua, i-am spus. Când a murit ea, ploua. Nu era senin ca acum. Ar trebui să așteptăm să plouă.

N-a vrut să aștepte.

Am stat amândoi în vârful falezei stâncoase și ne-am uitat în jos. Nel, nu de-aici am văzut eu, am spus. Eu nu eram aici. Eram printre copacii de jos, n-am văzut nimic. Ea era la marginea stâncii, cu spatele la mine.

A țipat? m-a întrebat. Când a căzut, ai auzit vreun zgomot?

Am închis ochii și-am văzut-o în mașină, întinzându-se spre mine și-am vrut să scap. M-am tras înapoi, dar ea tot venea către mine, așa că am încercat s-o împing. Cu mâinile pe spatele lui Nel, am împins-o.

Mulțumiri

Nu-i deloc ușor de găsit izvorul acestui râu, dar primele mulțumiri trebuie să le adresez lui Lizzy Kremer și Harriet Moore, surse de idei ciudate și opinii ferme, de liste dificile de lecturi și susținere inepuizabilă.

Să găsesc izvorul a fost una, să urmez cursul râului a fost cu totul altceva: mulțumesc excepționalilor mei redactori, Sarah Adams și Sarah McGrath, fiindcă m-au ajutat să-mi găsesc calea. Mulțumiri și lui Frankie Gray, Kate Samano și Danya Kukafka pentru tot sprijinul lor editorial.

Îi mulțumesc lui Alison Barrow, fără a cărei prietenie și sfaturi probabil că n-aș fi reușit niciodată să trec prin ultimii doi ani.

Pentru susținere și încurajări, recomandări de lectură și idei sclipitoare, mulțumirile mele lui Simon Lipskar, Larry Finlay, Geoff Kloske, Kristin Cochrane, Amy Black, Bill Scott-Kerr, Liz Hohenadel, Jynne Martin, Tracey Turriff, Kate Stark, Lydiei Hirt și Mary Stone.

Pentru uluitoarele și superbele creații de copertă, mulțumesc lui Richard Ogle, Jaya Miceli și Helen Yentus.

Mulțumiri lui Alice Howe, Emmei Jamison, Emily Randle, Camillei Dubini și Margaux Vialleron pentru toată munca depusă ca să se asigure că această carte poate fi citită în zeci de limbi.

Mulțumiri lui Markus Dohle, Madeleine McIntosh şi Tom Weldon.

Pentru informații profesionale, le mulțumesc lui James Ellson, fost membru al Poliției din Manchester, şi doamnei profesor Sharon Cowan de la Facultatea de Drept din Edinburgh — bineînțeles că orice erori legate de legi sau proceduri îmi aparțin în întregime.

Mulțumesc surorilor Rooke de la Windsor Close pentru o viață de prietenie şi inspirație.

Îi mulțumesc domnului Rigsby pentru toate sfaturile şi critica sa constructivă.

Mulțumiri lui Ben Maiden, fiindcă mă ține cu picioarele pe pământ.

Mulțumesc părinților mei, Glynne şi Tony, şi fratelui meu, Richard.

Mulțumesc fiecăruia dintre prietenii mei, care mă suportă de atâta vreme.

Şi îi mulțumesc lui Simon Davis, pentru tot.